室町幕府論

早島大祐

講談社学術文庫

目次

室町幕府論

はじめに

夜の塔の上で

今から六〇〇年ほど前の京都に一〇〇メートルを超える塔が建っていた、と聞いても、超高層マンションが林立する今では驚く人は少ないかもしれない。

しかし、当然のことながら、高層建築そのものが少なかった当時、京都盆地に屹立《きつりつ》していたこの塔の存在感は、今とは比べものにならなかったことは想像に難《かた》くない。一五世紀後半に景徐周麟《けいじょしゅうりん》という相国寺《しょうこくじ》の禅僧が記した『翰林葫蘆集《かんりんころしゅう》』には「於相国寺慶賛七重大塔、其高三百六十尺」とあり、この塔が七重の塔であり、かつ、高さが約一一〇メートルにおよぶものであったことがわかる。「七重大塔」、あるいは「大塔」という、きわめて即物的な名前で呼ばれたこの塔は、じつは中世で最大の高さを有した塔だったのである。

では、現在は残されておらず、そのこともあって聞き慣れないこの巨大な塔は、いったい、どこに建っていたのだろうか。

この塔は、賀茂川と高野川が合流して鴨川となる地点、糺《ただす》の森《もり》より、やや西よりの場所に建っていたらしい。現在、同志社女子大学の北側に「上塔之段町《かみとうのたんちょう》」という町名が残されており、同所付近がかつて大塔があった場所に比定されている。

大塔が現在の「上塔之段町」付近にあったことは、同時代史料からも傍証を得ることができる。

大塔が落成して、お披露目されたときの様子を記した「相国寺塔供養記」という史料によると、同塔の落慶法要《らっけいほうよう》の際、僧侶の控室が塔の東門の外に東南に斜めに延びて建てられていたと記されている。碁盤の目状に整備された路地の多い京都でこのような建て方は珍しく、斜めの方向に建てられたというのも、北西から南東に向かう賀茂川の地形的な影響を受けてのことだったに相違ない。

しかし、このように偉容を誇った大塔も、多くの京都の建造物と同様、応仁の乱により焼亡してしまう。その後、焼亡した寺社の多くが時間をかけて新たに建造されていくわけだが、大塔は再建されることがなく、その姿は永久に失われ、今では地名にわずかな名残を残すばかりなのである。

それではいったい、だれがこのように巨大な塔を建てたのだろうか。

それは時の為政者であった足利義満《あしかがよしみつ》。一般に室町幕府の三代目の将軍として知られる人物である。大塔が最初に落成したのは応永《おうえい》六年（一三九九）のことで、当初は、これも義満が建立した相国寺に附属する施設として建設された。

では、なぜ彼はこのように巨大な建物を建てたのか。

その直接の目的は、室町幕府二代目の将軍であった父義詮《よしあきら》の菩提《ぼだい》を弔《とむら》うためであった。しかし、ただ菩提を弔うためであるなら、ここまで大きなものを建てる必要はない。当然のことながら、意図はほかにあり、実際のねらいとしては、自身の権力を誇示するために、このような巨大な塔を建造したのである。

詳細は本論でふれるが、この塔の最初の落成儀式では、荘厳な雅楽の調べとともに塔の上から花びらがまかれ、列席した人々は塔の高さと、塔を建てた義満の威勢を仰ぎ見るばかりだった。ここからわかるように、塔の高さはまさしく義満の権力そのものだったのである。

このように中世最大の高さを誇った大塔であったが、その高さゆえに落雷の被害に遭いやすかった。

創建からわずか四年しか経たない応永一〇年には、落雷による火事により、この塔は早くも焼亡してしまっていた。しかし、足利義満は即座に再建を決意し、当時、自身が政務を執っていた北山《きたやま》の地に移して再び大塔の造立を進めていた。右で「最初の落成」と書いたのは

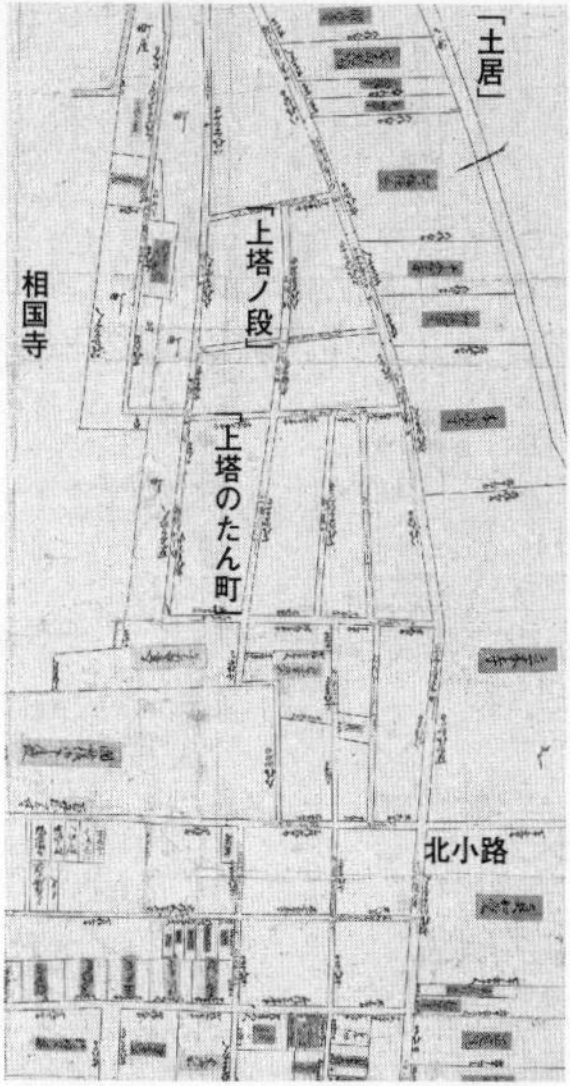

洛中絵図「上塔のたん町」付近
（京都大学附属図書館蔵）　北小路（現在の今出川通）に面した塔基壇の南半分は、近世初期には再開発されていたことがわかる。右上の外郭が御土居。

そのためである。

ところが、その北山に移された大塔も応永二三年正月九日、これもまた雷が落ちて焼け崩れてしまう。案の定というべきか、その高さゆえにあいつぐ罹災《りさい》となったわけだが、そのときの火災について記した『看聞御記《かんもんぎょき》』という当時の日記には、次の不思議な記事が書かれている。

又聞く、九日大塔上に喝食二、三人、女房等徘徊す。入夜蠟燭二、三十挺ばかりとぼして見へけり。幾程を経ずして炎上すと云々。天狗所業かと云々。

これによると、大塔が炎上する少し前、日が暮れた後の塔の上に僧侶と女房が徘徊《はいかい》したという噂が京中に流布していたというのである。引用を省略した記事の前段には、じつは火災が起こったときは雷雨であった、と書かれていたから、それにもかかわらず、塔上の不審な物影を蠟燭で照らして見たというのは何とも辻褄の合わない不自然さではある。

しかし、ここでは何も噂話に特有の、あやふやさを指摘したいわけではない。注目したいのは、当時の京の人々が、夜の巨大な塔を見上げていた事実と、そこにあやかしがいると恐怖していた心性についてなのである。

右でふれたように、昼間の大塔は義満の権力を象徴するものであった。しかし、夜になると、大塔は暗転して見えにくくなる。そのかわりに、京の人々は大塔の上に、天狗などのあやかしを見て恐怖していた。このように夜の大塔は、昼とはまったく性質の異なる畏怖を当時の京洛の人々に与えており、室町時代に建てられたこの巨大建造物は、昼と夜、それぞれ異なる意味で当時の人々を威圧していたのである。

話はこれで終わりではない。右の日記には、大塔に関する、もう一つの奇妙な事実が記されている。

去る応永十年相国寺大塔（七重）、雷火のために炎上す、その後、北山にこれを遷さる。造営の功いまだ終えざるのところ又焼失、末代に相応しからざるか。法滅の至り、悲しむべし、歎くべし。〔引用文丸ガッコは割注、以下同じ〕

先に大塔が相国寺から北山へ移築されたことにふれたが、意外なことに最初の罹災後に移築が計画されてから、すでに一三年が経過していたにもかかわらず、造営がいまだ終わっていなかったことが、ここに記されている。一〇年以上がたってもいまだ完成を見ない巨大な塔。例えばガウディのサグラダ・ファミリアのように、いまだ作り続けられている建物もあるが、木造建築でこのように長期にわたり造営が試みられた塔とは、なんとも不思議な存在である。いったい、そこにはどのような事情が横たわっていたのだろうか。室町の世に建てられ、現在では想像の上でしか存在しないこの巨大な塔について、現在、われわれが考えるべき問題は、あまりに多いといわざるをえない。なかでも、これまで明確なイメージが抱かれず、よくてもこれまで下剋上の世の中で弱々しく描かれてきた室町幕府が、じつはこのように持てる力を誇示するかのような、先鋭で巨大な建造物を建てていたという意外な事実にはあらためて注目すべきだろう。

室町時代のイメージ

一般に、室町時代というものについては、明確なイメージが形成されていないといっても過言ではない。どこか曖昧模糊《あいまいもこ》としているのである。

その理由としては、もちろんさまざまな事情が想起できるが、そのなかで一つを挙げれば、室町時代研究が、ほかのどの時代の研究よりも、研究が行われた時々の影響を強く受けやすかったことが挙げられる。

そのもっとも適切な例が皇国史観である。戦前では南北朝正閏論《なんぼくちょうせいじゅんろん》の影響下で、南北朝・室町時代研究が学問として呼吸困難を起こしていたことは、ここであらためていうまでもない。

一方、戦後になると、その反動もあってか、こんどは室町時代は徳政一揆から山城国一揆に至る民衆の世紀として豊かに描かれていった。しかしその反面、幕府に関しては、有力守護の連合政権で室町の将軍権力は脆弱であるというのが論の主流だった。

もちろん、しっかりとした制度史研究がなかったわけではない。一九六〇年代には佐藤進一《さとうしんいち》氏の室町幕府将軍権力に関する研究や（『日本中世史論集』）、七〇年代には今谷明《いまたにあきら》氏の幕府機構に関する研究が出されており（『室町幕府解体過程の研究』など）、現在の研究の土台は確実に形成されていた。しかし、これらの二つの研究潮流はほとんどまじわることはなく、室町幕府とその時代に関する研究は、全体像を提示するという意味では、他の時代の研究と比べて遅れていたのである。

研究状況がこのように変転するなか、冒頭で取り上げた大塔は、どういうわけか、日本史研究の場ではあまり注目されなかった。

そのなかで例外的に大塔に熱いまなざしを注いだのが美術史家の吉村貞司《よしむらていじ》氏である（『足利義満』『黄金の塔』）。その一連の研究において大塔の巨大さと義満の権力の壮大さがいち早く強調され、また、再評価の気運が高まっている元《げん》代美術品を早くから積極的に評価するなど、ものにそくした時代の把握は、今でも参考にすべき点が多い。

しかし、大塔と義満の権力の巨大さが強調される一方で、その後の大塔の推移について言及がない点や、それがこの時代の政治と社会にどのような影響を与えたのかという点には分析がないなど、多くの課題を残しているのも確かである。

じつは、後述するように、義満が建てたこれらの巨大建造物は、以後の幕府において十分に継承されておらず、大塔を論じる際には、この事実から、まずしっかりと押さえておく必要がある。さらに研究史的にいえば、吉村氏の研究には先行する佐藤説への言及がなく、そのこともあってか、今度は吉村説自身が、以後の研究では言及されず、研究史上の孤峰と化してしまっている。これらの点があわさって、現在、吉村説の評価をむずかしいものにしていることは間違いないだろう。

このことは、結果として今日に至るまで、大塔の位置づけを曖昧にしてしまう要因ともなっているのだが、ただ一つはっきりといえるのは、大塔の問題も含めて、室町時代史研究には、まだまだたくさんの検討すべき素材が転がっているという事実である。

これまでの幕府や室町の社会に対する理解からすれば、大塔を建てた室町幕府というものは、まるで理解できない存在となってしまう。しかし、歴史学という学問が、丹念に事実を積み重ねて論を構築するものである以上、大塔の存在を組み込めない従来の室町幕府論には改良の余地が多く残されているといわざるをえない。このように見ると、漠然とした室町幕府や社会のイメージを生み出したのはほかでもない、研究そのものにもあったのは否定できない事実である。佐藤氏や今谷氏などの成果を踏まえつつ、今、新たな室町幕府論を再構成する必要があるのも、一つには右で述べたような事情が存在しているからなのである。

もう一つの「大規模造営時代」

室町時代研究には、まだまだ多くの検討されていない素材が転がっている、と先に述べたが、大塔のほかに、室町幕府の意外な豪勢さを象徴しながらも、これまでの研究では意外なほど分析が加えられていないものに、金閣寺の通称で知られる鹿苑寺《ろくおんじ》金閣《きんかく》がある。

日本の伝統文化を代表する建物として有名な金閣寺は、シーズンになると毎年、国内外を問わずに多くの観光客を集めているが、建物全体を金箔で覆うという発想そのものは、観光客を魅了する伝統文化という以前に、建造した人物の権勢を直接、誇示しようという姿勢・意識・思惑といったものを指し示しているといわねばならない。金閣寺には伝統文化を見る一方で、例えば、後代の豊臣秀吉の黄金の茶室などには、彼のむき出しの権勢欲を見いだすとするならば、それは軸のぶれたものの見方である。

事実、義満も、秀吉と同様に金閣寺にも資金と政治力を惜しげもなく投入していたのであるが、現在、金閣寺を見てこのことがわかりにくくなっているのだとしたら、それは一つには伝統文化というヴェイルによって、物事の本質が見えなくなってしまっているからではないだろうか。

日本中世史研究においては、一般に六勝寺《ろくしょうじ》などがあいついで造営された院政期が、大規模造営時代と称されており、それらの大規模造営を契機に、国家財政や荘園が再編され、中世社会の形成に至ったことが明らかにされている（上島享《うえじますすむ》「大規模造営の時代」、川端新《かわばたしん》『荘園制成立史の研究』など）。

院政期の研究では、このような大規模造営群はしっかりと歴史的位置づけを与えられているわけだが、それとは対照的に、大塔や金閣寺、さらには天龍寺や相国寺といった建造物が、室町時代に一挙に創建された事実は、これまでの研究では十分に評価されてはいない。しかし、これらの建造物の規模を想起すれば、室町時代もまた、大規模造営時代であったことは間違いない。にもかかわらず、院政期と比較して、室町幕府とその時代について具体的イメージを抽出することは、なかなかに困難であり、院政開始期から三〇〇年が経過して久しぶりに登場した、中世の、もう一つの大規模造営時代について、われわれはしっかりとした評価を与え、歴史像を構築しなければならないのである。

祭祀・儀礼の復興期としての室町時代

室町時代に関しては、もう一つの意外な事実がある。それは、この時期に朝廷の祭祀・儀礼が復興され、維持されていた事実である。

伝統文化といった場合、脳裏に浮かび上がるのは、いかにも京都らしいと表現されるさまざまな祭礼だろう。そのうちの一つに葵祭《あおいまつり》があり、祇園祭《ぎおんまつり》、時代祭《じだいまつり》とともに京の三大祭として、一般によく知られている。

この葵祭は、正しくは賀茂祭といい、古代以来、中断と再興を経て今日まで伝えられてきた祭礼である。賀茂祭を語る上で必ずといってよいほど取り上げられるのは、『源氏物語』の「車争い」の場面であり、賀茂祭の斎王御禊《さいおうごけい》に参列した光源氏を目当てにした葵の上と六条御息所《ろくじょうのみやすどころ》の桟敷争いの構図は、賀茂の祭礼を描く上で欠かせないモチーフの一つであることをご存じの方も多いだろう。

このように一般的に、賀茂祭は、光源氏の世の王朝の美を今に体現し、日本の伝統文化を伝えるものとして知られている。しかし、このようにいにしえの賀茂祭を憧憬する一方で、じつは賀茂祭の盛期の一つが室町時代であったことを知る人は少ないだろう。賀茂祭に関する一般的な説明や辞書の項目などが、賀茂祭の成立を記した後、応仁の乱による途絶にふれるという定式を踏む以上、室町時代における賀茂祭の興隆が注目されていないのも、やむをえないことではあった。

けれども、じつは室町時代に振興された儀礼・祭祀は、この賀茂祭だけに止まらない。現在も皇居で行われている諸儀式のなかにも室町時代に再興されたものが多いのであるが、にもかかわらず、応仁の乱による諸儀礼・祭祀の中絶が強調される反面、室町時代にこれらの儀式が執り行われていた事実にはまったく注意が払われてこなかったのである。

このような理解のおおもとには、室町時代が、「逆臣」尊氏《たかうじ》の室町幕府が朝政を壟断《ろうだん》した、皇室衰微の時代であったという皇国史観的な見方が伏在していたのかもしれない。しかし一方で、禅宗史や茶道史などの研究をひもといてみると、室町期の文物について、きちんと歴史的な位置づけが与えられているから、日本史研究において、皇国史観以来の大きくあいた空白が埋めきれていないというのが実際なのだろう。

だがよく考えればわかるように、応仁の乱で一度、途絶えたからには、それまで継続されてきたということは自明である。このじつに単純な事実が見えなかったのは、あくまで私たち歴史を見る側の問題に過ぎない。この問題を解決するためには長きにわたる研究のエアーポケットであった室町時代における祭礼・儀式の実態についても、きちんと分析のメスを入れなければならないだろう。これらの祭礼を直ぐに、古代にまで遡《さかのぼ》らせて伝統文化の深遠に目を奪われるばかりではなく、このような遡及的、伝統文化的な考察のくびきから離れて、室町時代になぜ、これらの儀式は続けられたのかということについても考える必要があるわけである。

本書の課題と方法

以上、室町時代が巨大な塔や金色の絢爛《けんらん》な寺院が建てられた大規模造営時代であり、また、朝廷の祭礼や儀式が復興、継続された、文化史上も注目すべき時代であったことを説明してきた。最終的にはこれらの事実を踏まえた上で、新しい室町幕府像を描き出す作業が必要であるが、そのためには、以上に見たような、室町幕府とその時代を見えにくくしている幾重にもからみついたヴェイルをはがして、建物や儀礼が、なぜ造られ、あるいは再興されたかということを、当時の文脈から読み直していく作業が求められる。

もちろん、従来、このような作業がまったくなかったかといえばそうではない。これまで、このような分析は個別に行われ、寺院ごと、あるいは祭礼ごとに歴史が語られてきた。しかし、その結果として個別の寺院や儀礼については明らかにされたものの、それらを創建、あるいは維持してきた室町幕府の姿は、きわめて見えにくいものになってしまっていた。このような研究の「縦割り行政」ともいうべき現状をあらためて、それらを同時代の文脈に置いて分析を加え、その背後にある室町幕府とその時代について明らかにすることが、本書の目標なのである。

具体的には、次の点を意識して論を進めていく。

一つは室町幕府が創建した、天龍寺にはじまる大規模な建築物や儀礼の再興に焦点をあてて、それらが進められた背景や目的について分析し、さらにはそれに必要だった資金調達のあり方を検討することである。

背景と目的は、そのときの幕府や社会が直面していた課題とそれを解決する政策を考えることにつながり、また資金の問題は、財政史的観点から、室町幕府がいかなる権力体であったかを明らかにすることにつながるからである。

ここでいう財政史的観点とは、一般的にはまだ耳慣れない言葉かもしれないが、九〇年代以降に中世史研究で導入された分析手法である（上島享「財政史よりみた中世国家の成立」など）。簡単にいえば、お金の出し入れから国家のあり方を見ようとする試みである。

ではなぜ、財政史的分析手法を採用するのか。じつは、室町幕府のイメージが曖昧だったもう一つの理由として、この時代の政治と社会が、従来の、「御恩《ごおん》と奉公《ほうこう》」といった封建制的な叙述方法では論じるのがむずかしかったことが挙げられる。この点は逆に封建制社会であった鎌倉幕府論や江戸幕府論が、比較的、明瞭なイメージで語られることを想起すれば理解しやすいだろう。ここで説明した財政的手法や、その前提にある社会経済史的、商業史的考察は、封建制論や唯物論といった、従来の歴史理論では等閑視されてきたのだが、この財政史的手法を駆使することによって、封建制のものがたりでは語ることが困難であった室町幕府とその時代について、論述の可能性が広がるのである。

もう一つは叙述の対象とする時期を、初代将軍足利尊氏の時代から四代将軍足利義持《よしもち》の時代までに設定している点である。

従来の通史の多くでは、後醍醐天皇《ごだいごてんのう》による建武の新政から始まり、尊氏から義満までを一つの区切りとして論じられることが多かった。しかし、建武の新政自身は、注目すべき政策を採用したことは確かであるが、政権としては、わずか数年の短命政権に過ぎない。そのために本書では必要以上に紙数を割《さ》いてはいない。

そのかわりとして、本書では叙述の範囲を通例より一つ後にずらしているわけだが、その理由は、義満が建てた巨大建造物が、その後の政権に継承されなかった事実から浮かび上がる、以後の幕府の性質変化についても、しっかりと検討を加えたいからである。一般に政治・社会体制の確立は、カリスマ的存在の時代ではなく、むしろその後の、ポスト・カリスマの時期に進められることが多い。この点に注目した具体的な業績については、本論で適宜、紹介していくが、近年では私も含めた多くの研究者が義持の時代に注目しており、その流れをうけて、義持に関する一書が編まれるに至っている（伊藤喜良《いとうきよし》『足利義持』）。以上の点も踏まえると、本書のねらいをいっそうよく理解してもらえるかと思う。

また、義持の時期は政治的側面だけでなく、社会的にも重要であった。

室町時代の大きな特色として挙げられるのは首都京都の誕生である。鎌倉時代には武家の都・鎌倉と公家の都・京都というように、列島社会の核は大きく二つに分かれていた。しかし、室町幕府が京都に拠点を置いた結果、前代には二つに分散していた公武の政治の核が統合されることになった。そのためにこの時期の公武関係論が重視されてきたわけであるが、それだけではなく、社会も、首都京都を大きな核として再編されることになる。その再編の意味が顕在化してくるのが、義満によって南北朝の動乱が鎮められた後の義持の時代なのである。

以上、大規模造営、祭祀・儀礼の復興、財政史、首都京都などのキーワードをもとに、室町幕府とその時代をいかに考えるべきかという点について説明してきた。これらの観点をもとに、従来の歴史の理論や方法では描きだすことが困難だった今から約六〇〇年前の政治権力と日本の社会について明らかにすることが本書の目的である。

第一章　天龍寺――足利尊氏・義詮の時代

「嵐電」の通称で親しまれる京福電気鉄道の西の終着駅である嵐山駅。そこを降りた観光街のすぐ先に、本章でとりあげる天龍寺がある。同寺は室町幕府が京に最初にひらいた大規模寺院であり、暦応《りゃくおう》二年（一三三九）に造営が企画され、それから六年後の貞和《じょうわ》元年（一三四五）に完成した。本章では、天龍寺の造営過程を分析しつつ、当時の幕府をめぐる時代背景を見ていくことにしたい。

1　軍事政権としての室町幕府

建武式目

足利尊氏《あしかがたかうじ》が、かつて仕えた後醍醐《ごだいご》天皇を追放した直後の建武《けんむ》三年（一三三六）一一月七日に、のちに幕府の基本的法令となる「建武式目《けんむしきもく》」が作成された。

起草には、法の専門家の明法官人《みょうぼうかんじん》であった是円《ぜえん》中原章賢《なかはらのりかた》を含む八名があたり、そのほかに尊氏の弟で、文にも明るかった直義《ただよし》が統括にあたったことが想定されている。このように後醍醐追放後の幕府の基本理念を示した本式目であるが、冒頭の一文は、尊氏の幕府を先のように鎌倉に置くべきか、それとも他の場所にすべきか、という印象的な問いかけからはじめられていることでよく知られている。

しかし、本式目を読み進めていくと、その結論は結局のところ幕府の盛衰は「政道の善悪」による、とされており、重要なのは幕府が置かれる場所ではなく、政策の中身であるという穏当な結論に落ち着いている。そしてそのあとに「政道事」に関する一七箇条の法制が続けられているから、本式目の眼目が、冒頭の幕府の所在地うんぬんではなく、「政道事」以下の法制にあったことは間違いない。

新しい政権の所在地に関する一文にわれわれは肩すかしを食らってしまうわけだが、それも当然で、この一文はあくまで漢文的な修辞に過ぎない。執筆者の一人である是円中原章賢が述べようとしたのは、幕府がこれから行うべき「政道事」以下の事柄であって、「話の枕」の一文をもって幕府がなぜ京都に拠点を置いたか否かを議論するのはあまり意味がないのである。

それでは「政道事」以下にはどのような内容が記されているのだろうか。是円中原章賢は政道の根幹として早急に「万人の愁」を無くすことを挙げ、その要点として次の一七条を挙げている。

①倹約を行わるべき事
②群飲佚遊を制せらるべき事

③狼藉《ろうぜき》を鎮めらるべき事
④私宅点定を止めらるべき事
⑤京中空地を本主に返さるべき事
⑥無尽銭土倉《どそう》を興行せらるべき事
⑦諸国守護人、殊に政務器用を択ばるべき事
⑧権貴幷女性禅律僧口入を止めらるべき事
⑨公人緩怠を誡めらるべし、ならびに精撰有るべき事
⑩固く賄貨を止めらるべき事
⑪殿中内外に付き、諸方進物を返さるべき事
⑫近習者を選ばるべき事
⑬礼節を専らにすべき事
⑭廉義名誉有る者、殊に優賞せらるべき事
⑮貧弱輩の訴訟を聞こし召さるべき事
⑯寺社訴訟、事により用捨有るべき事
⑰御沙汰式日時刻を定めらるべき事

内容はおおよそ次の三つに分けられる。

まずは第一条の倹約令から顕著に読み取れる道徳的項目である。倹約（①）、飲酒の禁止

業）の興行（⑥）などである。

（②）、礼節（⑬）などがそれである。

二番目が治安維持に関する項目であり、狼藉停止（③）、空地の返付（⑤）、土倉（金融業）の興行（⑥）などである。

このうちの⑤と⑥について補足しておくと、前者の空地の返付とは後醍醐方として土地を奪われた人々の実態精査を命じたものであり、後者の土倉の興行は後醍醐政権での課税増大や、動乱により廃《すた》れた土倉＝金融業者の再建をうたったものである。いずれも建武親政瓦解後の混乱への対処を示しており、治安維持項目として分類できる内容である。⑦のしかるべき人材を諸国守護に登用する、という条項も地方支配の安定を図る意図を有したものであり、同じくここに含めることができる。

そして三番目が政治倫理に関わる項目で、政治口入の禁止（⑧）や、公人＝官僚や近習の引き締め（⑨）、進物の禁止（⑩、⑪）、褒賞の基準、訴訟のあり方（⑮～⑰）などがこれにあたる。

ではこのなかで、どれがもっとも重要な項目だったのだろうか。

最初の道徳的項目はそもそも形式的であるし、三番目の政治倫理規定についても、例えば八条と九条にはわざわざ「この両条は代々の制法で新しいものではない」と注記がされているほどだから、これらはあくまで付けたり的なものに過ぎない。おそらく、古くは聖徳太子の十七条憲法に見られる、一七という条数に合わせるためにもうけられた数あわせの項目なのである。

とすると重要だったのは、残る二番目の治安維持に関わる項目だろう。「建武式目」の第三条から第六条までの内容からうかがえる当時の京都の状況は次のようなものであった。すなわち、後醍醐方に与同《よどう》したといって、その内容の真偽にかかわらず京都の半分以上の人々が家を追われたり、または私宅を壊されるありさまだった。さらには昼夜を問わず強盗殺人があいつぐなど、建武政権瓦解後の京都は、戦争直後に特有の、じつに悲惨な状況に見舞われていたのである。

このようななか、京都に進駐した足利尊氏以下の軍勢は、戦後の混乱を立て直す作業からはじめなければならなかった。

本法令が出されたとき、幕府は後醍醐天皇を京都にとらえていたが、一二月には吉野へと逃げられてしまった。このことは、幕府にとってのちの大きな禍根となり、畿内の南方に後醍醐の軍勢が勢力を残した以上、軍事的にも足利軍は京都を離れられなくなっていたのである。「建武式目」序文に見られる幕府の所在地に関わる議論が、漢文的修辞に過ぎないことは先に述べたが、現実面においても、政治状況の変化もあって、尊氏の幕府が京都に置かれることは早くからの既定路線だったわけである。

では、京都に進駐した足利軍は、当初、どのような存在だったのだろうか。

すでに見た通り、開幕当初の幕府の基本政策は、後醍醐天皇との戦争の戦後処理が中心で、その意味で戦後の混乱の安定が幕府の最大の課題だった。そして周知のように、その後、後醍醐方との南北朝動乱といわれる泥沼の戦乱が続くから、軍事は継続し、軍事政権としての性格は払拭されないままであった。のちに室町幕府の初代に位置づけられる尊氏ではあるが、初期の室町幕府はこのような軍事政権的な性格が濃厚であり、その内実は足利軍であったといっても差し支えのないものだったのである。

後醍醐の死

それでは室町幕府は、いつ軍事政権的性格を脱して、国家としての内実を有すようになったのだろうか。この点の考察が本書の大きな柱となるのであるが、その前に、まず軍事政権とは何かということから確認しておこう。

軍事政権、と一口にいっても、その内容は単に戦闘を行い治安を維持するといったものだけでは、もちろんない。注目すべきは、そのなかに戦乱による死者の追悼《ついとう》も含まれていた点である。さらに死者の追悼といっても、自軍の戦没者を供養するだけではなく、また当時と現代とでは供養の対象も大きく異なっていたので、このことを後醍醐の死をめぐる一件から確認することにしたい。

まず著名な史料ではあるが、暦応二年（一三三九）の後醍醐死去の際の京都の反応を示す史料から引用する。

後醍醐院（吉野新院と号す）、暦応二年八月十六日崩御の事、同十八日（未時）南都よりこれを馳せ申す。虚実、猶いまだ分明ならず、種々異説あるも終には実なり。諸人周章し、柳営・武衛両将軍、哀傷恐怖甚だ深きなり。仍七々御忌慇ろに懃むるなり（御仏事記は別に在り）。かつは報恩謝徳のため、かつは怨霊納受のためなり。新たに蘭若を建立し、かの御菩提に資し奉るべきの旨、発願すと云々。（『鹿王院文書の研究』三七）

後醍醐が八月一六日に崩御したとの情報が、二日後の一八日の昼過ぎに奈良からもたらされた。真偽の確認に手間取ったものの、その情報が最終的には事実であったことが確認できると、尊氏とその弟直義はその死を「哀傷」するとともに、非常に恐怖して、新たに「蘭《らん》若《じゃく》」＝寺院の建立を思い立ったと、ここに記されている。

当然のことながら、メディアもまったく発達していなかった当時、散発的に京へ届けられる吉野の山奥で後醍醐が死んだという情報は、きわめて不鮮明なものであっただろう。しかし、その死去が虚実不明、種々異説のあるなかで吉野から京に伝えられ、情報が不確かなものであったからこそ、その衝撃は、じわじわと深く人々に浸透したと想像できる。右の史料では、後醍醐の死の一報に接した尊氏以下が受けた衝撃が、「恐怖甚だ深きなり」などと簡潔に記されているが、当時の人々が後醍醐の死をどのように認識したかをさらに具体的に知るには、『太平記《たいへいき》』の次の叙述も参考になるだろう。

ただ生々世々の妄念ともなるべきは、朝敵を悉く亡して四海を太平せしめんと思うばかりなり。……玉骨はたとえ南山の苔に埋るとも、魂魄は常に北闕の天を望まんと思う。

若《も》命《し》に背き、義を軽んぜば、君も継体の君（義良親王、後村上天皇）にあらず、臣も忠烈の臣にあらじ。

かつて「史学に益なし」と論断されたこともある軍記物語の『太平記』であるが、という後醍醐が深い恨みを残して死んだという噂を、当時の人々がどのように受け止めたか、という雰囲気を知る上では、十分、参考にできる史料である。後醍醐の死の情報が不鮮明なものであったために、見ることのできなかったその臨終の様子について、当時の人々は思い思いに想像をふくらませたに相違ない。その一つの典型が、『太平記』の右の記載に見られるようなものであった。尊氏・直義兄弟が恐怖したのは、かつての臣下に追いやられた後醍醐が恨みを残して死んだらしい、という彼らからすれば否定しがたい「事実」に対してだったのである。

右の記事から尊氏・直義兄弟が後醍醐の死を大いに畏《おそ》れたことがわかるのだが、歴戦の勇者であった彼らがこれほどまでに畏れを抱いたのは、単に彼らが臆病だったからではない。この点については若干の補足が必要だろう。

彼らがこのように後醍醐の死を畏れたのは、この時代特有の思考形態にも原因があった。それは史料後段に書かれている怨霊《おんりょう》への畏れである。

現代でも怨霊や祟りという観念は息づいており、時にオカルトブームや都市伝説などのかたちではやりすたりを繰り返しているが、中世の怨霊と現代のそれとのあいだには決定的な違いがある。それは、怨霊の祟りの対象となるのが恨みをもたれた個人やその一族だけでなく、社会全体に不測の事態をもたらした点である。

その典型例が現在、学問の神様として北野天満宮に祀られる菅原道真《すがわらのみちざね》である。藤原時平《ふじわらのときひら》らによって左遷された道真の没後に時平の一族が疫病であいついで死亡したために、道真の霊は怨霊として畏れられたことは周知であるが、道真の怨霊は単に藤原一族に災いをもたらしただけでなく、疫病の流行をもたらすなど、社会全体を混乱させた点に道真怨霊の真の恐ろしさがあった。このように、現世に恨みを残して死んだ貴人は、没後に怨霊となって、怨みの相手だけでなく社会全体にも災いをもたらすと考えられており、このような考えは、当時、御霊信仰《ごりょうしんこう》と呼ばれていた。尊氏・直義の兄弟が畏れたのは、死して怨霊になった後醍醐が与えるだろう大きな災いに対してであり、そしてその怨霊を鎮めるために建立された寺院が、当初、暦応寺と呼ばれ、後に天龍寺と改称される寺だったのである。

天龍寺の造営

以上が天龍寺造営が計画されるに至る経緯であるが、ここでその造営の実際を「天龍寺造営記」をもとに見ておこう。これは貞和三年（一三四七）の後醍醐の仏事が一段落してからそう遠くない時期に、春屋妙葩《しゅんおくみょうは》という禅僧によってまとめられたものである。

同記によると、まず後醍醐が死去した暦応二年八月一六日の直後に高師直《こうのもろなお》、細川和氏《ほそかわかずうじ》、後《ご》藤行重《とうゆきしげ》、安威性威《あいしょうい》、諏訪円忠《すわえんちゅう》といった五名の担当者が決められた。高師直はよく知られるように、尊氏麾下《きか》の軍事の大立物で、後に直義と対立して観応《かんのう》の擾乱《じょうらん》のきっかけをつくることになる人物である。

細川和氏は建武政権の樹立のときから細川一門の代表として尊氏を補佐した重要人物で、引付頭人《ひきつけとうにん》、侍 所頭人《さむらいどころとうにん》を歴任するなど初期の幕政を支えていた。阿波守護職を拝領し、後の細川家台頭の足固めをした人物である。

後藤についてはよくわからないが、鎌倉幕府の京都行政機関である六波羅探題《ろくはらたんだい》の評 定 衆《ひょうじょうしゅう》に後藤姓の一族がいたから、あるいはその末裔なのかもしれない（森幸夫《もりゆきお》「六波羅探題職員の検出とその職制」）。安威と諏訪は奉行人と呼ばれた幕府官僚で、実務一般を取り扱っていた人物である。

次に立地についてであるが、議論が行われた結果、京都西郊嵯峨《さが》の亀山殿《かめやまどの》が選定された。亀山殿とは建長《けんちょう》七年（一二五五）に後嵯峨院《ごさがいん》の御所の一つとして造立された建物で、後嵯峨の子供で大覚寺統《だいかくじとう》の亀山院の御所になった別荘である。亀山院の死後には同所が菩提所とされ、大覚寺統の後醍醐にとってゆかりの深い地であった。

このように由緒のある亀山殿であったが、建武政権が瓦解し、後醍醐も死去した暦応二年の段階では、大覚寺統の凋落《ちょうらく》を暗示するかのように建物は傾く状態だったという。大覚寺統を象徴する場所に、対立した持明院統《じみょういんとう》の天皇と、後醍醐を追いやった幕府の手で後醍醐を鎮魂する寺院を建造することが決定されたのである。

こうして造営計画は着々と進められたものの、寺院の建築は困難をきわめた。理由の一つは立地への反対意見の強さにあり、もう一つの理由は、以後の幕府が何度も直面することになる財源不足にあった。

まず、反対意見のほうから見ると、天龍寺造立反対の急先鋒だったのは堀川具親《ほりかわともちか》という人物であり、彼は、反対の理由として次の二つを挙げる。すなわち造営予定地である亀山殿は、代々の皇居で無双の名所であり、それを天龍寺の用地とするにはふさわしくないこと、そして近年の兵乱で人々が困窮しているために、多額の費を要する寺院造営は適切ではないことの二点である。きわめてまっとうな意見である。だが、この意見は、後醍醐の怨霊を畏れる幕府や光明《こうみょう》天皇から黙殺され、造営の中止に至ることはなかった。

堀川の意見はこのように却下されてしまったわけだが、しかし反対派はあきらめなかった。その後、造営の担当奉行であった高師直邸に「天龍寺造営を遂行すれば災いが降りかかる」旨の落書が出されており、おそらくこの落書は反対派による策動だろう。このような反対派の根強い抵抗を受けて、大勧進職《だいかんじんしき》という天龍寺造営の責任者であった夢窓疎石《むそうそせき》は、その職を辞任するに至った。反対派はこのようにして何とか一矢をむくいたわけである。

このように夢窓疎石は窮地にたたされたわけだが、かわりに若いときに入元した経験のある古先印元《こせんいんげん》という禅僧を大勧進にして、天龍寺造営計画は再出発することになった。造営事業が前途多難であったことが、よくうかがえるエピソードである。

次に財源不足について見ておきたい。

暦応二年一〇月に天龍寺を造営するにあたり、日向国《ひゅうがのくに》国富荘《くにとみのしょう》という荘園が寄進された。同所が選ばれた理由はこの地が「元弘朝恩の専一」、すなわち建武政権樹立の功績として後醍醐から、足利尊氏に宛行《あてが》われた地であり、その由緒から造営料所として選定されたのであった。

　しかし、尊氏から現地の管掌を任された武士たちは、造営料所とする命令には素直に従わなかった。それもそのはずで、一〇月は一般的に年貢が収穫される時期であり、同地を給与された武家にとっては待望の年貢の収納期であったからである。その収穫期に、突如、幕府の命令で所領を取り上げられてはたまったものではないだろう。同地には造営奉行であった高師直親子の知行分も存在し、それは天龍寺造営料所として寄せられたことが確認できるものの、それ以外の武士が国富荘内に有していた所領については寄進が難渋し、造営料所としては期待できない状態だった。

　そのために翌年暦応三年四月二一日には尊氏により、新たに備後国《びんごのくに》三谷西条《みたにさいじょう》が寄進され、それ以後も五月には山城国《やましろのくに》物集女荘《もずめのしょう》、六月一五日には阿波国《あわのくに》那賀山荘《なかやまのしょう》とあいついで寄進が進められた。さらに造営の用木を確保するために、八月一七日には天龍寺が位置する大井川の上流にあった丹波国《たんばのくに》弓削荘《ゆげのしょう》の地が院からも寄進されることになったのである。

　このように五つの荘園が寄進され、年貢総額も一万石あまりに達し、用意は万端、整ったかに見えるわけだが、にもかかわらず、天龍寺造営には、なお財源が不足していた。その理由を、「天龍寺造営記」は次のように記す。「近年の或《ある》いは民烟牢籠《みんいんろうろう》して耕作全うせず、或いは所務違乱して乃貢《のうぐ》の減少、筆端に及びがたし」と。つまり、人々の生活が困窮して耕作もままならず、所領の違乱が多く、年貢自体も少なかったのである。前者はまさしく造営反対派たちの懸念の通りだったし、後者は、国富荘に見られた所領寄進を渋る武家の存在や、何よりも、戦争により特に遠隔地からの年貢進上が困難だったことがわざわいしたのだろう。このことは京都近郊の物集女荘が追加で寄進されたことからもうかがえるが、以上のような理由で造営に必要な額面通りの年貢が徴収できなかったのである。

造営船の派遣

資金不足を前に幕府が次に財源として採用したのが成功《じょうごう》という財源である（金子拓《かねこひらく》「初期室町幕府・御家人と官位」）。「天龍寺造営記」には暦応四年九月二四日に「靫負尉《ゆげいのじょう》」の官位一〇〇人分が造営の資にあてられたことが記されている。成功とは官位を獲得するかわりに、造営資財や金品などを朝廷に渡して収入としたものであり、院政期以来、朝廷の主要財源として位置づけられていた（上島享「成功制の展開」）。今回もこの伝統的な財源を設けることで、造営の資にあてようとしたわけであるが、しかし、それでも造営資金はまだ不足していた。

思うように資金が集まらない状態が続くなか、資金獲得の決定打とすべく議論されたのが、元への造営船の派遣であった。

その先蹤《せんしょう》としては、すでに鎌倉時代に建長寺船などの寺社造営船がいくつかあったが、鎌倉幕府滅亡から建武政権の樹立に至る国内情勢の混乱と元統三年（元暦、一三三五年）、元の港湾都市で日本商人が海賊行為を働いた元統の「倭寇《わこう》」のために、倭船来航が禁止されており（榎本渉《えのもとわたる》「元朝の倭船対策と日元貿易」）、この反乱事件が元当局側から警戒されたこともあって、六年以上も元へは造営船は派遣されていなかったのである。

しかし、今回の派遣の議論では、以上のような元との交渉という現実的な問題以前に、朝廷内部では反対意見が多く、諮問をうけた明法道、明経道の官人たちも否定的であった。朝廷内部で唯一、藤原有範《ふじわらのありのり》という人物が賛意を示したが、じつは彼は「建武式目」の執筆にも携わった幕府寄りの人物であり、朝廷の大勢からは外れた、力のない意見に過ぎなかったのである。

このように議論の趨勢は、朝廷の強い反対により造営船派遣の否定へと傾いており、新たな財源を獲得する計画は頓挫するかに見えた。しかし、このときには造営事業に復帰していた夢窓疎石が鶴の一声を発して状況は一転、今までの議論はすべて消し飛び、派遣が決定してしまう。天龍寺造営を至上命令にしていた幕府や院の後押しを受けた夢窓がトップダウン式に決定し、暦応四年一二月二三日付で足利直義の署名で来秋に二艘を派遣することが決定したのである（村井章介《むらいしょうすけ》「日元交通と禅律文化」）。

以上の幕府の強い意志と、辣腕《らつわん》ともいえる夢窓の強引な手法により、最低限の財源は何とか確保されたわけだが、その甲斐あってか、翌暦応五年（一三四二）三月二七日には礎始が行われた。七月二八日に尊氏・直義以下も参加して木引が行われ、将軍以下、中間・下部までが同じ綱をもって川から用材を建設用地へと運び入れた。そして八月三日には立柱、一一月二二日には、朝廷が天龍寺の本尊である釈迦三尊像の加持を行い、一二月二日には上棟が行われたのである。

このように造営船の派遣により一気に軌道に乗ったかにみえた天龍寺造営事業であったが、天龍寺が完成するには、それでもまだ三年もの月日が必要であった。天龍寺の落慶法要が行われたのは康永《こうえい》四年の八月二九日のことで、このときに法会に参会し、「天龍寺供養記」という書物を残した高階雅仲《たかしなまさなか》の言によれば、このときでも寺院の要である仏殿や総門、山門などは作りかけであったという。この年はちょうど後醍醐天皇の七回忌の年にあたっており、造営は思うように進まなかったけれども、尊氏・直義の兄弟は後醍醐怨霊の鎮魂という体裁だけは、とりあえずなんとか整えたのである。

夢窓の政治手腕

さて以上のようにして、天龍寺は一応の完成を見たわけだが、一連の経緯からは、当時の幕府・朝廷のさまざまな様子をうかがうことができる。ここではそのなかから特に次の三つの事に注目したい。

一つは夢窓疎石の政治手腕である。

天龍寺造営事業は、夢窓疎石の辣腕といってよい手腕に負うところが大きかった。先述した通り、一度は中途で堀川具親を筆頭とする猛烈な反対をうけて夢窓も大勧進職の退任を余儀なくされたのだが、後任に古先印元を据えた点に、転んでもただではおきない夢窓の老獪《ろうかい》さがあった。

後任に吹挙された古先は、一四世紀初頭における日本禅僧の留学ブームのなか、文保《ぶんぽう》二年（一三一八）、二四歳で入元した禅僧で、当時、欧州まで版図を伸ばしていた元の新風を全身に浴びた人物である。夢窓は後にモンゴル風の五山十刹制《ござんじっさつせい》を導入するなど、大陸の最新文化を好んだ元びいきの人物であることが知られるが（宮紀子《みやのりこ》『モンゴル時代の出版文化』）、意外にも夢窓自身には渡航経験はなく、そのためもあってか、元に長く滞在していた古先の才を高く評価していた。

この古先、単に元の学問・文化を学んだだけでなく、彼が鎌倉幕府が仕立てた建長寺船の復路で帰国したことからうかがえるように、交易についてもいくばくかの知るところがあったようである。玉村竹二《たまむらたけじ》氏は、古先が天龍寺船派遣を立案した一人と推定しており（『五山禅僧伝記集成』）、結局はこれが苦戦続きだった天龍寺造営の決定打となったのだが、このように元との交易に知悉《ちしつ》していた人物を、自身の造営事業のブレインに組み込んだ夢窓の戦略はずばり的中したわけである。反対派により一度は失脚の憂き目を見た夢窓であるが、これはまさしく「災い転じて福となす」人事だったといってよい。

夢窓疎石（『京都五山　禅の文化』展図録）

そして古先を事業の一角に加え、造

営がようやく軌道に乗り始めた暦応四年ごろ、夢窓もたびたびの慫慂《しょうよう》を受けるかたちで造営事業に復帰していた。そしてその後に朝廷内で劣勢だった天龍寺船派遣の議論を強力に推進したのは既述の通りであり、紆余曲折があったものの、結果から見れば、造営事業のすべては夢想の掌の上にあったといっても言い過ぎではないだろう。

財源と公武関係

天龍寺造営事業で注目できる二つ目は財源の問題である。財源をめぐる一連の動向からは、のちに展開する明との対外貿易の財源繰り入れへの萌芽が見られるわけだが、その一方で、荘園、特に遠隔地のそれについては幕府であっても十分に年貢を徴収できておらず、ここに大きな課題を残していた。

また、今回、造営料の補塡として成功が行われたが、その後、鴨社造営のために成功が行われたことが確認できるものの（『園太暦』貞和元年三月二〇日条）、以後、財源としては用いられなくなっていた。成功が院政期以来に採用された、きわめて中世的な財源であったことを想起すれば、この財源の途絶は、従来型の財政というものの変容を象徴する出来事だったとみなければならない。逆にいえば、これは幕府が新しい財源、および財政構造を模索する必要があったことを意味している。

では、その代替として、対外交易が財源としてすぐに見込めたのかというと、事はそう単純ではなかった。天龍寺造営の切り札となった対外貿易についても、その後の元明交替のあおりもうけて、そのまま室町幕府財政に繰り入れられることはなかった。一三五〇年代には方国珍《ほうこくちん》の反乱や紅巾軍《こうきんぐん》の蜂起など内乱状態に陥り、日元交通が不安定化したことが指摘されており（榎本渉「元末内乱期の日元交通」）、じつは天龍寺船が派遣できたのは僥倖《ぎょうこう》以外のなにものでもなかったのである。

このことをよく示すのが次の事例である。

貞治《じょうじ》六年（一三六七）四月二一日、但馬入道道仙《たじまのにゅうどうどうせん》という人物が療病院の建設費用を獲得するために入元を計画し、その船を仕立てる用途のために棟別銭《むなべつせん》を徴収していたことが確認できる（『師守記』）。その徴収には武家の使者が副えられ、綸旨《りんじ》も獲得していたというから、幕府・朝廷の後押しのある派遣計画だったことがうかがえる。

しかし、ここで注意すべきは、入元するための船の造営費用が徴収されていた点である。入元が民間交易の活況を基盤にしていたことを踏まえると、元と交易するために船から仕立てなければならなかった事実は、このときに元に向かう船がないという民間交易の停滞を暗示している。このことを裏づけるように、翌年には中国江南における元明交替が決定し、モンゴルは中華の地から撤退してしまうのだが、幕府が大陸へ派遣して銭貨を得る手段は、一四世紀末の日明貿易の復活まで待たねばならなかった。詳細は後述するが、室町幕府は以後、独自の財源を模索し、新しい財政のあり方を構築しなければならなかったのである。

三つ目はこの時期の公武関係のあり方である。

天龍寺造営をめぐる朝廷での議論が、幕府にとってあくまで形式に過ぎなかったことは先に述べた通りだが、このような低い位置づけであったにもかかわらず、朝廷は幕府にとって欠かせない存在だった。

このことが端的にうかがえるのは、「天龍寺造営記」に見える天龍寺に仏像を設置する際の記述である。天龍寺には本尊として釈迦三尊像が置かれたが、それを行うのはもっぱら朝廷・寺社であり、幕府はまったく関与できなかった。幕府は建物というハード部分は作れても、そのソフトにあたる仏像やその開眼供養などの作法や故実《こじつ》については蓄積がなく、そのために彼らの力を借りなければならず、以後、朝廷や寺社とどのように関係を結んでいくかが、幕府の大きな課題となるのである。

以上、天龍寺造営に関する三つの注目すべき論点を挙げてきた。このような経過で後醍醐の怨霊を鎮めるための天龍寺造営は完了したのだが、後醍醐の怨霊は一寺の造営だけで鎮魂されたわけではない。森茂暁《もりしげあき》氏は一六世紀初頭まで後醍醐の聖忌が営まれたことにふれつつ、後醍醐の怨霊が幕府に与えた影響の大きさを指摘している（『後醍醐天皇』）。ここからも明らかなように後醍醐の鎮魂は基本的に室町幕府の政策の一つであり続けていたのである。

幕府の鎮魂政策

天龍寺造営が後醍醐の鎮魂を目的に行われたことは、ここまで述べてきた通りであるが、幕府の鎮魂政策はこれだけに止まらず、以下では天龍寺造営以外の敵方供養に関わる幕府の動向について概観しておきたい。

最初に挙げられるのは、有名な安国寺《あんこくじ》・利生塔《りしょうとう》の建立である。当初は建武政権樹立以来の戦没者追悼目的で行われたが、暦応二年の後醍醐の死を契機に事業は大きく推進された（松尾剛次「諸国安国寺考」）。また同年一一月二六日には等持院で後醍醐の百箇日供養の曼荼羅《まんだら》供《く》が行われ、貞和二年（一三四六）には石塔八万四〇〇〇基が建立されている（『師守記』）。

康永三年（一三四四）と貞和二年ごろには六斎日の殺生禁断令が出されている。いくさを事とする武家により、このように殺生禁断令があいついで出された理由としては、やはり戦没者供養の問題が考えられ、これらも幕府の鎮魂政策の一環として位置づけられるだろう。

そして幕府の鎮魂政策を考える上で重要なのが、文和《ぶんな》三年（一三五四）一二月二三日に行われた水陸大会《すいりくだいえ》である。この日は尊氏母上杉清子《うえすぎせいし》の十三回忌にあたり、そのために尊氏は大般若経一〇巻をみずから書写していた。さらには密教、禅宗、律宗の僧侶たちに『毘盧大蔵《びるだいぞう》尊経《そんぎょう》』五〇四八巻を筆写させ、三昼夜にわたり法会を開催していたのである（『大日本史料』六―一九、三〇〇頁、以下『大日史』と略記）。

水陸大会とはあまり聞き慣れない法会であるが、これは亡魂の救済と成仏を祈禱するものであり、その名前の通り、水中・陸上の鬼神を呼び寄せ、供養するという大規模な法会であった。日本式にいえば、施餓鬼《せがき》にあたるものである。

この法会は、日中交易の拠点であった寧波《ニンポー》の東南に位置した月波寺《げっぱじ》で宋《そう》代から盛んに行われ、元代にいっそうの盛行を見せていた。月波寺は東銭湖《とうせんこ》をのぞむ寺院であり、まさしく水陸大会を行うにはうってつけの寺院だったわけだが、今回の尊氏が主催した水陸大会の様子を記した軍記物『源威集《げんいしゅう》』には、「水陸供、其例は稀なり」とあるから、当時の人でもあまり聞きなじみのなかった、この大陸流行の法会を、尊氏はいち早く母の菩提供養に採用していたのである。

このように今回の水陸大会の挙行からは、当時の大陸文化の移入の早さがうかがえるが（宮紀子『モンゴル時代の出版文化』）、それだけではなく、ここからは鎮魂政策にかける尊氏の強い意気込みも読み取れる。

じつはこの水陸大会の翌日に足利直冬《あしかがただふゆ》ら南朝方が京都へ侵攻して、尊氏は近江へ退去を余儀なくさせられていた。すでに南朝直冬の進軍の情報は流れていたが、にもかかわらず、尊氏は、生母の十三回忌とそれにともなった戦没者供養の大法会を優先したのである。その結果、命からがらに京都を追われる羽目になったのだが、ここに見られる尊氏の選択はまさしく捨て身の敬神だったといってよい。このように敵軍の侵攻に直面し、自身の生死すらものともしない態度で、尊氏は懸命に怨霊の鎮魂につとめていたのである。以後、鎮魂は室町幕府の基本政策となっていくのであるが、その理由は、尊氏の以上のような態度からしても当然だったといえるだろう。

足利直義神号授与一件

以上のように幕府は、当時、大陸で流行していた仏事を取り入れて戦没者供養を行うなど、朝廷とは異なる独自の宗教的展開を見せていた。ただし、それはあくまで戦没者供養に限定されたものであり、朝廷の領分を侵食したわけではなく、戦乱に付随した軍事政権としての対応に止まるものでもあった。

しかし、その後、幕府は軍事政権から脱皮の兆しを見せつつあった。近衛道嗣《このえみちつぐ》の手になる『愚管記《ぐかんき》』の貞治元年（一三六二）七月二二日条に次の記事がある。

武家の沙汰として、今日、故入道左兵衛督（直義卿）の勧請《かんじょう》の事有り。仁祠を天龍寺の傍に構う。聊《いささ》か子細《しさい》有りて此事有りと云々。

尊氏の弟直義が、文和元年（一三五二）、政局の対立から非業の死を遂げたことは南北朝時代の一大悲劇として知られているが、それから一〇年後に直義が天龍寺のかたわらに勧請されたことはあまり知られてはいない（『大日史』六—二四、三四四頁）。別の史料にはこのとき、直義は正二位を贈られ、大倉二位大明神の神号が授与されたことが記されている。右の日記には死後一〇年が経過して、今回、突然に追号と神号が授与されたことが淡々と記されているわけだが、なぜ、この時期に突然神号の儀が取り沙汰されたのだろうか。近衛道嗣はその理由を「聊か子細有りて」と口を濁すばかりであるから、関係史料からこの点を探る必要がある。

この問題を考える上で注目できるのは次の事例である。貞治元年の五月ころから京都に疫病が流行した。この病は身体に赤い斑点ができるために赤斑病と呼ばれており、同年五月六日には日野信家《ひののぶいえ》という中流公家が三五歳の若さで死亡するなど、その流行によって京都の公家にも死者が出始めていたのである。

じつは疫病流行の兆しは、その二年前の延文《えんぶん》五年閏四月ころから見られていた。

この月の二四日には後光厳《ごこうごん》天皇が改元を諮問《しもん》、五月一六日には疫病をはらうために四角四堺祭《しかくしかいさい》を行っている（『愚管記』）。翌延文六年三月二九日には、疫病の流行を理由に「康安《こうあん》」へと改元されたが、その甲斐もなく五月には再度疫病が流行していた。その上、六月二一日には大地震が起こり、東寺《とうじ》などの寺社が倒壊するなど甚大な被害をうけていた（『大日史』六―二三、六二九頁）。社会不安は一気に広がったのである。

このような事態をうけ、康安元年（一三六一）六月一四日には後光厳天皇は赤斑病沈静化のために般若心経を転読させた（『大日史』六―二三、五九七頁）。これは疫病などの社会不安に対する朝廷の伝統的な対処方法である。一方、幕府も六月二〇日に東寺に将軍延命祈を行ったことが確認できる（『大日史』六―二四、一三九頁）。将軍の身体護持のみに限定した法会であるが、これも疫病流行に対応した行動だろう。一連の幕府・朝廷の動向からは、疫病などの社会問題の解決が、重要な政治課題であった様子がうかがえるのである。

延文五年から貞治元年までの以上の状況を踏まえると、上述した貞治元年七月二二日の直義神号授与一件も同じ目的で行われたと見るべきではないだろうか。つまり、疫病から地震に至る社会不安の原因として、非業の死を遂げた直義の怨霊の存在が想定され、その鎮魂のために今回、神号が授与されて天龍寺のそばに祀られたと考えられるのである。これは先にも説明した御霊信仰に基づいた考え方である。

以上が直義神号授与に至る経緯であるが、ここで注目したいのは、幕府が主体となって行われた直義怨霊の鎮魂が、疫病流行という社会問題を契機に行われた点である。後醍醐鎮魂に代表される幕府の鎮魂政策は、戦没者供養を基調とした軍事政権的な動向に止まっていたことは先述した通りであるが、ここでは戦時的な問題ではなく、平時に起こった社会不安の解決のために、幕府が独自の政策を行っていたことに注意したい。

たびたびふれてきたように、草創期の幕府は軍事政権としての性格を色濃く有しており、朝廷が行ってきたこれまでのさまざまな儀礼・祭祀に対しては、財政的な援助を行うことはあっても、幕府が主体となって行うことはなかった。建武～貞治年間（一三三四～六八）の幕府、朝廷の祈禱命令を精査した田中浩司《たなかひろし》氏は、天下静謐・戦勝祈願といった軍事関係や病気平癒などの個人的な身体の安全に関するものは幕府、天変地異、災害、疫病流行などの祈禱は朝廷、というように祈禱命令がはっきりと分掌されていたことを明らかにしている（「寺社と初期室町政権の関係について」）。このようなあり方は、当該期の室町幕府の軍事政権的性格を端的に示すものであり、後醍醐鎮魂政策もその文脈で行われたものであるといえる。

しかし、今回の直義の鎮魂は、平時の社会不安に起因するもので、従来の軍事政権としてのあり方からは逸脱している。ここでは後醍醐鎮魂の背景にあった戦乱はもはや前提にされていないのである。今回の直義鎮魂の事例は、有事から平時への転換がはかられるなか、疫病という社会不安への解決を試みた点で、幕府が軍事政権から脱皮し、これまで朝廷が果たしていた伝統的で、国家的な対応を見せた事例として評価できるのである。

このように幕府が国家としての萌芽的な動きを見せていたことが確認できるのだが、それでは一方の朝廷はどのような状況にあったのだろうか。次節ではこの点を確認することにしたい。

2　荒廃する朝廷社会

中世の「政治」とは

中世の政治といった場合、廷臣たちの所領の安堵《あんど》や、相論《そうろん》の裁許など、さまざまな要素が含まれるが、そのなかでも朝廷を構成する天皇・公家の重要な役割は、年中行事として定められた祭祀・儀礼をつつがなく遂行することにあった。

このように書くと、彼らの職務内容がきわめて形式的で退屈なものであったようにも見えるが、そうではない。例えば祈年祭、祈年穀奉幣《きねんこくほうべい》、新嘗祭《にいなめさい》などの祭祀は五穀豊穣祈願や報恩に関するものであり、また、後七日御修法《ごしちにちみしほ》や鎮魂祭が天皇の玉体安穏《ぎょくたいあんのん》を祈る目的で行われたものであるなど、これらは単なる形式や儀礼ではなく、現実的な効力を有するものと当時の人々から考えられていた。このような考えが共有された社会においては、朝廷政治の中心は、まさしくこれらの儀礼・祭祀にあったわけである。

　では将軍義詮《よしあきら》のもとで、室町幕府が軍事政権から転換を見せ始めるなか、かつて国政を担っていた朝廷はどのような状態にあったのだろうか。この点を見るには、やはり朝廷政治の根幹である祭祀・儀礼の遂行状況を確認することが捷径《しょうけい》である。

　そこで以下ではこの点について分析を進めるが、あまたある儀礼・祭祀のなかで最初に取り上げるのは、祈年祭という祭祀である。祈年祭は「としごいのまつり」と訓み、毎年二月四日にその年の五穀豊穣を祈るもので、伊勢社などへ幣帛《へいはく》が供進され、多くの年中行事のなかでも重視された祭礼であった。その遂行状況は次頁の【表1】の通りである。暦応年間には京から伊勢への通路が南朝により阻害されて延期・中止されていたものの、その後、貞和年間は触穢《しょくえ》による中止を除けばおおむね順調に行われていたことがわかる。この状況は伊勢社神嘗祭が行われる九月一一日に、朝廷から祭使が発遣された伊勢例幣についても同様であり、貞和年中まではこれらの祭祀は順調に遂行されていたことが確認できる。

　それではこの時期、これらの儀礼・祭祀にかかる費用はどのように捻出されていたのだろうか。

　この点がうかがえるのは貞和五年の祈年祭に関する次の証言である。そこでは、「諸国幣料等対捍《たいかん》の上、又多く他用せらる。よって高家庄御年貢をもって宛てらるるの処、奉行人不沙汰すと云々」(『園太暦』貞和五年二月四日条)と記されており、財源である諸国幣料が対捍されている上に、進納分も他の用途に用いられ、代替財源として期待された荘園年貢も進

釈奠［8月］	例幣［9月］	鎮魂祭［11月］	新嘗祭［11月］	月・神［12月］	追儺［12月］
—	○	○	○	○	—
▲	○	—	—	—	○
▲	○	○	○	△	○
●	○	—	—	△	○
○	○	●	○	▲	○
○	△	—	—	●	○
○	●	—	—	—	●
●	●	○	●	—	○
●	●	—	—	—	○
—	—	—	—	●	—
△	●	○	●	—	○
△	●	●	●	●	●
—	●	—	●	○	—
—	●	—	●	—	—
○	—	△	△	△	○
●	—	—	—	—	—
—	—	—	—	—	—
△	—	△	●	▲	○
●	—	—	—	—	—
●	▲	—	—	—	—
—	—	—	—	—	○
—	—	△	△	●	○
△	▲	—	—	—	—

質的に中止と判断できるもの、—は記載のないものを表す。「後七日」は
の収集は『大日本史料』『史料綜覧』をもとに、適宜、該当古記録にあた

	後七日［正月］	祈年祭［２月］	釈奠［２月］	賀茂祭［４月］	月・神［６月］
貞和元年(1345)	○	○	●	○	○
貞和２年	○	○	○	○	▲
貞和３年	○	○	○	○	—
貞和４年	○	▲	—	○	月次のみ
貞和５年	○	△	○	○	▲
観応元年(1350)	△	○	—	○	—
観応２年	△	—	●	○	▲
文和元年(1352)	○	▲	○	●	●
文和２年	○	●	▲	○	—
文和３年	△	—	—	○	—
文和４年	△	—	—	●	—
延文元年(1356)	△	▲	△	○	—
延文２年	△	▲	△	○	●
延文３年	△	▲	○	○	●
延文４年	○	▲	△	○	△
延文５年	○	▲	●	○	—
康安元年(1361)	○	●	○	○	—
貞治元年(1362)	△	●	—	○	—
貞治２年	○	▲	△	○	—
貞治３年	○	△	△	○	▲
貞治４年	○	—	—	○	▲
貞治５年	○	—	—	○	—
貞治６年	△	—	—	○	▲

表１

注　○は遂行、△は延引、●は中止、▲は延引後、遂行が確認できず、実
「後七日御修法」、「月・神」は「月次祭・神今食」の略記である。データ
った。以下、注記内容は後掲表２、表４についても同じである。

上されないことを理由に、祈年祭は延引されたのである。

結局、同祭は二月二六日に行われたのだが、じつはこの貞和五年という年は、前年の一〇月二七日に践祚《せんそ》した崇光《すこう》天皇の代始の年にあたっており、儀礼・祭祀の遂行が例年以上に重視された一年であった。しかし、それにもかかわらず、資金繰りの問題で神事を延期せざるをえなかったのである。当時の公家も、このことに対しては、ただ先の記事に続けて「不便の天下なり」と嘆くばかりであった。諸国からの幣料の不備や荘園年貢の未納は、朝廷の祭祀・儀礼の運営に深刻な打撃を与えており、そのことが「天下」の「不便」と認識されていたのである。

追儺《ついな》についても同じ状況が読み取れる。

追儺とは、疫祓いを目的とした宮中の年中行事であり、現在の節分の豆まきの起源である行事だが、貞和三年の追儺でも「今年世上騒々、諸国騒乱、通路のごとくは子細なしといえども、形のごとくの土貢、更に到来せず」（『園太暦』貞和三年一二月二九日条）と述べられている。つまり、都鄙《とひ》を結ぶ通路に問題はないが、にもかかわらず土貢（年貢）がまったく到来しないというのである。路次に障害はないのに年貢がこないということは、現地で年貢が押領《おうりょう》されていることを意味し、祈年祭と同じく、年貢未進の問題が儀礼の遂行に支障をきたしていた。南北朝内乱期を通じて、寺社や公家の荘園は現地の武士に兵粮料として預け置かれ、以後も押領が続いていたから、本来、朝廷の財源で賄《まかな》われていたこれらの儀礼・祭祀も遂行の危機に瀕していたのである。

ただし最初に見たように、貞和年間までは、それにもかかわらずなんとか公事は遂行されていた。その理由は武家からの援助があったからである。貞和二年（一三四六）年末に朝廷に対し武家から一〇〇〇貫文の供料進上があったことが確認でき（『三宝院賢俊僧正日記』貞和二年一二月二六日条）、武家からの助成によって何とか執り行われたのである。このときの朝廷は、幕府からの援助によって支えられていたといってよいだろう。

幕府財政のかげり

このように朝廷の儀礼・祭祀は事実上、幕府によって支えられていたのだが、長引く戦争は幕府の財政にも深刻な影響を与えはじめていた。

先述の通り、崇光天皇は貞和四年一〇月二七日に践祚したが、即位式を行うにあたって、朝廷は二七〇貫文の助成を幕府に求めた。しかし、幕府は、即位式に武家が助成するのは、あくまで戦乱時の例外的措置であって、今は天下が静謐しているので朝廷は自前で即位式を行うべきだとして、この要求を冷たく突き放した。その後、交渉が重ねられた結果、最終的には幕府も二〇〇貫文までなら出すと譲歩しているが、朝廷は残る七〇貫文すら用意することができず、即位式の延期を決定したのである（『園太暦』貞和五年二月二一日、二五日条）。朝廷はその際に延期の理由として、戦乱で礼服を失った公家が衣服を新調する時間がないことなどを理由に挙げているが、もちろん、実際に足りなかったのは、新調する時間ではなく、お金だったことはいうまでもない。

以上のやりとりからは、朝廷の財布と幕府の財布は基本的に独立しており、戦乱などで朝廷財源が不安定化したときに、臨時的に幕府から援助をうけるというのが原則であったことがわかる。しかし、ここまで見たように、南北朝の動乱は、朝廷から自前の財源を奪ってしまい、幕府に依存する以外には活路を見いだせない状態に陥らせていたのである。

ところが、一方の幕府も朝廷からの援助要請に難色を示したことからうかがえるように、資金が無尽蔵にあったわけではない。後述するように、幕府は朝廷の祭祀・儀礼への出資を必要最低限に抑えており、そのなかの一つに、天皇の身体護持を祈禱する後七日御修法という祭祀があったが、貞和五年（一三四九）と翌観応《かんのう》元年には、その後七日御修法でさえも支払いが遅れてしまっている。戦乱と武士の押領で朝廷財源は先細りする一方であったが、貞和末年には幕府も同様の事態に陥っていたために、幕府からの援助も十分ではなくなっていた。そしてこの状況は観応の擾乱で幕府の内紛が発生したことによって、いっそう加速していくのである。

後光厳の諦念

以上の結果として、観応の擾乱以降、朝廷の多くの祭祀・儀礼は延引・中止を繰り返していたわけだが、このことはさまざまな意味で朝廷社会の空洞化にもつながることになった。

一つは天皇家の権威と求心力の低下の問題である。

事実上、幕府の後援なしでは成り立たなかった北朝＝持明院統の天皇家が、南朝に対して自身の正統性を表明する格好の機会の一つが先祖供養の法要であった。

しかし、近年の研究で指摘されるように、歴代の院・天皇に対する法要は縮小される一方だった（曽根《そね》原理《はらさとし》「室町時代の御八講論義」、白根《しらね》陽子《ようこ》「承久の乱後の王家と後鳥羽追善仏事」）。白河、後白河、後鳥羽、後嵯峨といった歴代の院の遠忌《おんき》に行われる法華八講は、それぞれ応安《おうあん》元年（一三六八）、延文二年（一三五七）、文和二年（一三五三）、観応二年（一三五一、経供養は文和二年（一三五三）まで）以降、見られなくなる。幕府も天皇家の法要に対して、例えば貞和四年（一三四八）四月の後伏見《ごふしみ》天皇の十三回忌には、三〇〇貫文の御訪を提供するなどの配慮を見せていたものの（『園太暦』貞和四年四月二日条）、観応の擾乱後に顕著になる幕府財政の悪化を背景に、ほかの儀式・祭祀と同様に滞ってしまう。天皇家の遠忌も縮小せざるをえなかったのである。

これに加えて、正平《しょうへい》の一統後の混乱は北朝に大きな打撃を与えていた。観応三年（一三五二）に南朝方が京都の制圧に成功し、いわゆる正平の一統をなしとげたが、その一統が破れた際に、南朝方は光厳・光明・崇光の持明院統の三院を拉致したために、幕府は、新たに天皇を擁立しなければならなかった。そこで担ぎだされたのが、光厳院の二男で、崇光の弟にあたる弥仁親王《いやひとしんのう》、後の後光厳天皇なのである。

しかしよく知られる通り、譲位を行うべき院も根こそぎ連れ去られた上、三種の神器も南朝方によって奪われたために、祖母広義門院《こうぎもんいん》寧子《ねいし》の手で践祚が行われるという異例づくしのものであった。後醍醐を追放してから、幕府は持明院統を担ぎ出して体裁を整えたわけだが、今回、幕府はまた一から朝廷を作り直さなければならなかったのである。

このようにして、幕府の手で緊急避難的になされた後光厳天皇の擁立であったが、このとき、まだ一五歳に過ぎなかった幼帝は、践祚当初から自身の置かれた立場を自覚することからはじめなければならなかった。

文和元年一一月二八日に、後光厳の生母陽禄門院《ようろくもんいん》が死去し、朝廷は現天皇の母の死を悼《いた》んで、天下諒闇《てんかりょうあん》を行うことを決定した。しかし、このときの朝廷には装束以下を整える費用もなく、頼るべき幕府も、天下諒闇を行う費用については「一塵の沙汰」もしないと明言していた（『園太暦』文和元年一二月三日条）。

それだけではなく幕府にとってすべての政務を長期にわたり停止しなければならない天下諒闇は、はなはだ迷惑な話であったようで、朝廷に使者として訪れた佐々木道誉《ささきどうよ》は、今の時期、幕府は恩賞の審査に忙しく、天下諒闇などを行えば、諸人の訴訟も滞ってしまうと廷臣の面前で不快感を露わにしている。婆娑羅《ばさら》大名として知られる、道誉らしい歯に衣を着せぬものいいであるが、朝廷側もこの傍若無人な応対に対して、それでは当今天皇が不孝となると反発し、天皇の叡慮に委ねようとするが、肝心の後光厳はいまだ「御幼年」なので、結局、祖母広義門院の判断に任されることになった。

しかし、これは最初から結論の見えていた話である。

幕府の後押しで後光厳を践祚させた広義門院が幕府の意向を無視した決断を下すわけはもちろんなく、結局、一二月二二日に廃朝（朝廷の政務停止）三日間が決定され、実母の喪としては最低限のもので後光厳は妥協せざるをえなかったのである。「御幼年」であることを理由に、自身の頭越しに決められた母の死をめぐる一連の出来事は、「御幼年」といえども後光厳に自身の立場をわきまえさせるには十分なものであっただろう。

さらに、南朝勢力も攻勢をしかけてきたために政情も不安定で、後光厳はたびたび京から逐われることになった。

文和二年六月九日には幕府は再び南朝の入京を許したが、九月二一日にようやく京都を奪還できた。しかし、その奪還もつかの間で、文和三年一二月二四日には、先にふれたように尊氏が母の十三回忌を行っていた隙を突かれて、またまた南朝の入京を許してしまう。尊氏らが京へ帰ることができたのは、翌年三月一三日のことであった。以後、幕府と北朝が京都を逐われることはなくなるが、観応の擾乱以降、事態が正常化するまでの道のりは、京都を逐われなくなってからもきわめて長いものだったのである。

失墜する「天下」

この点を先と同じく儀礼・祭祀の遂行状況から確認しよう。

後光厳擁立の混乱のさなかにあった文和二年の四月には松尾祭・平野祭・吉田祭などがあいついで延引されたのをうけて、「神事《しんじ》陵夷《りょうい》不便《ふべん》の事か、是朝家《ちょうけ》凋弊《ちょうへい》の故か」と当時の公家を嘆かせていた。すなわち神事が徐々に衰退する（「陵夷」）のは朝廷が凋落しているからだろうか、というのである。さらに「その外、諸社祭、皆かくの如しと云々。天下の躰《てい》不便のことか」と慨嘆《がいたん》させるなど（『園太暦』）、朝廷の本務である公事の多くが延引・中止を繰り返していた。このように、朝廷の行ってきた祭祀・儀式の中止は、彼らにとって「天下」の失墜と理解されていたのである。

資金不足で儀礼が行われないことに加えて、例外的に開催された儀式・祭祀でも担当奉行である廷臣が集まらなかった。例えば同年の一一月二〇日には天皇の五体を護持する鎮魂祭が行われたが、祭礼の進行をつかさどる上卿《しょうけい》が不参のままで行われるなど、祭祀として十分な体を成していなかったのである。

幕府もこのような朝廷のありさまを懸念したようで、文和四年には幕府は賀茂祭、北野祭、石清水放生会などを再開して北朝の再建を誇示したが（松永和浩《まつながかずひろ》「室町期における公事用途調達方式の成立過程」）、延文元年三月には日吉祭、平野祭に上卿が出席したことが近年にないと皮肉られるありさまで（『師守記』）、儀式・祭祀の再建はなかなか軌道に乗らなかった。

このような公家、しかも上卿をつとめうる階層のやる気のなさを象徴するものとして次の事例も挙げておきたい。

延文元年三月二〇日には摂関家の近衛道嗣が、後光厳天皇から石清水臨時祭への参仕を求められた。今回は天皇代始めの石清水臨時祭だから出仕するように、と固く言われたにもかかわらず、道嗣は所労を理由に出仕を断っている。「所労」とは現在でもよく耳にする欠席理由だが、その内実もやはり現在と同様にあやしいものであり、じつは道嗣は二日前には洞《とう》院公賢《いんきんかた》らと明け方まで酒を飲んでいたことを自身の日記に記していた。天皇代始めで重視された祭礼にもかかわらず、所労を理由に公家のトップである摂関家の人間が参仕しなかった事実は、このときの朝儀に対する倦怠感を何よりもよく表している。

　廷臣たちが出仕を拒んだ理由として、次のようなものもあった。

　貞治七年（一三六八）の白馬節会《あおうまのせちえ》において、叙位なきを理由に四位輔代《しいほだい》の某が不参した（『師守記』貞治七年正月四日条）。祭礼に参仕する下級の官人にとって、それにともなって行われた叙位はきわめて名誉なものであったわけだが、朝廷の財源不足によって叙位が止められた結果、それを家の名誉としていた下級官人の動向にも悪影響を与えることになったのである。

　以上のように戦乱を背景にした財政難は、廷臣の出仕を困難にし、公事自体の中止・延引をもたらした。そしてことはそれだけにとどまらず、叙位停止による不参といった悪循環を引き起こして朝儀を停滞させていたのである。

　ここで取り上げた公事のほか、のちにふれる祈年穀奉幣や、御斎会、女叙位、踏歌節会、石清水臨時祭、灌仏《かんぶつ》、最勝講、乞巧奠《きっこうでん》、例幣《れいへい》、神今食《じんごんじき》、京官除目《じもく》などは財政難もあって延引・中止したことが確認されている（小川剛生《おがわたけお》『南北朝の宮廷誌』）。釈奠《せきてん》のみは、例外的に貞治年間にも遂行されていたことが確認できるが、その背景として、南家藤原流の幕府とのつながりが想定されており（小川剛生「藤原有範伝の考察」）、彼らと幕府のコネによるものが大きかったと思われる。しかし、それも後年には挙行を確認することが困難になる。

このような公事の遂行状況は、朝廷社会の政治的位置づけの低下につながったと考えられる。そしてそれ以上に、廷臣たちは、荒廃した雰囲気に包まれていた。鎮魂祭や新嘗祭のように、公事が行われていても上卿が不参であるなど、儀式としての体を成していないものがほとんどであり、その背景には、困窮による出仕の困難があった。結果、廷臣たちの暦からは大半の祭祀・儀礼が消え、朝廷の政務は大幅に縮小したのである。

後光厳親政下の朝廷政治は、公事の面においては最小限であり、公家層の執政意欲も著しく減退していた。公武ともに直面せざるを得なかった財政難や廷臣たちの不参を背景に、多くの祭祀・儀礼が中断、廃絶しており、後光厳治世下の朝廷社会は、資金も気力もない根深い倦怠感に覆われていたのである。

続けられた公事

以上のように南北朝期の儀礼・祭祀の多くは荒廃していたわけだが、しかし、ごくわずかながらも例外が存在していた。その一つが先にも言及した後七日御修法である。

これは元旦から七日まで行われた宮中の節会のあと、宮中の真言院にて八日から一四日まで、玉体安穏と鎮護国家を祈念して行われた密教の修法であるが、他の公事がことごとく延引・中止されるなかで、この儀礼は例外的に遂行されていたのである。

先述したように他の公事がことごとく不調となった文和年中には、後七日御修法もたびたび延引されたが、文和三年のように、時に一年以上も遅延しながら行われていた。また、延文三年の祈年祭では、幣料を武家に求めたところ、今日以前は沙汰がむずかしいといつも通りの回答をされて、その他の月次祭・神今食、例幣、新嘗祭も中止に陥っていた。このような惨憺《さんたん》たる状況にあって、後七日御修法のみは同年一二月二三日にはなんとか催されるなど、南北朝期を通じて比較的順調に遂行されていたのである。この法会が、年頭の天皇の身体護持を目的としたものであったために、財政難にもかかわらず、幕府も欠かすことができなかったと考えられる。

もう一つが、「まつり」の代名詞として知られる賀茂祭である。

旧暦四月の中酉日に行われ、現在では葵祭という名称で、京の三大祭の一つに数えられているこの祭礼も、他の儀礼と同様に延引・中止の危機に瀕していた。しかし、実際には後七日御修法さえも延引があいついだ文和・延文年間にあっても式日通りに遂行されており、その他の祭祀・儀礼の荒廃状況も踏まえると、特段の意気込みで遂行された祭礼であったことがわかる。

観応三年（一三五二）、正平の一統が破れた影響で賀茂祭は中止に追い込まれ、このことは、「頗る希代の事なり」と朝廷社会に大きな衝撃を与えていた（『園太暦』文和元年四月一七日条）。正平の一統破綻時に光厳・光明・崇光の三院が拉致され、幼帝後光厳が践祚したことは先に述べた通りだが、このような大混乱といってよい状況にあったにもかかわらず、翌年の賀茂祭は、幕府から御訪を受けて、なんとか祭礼は遂行されたのである（『園太暦』文和二年四月二四日条）。

けれども、幕府は当初、この御訪を恒常化させる意図はなかったらしく、翌々年の賀茂祭は、幕府から援助が得られなかったことを理由に、再び中止された（『園太暦』文和四年四月一七日条）。この時点で賀茂祭は、武家要脚の未到を重ねて、延引、中止を続けた祈年祭などと同様の運命をたどる可能性はきわめて高かったのである。

しかし、ここから賀茂祭は他の公事と異なる展開を見せる。翌延文元年には「去年の無沙汰、今年、相構えて沙汰有るため」に、朝廷側は用途の問題を、特段の決意で武家に伝達して、中止を回避しようと強く働きかけていた。その結果、賀茂祭はなんとか無事に挙行されることになったのである（『園太暦』延文元年三月七日条）。

それではなぜ賀茂祭は維持されたのだろうか。

その理由として、同祭では上皇・天皇の御覧や出仕者への褒賞の意味で除目が行われるなど、公家社会における、わかりやすい重要性があったと考えられる。

古くは『源氏物語』に「遠き国々より妻子をひき具しつつもまうで来なるを」と記述され、一〇世紀半ばから参加者の過差《かさ》が禁止されるほど華やかな祭礼であったが、この点は一四世紀でも変わらず、貞和二年にはやはり参加者の服装や従者の人数が過差であるとして朝廷から禁止されている（『園太暦』貞和二年一二月二一日条）。賀茂祭では時に印地打ちが行われて、死者もでるほど人々を熱狂させた祭礼だったのであり（『後《ご》愚《ぐ》昧記《まいき》』応安二年四月一九日条）、現在の葵祭の粛々としたあり方とはまったく異なる、いかにも祭りらしい熱気を帯びたものであったのである。

このように多くの注目を浴びていた賀茂祭は、朝廷にとっては威儀を示す場であり、参加する官吏にとっては臨時の除目の対象となる栄誉の場でもあった（丸山裕美子《まるやまゆみこ》「平安時代の国家と賀茂祭」）。この時期の武家は儀礼に対して不案内であったこともあって朝儀への関心は薄かったのだが（小川剛生『南北朝の宮廷誌』）、武家にとっても屋外で行われる走馬もあった華美な祭礼は親しみやすかったのだろう。

賀茂祭への武家御訪はその後も継続され、康安元年には「行粧の結構、近年比類なしと云々」（『後愚昧記』康安元年四月一七日条）といわれるほどの盛況を見せていた。貞治年間には将軍義詮、さらにはその後は義満も連年見物するに至っており、賀茂祭はこのように早くから幕府の関心を引きつけることに成功し、室町時代には朝廷と幕府が一体となってもりあげる公武の祭礼として不動の位置を占めることになった。これまでは過小評価されてきた南北朝〜室町期の賀茂祭であるが、ここまでの分析から明らかなように、この時期には紛れもなく盛期の一つを迎えていたのである。

内裏再建計画

以上の検討から、この時期には後七日御修法と賀茂祭以外の多くの儀礼・祭祀が滞っていたことが明らかになったが、逆にいえばこのときの朝廷政治の中身は、後七日御修法と賀茂祭の二つだけであったといっても過言でない状態だった。朝廷の政治はここに至り大幅に縮小していたのである。

このような状況である以上、儀礼以上に多額の費用がかかるこれらの儀式・祭祀が行われる内裏や寺社などの施設のメンテナンスも、当然、うまく行くわけもなかった。そしてこの状況は朝廷だけの問題に限らず、それを支える幕府にとっても同じく頭の痛い問題だったのである。

貞治二年には南朝方だった山陰の山名《やまな》時氏《ときうじ》と中国地方の大内弘世《おおうちひろよ》が幕府に降伏し、にわかにおとずれた太平の気運を背景に、多くの守護が在京し京都に屋形《やかた》が建造されるなど、京都は建築ラッシュに沸くことになった（山田《やまだ》徹《とおる》「南北朝期の守護在京」、伊藤《いとう》俊一《としかず》「武家政権の再生と太平記」）。その仕上げの一つになったのが貞治四年の二月に建てられた将軍義詮の御所、三条坊門邸《さんじょうぼうもんてい》であり、京都に武家の新宅が林立することになった。京都の景観は大きく一変したと推測される。

このようななかで、逆に目立つことになったのが後光厳が居住していた土御門内裏《つちみかどのだいり》である。というのも土御門御所は建武四年に焼失した旧御所のかわりに用いられた仮の御所であったからである。この御所については、暦応二年（一三三九）と康安二年（一三六二）に修理が行われた様子が断片的ながらうかがえるものの、修理はあくまで部分的なものに過ぎず、住居として色々と差し障りが出ていたと推測できる。これらの修造後も、寝殿が紫宸《ししん》殿《でん》・清涼殿《せいりょうでん》を兼ねる状態であったから（藤田《ふじた》勝也《まさや》「南北朝時代の土御門東洞院内裏について」、小川剛生『南北朝の宮廷誌』）、おそらくは建物としても相当傷んでいたと見られるのである。

貞治年間の武家屋形の新築ラッシュにあって、粗末な仮御所を前に武家だけが新たに邸宅を建てるとはいかがなものかという配慮もおそらく働いたのだろう。三条坊門邸が完成した貞治四年六月に幕府は内裏再建の建議を朝廷に行ったことが確認できる。

幕府は、内裏再建にあたり、内裏の在所と再建の担当奉行、そしてその財源として諸国段《しょこくたん》銭《せん》を賦課するかについて朝廷にうかがいをたてていた。段銭とは、一国平均役とも称され、一国全体の田地に課税を行う朝廷財政の基盤の一つであったために、幕府はその課税の是非を朝廷に確認したのである。

このような幕府の問い合わせに対して、朝廷は在所と担当者については判断を保留したが、最後の諸国段銭の採用については、きっぱりと「近古以来此儀久しく中絶す。今更に沙汰あるの条、窮民の憂たるべきか」と返答していた。つまり、ここ最近は段銭を賦課しておらず、今賦課するのは、戦乱などで困窮した民衆の迷惑になるという道義的な理由で却下したのである（『師守記』貞治四年六月五日条）。

これは確かにまっとうな意見である。しかし、結局、今回の内裏再建では、寝殿の大規模な修理は行われたものの（川上貢《かわかみみつぐ》「南北朝時代の内裏土御門殿とその小御所」）、「造内裏」という当初の計画からすれば内容的には大きく後退したものになった。このような仕儀になったのも、諸国段銭を断念した結果、十分な資金が得られなかったことが大きいだろう。これもまた当然といえば、あまりに当然の結末であった。

このように中途半端なかたちで終わった貞治四年の内裏再建事業であるが、今回の一件は、段銭という伝統的財源を駆使しなければ、造営などの大規模な公事の遂行が不可能であるという教訓を、幕府側にもたせたに相違ない。幕府も朝廷の儀礼や祭祀に対して、助成金を提供する用意はしていたが、あいつぐ戦乱により疲弊していて、打ちでの小槌のように潤沢な資金を有していなかったことは、ここまでの叙述で見た通りである。

右の状況は、足利義詮の治世となった貞治年間に入っても大きく改善はされなかった。例えば、貞治元年一二月、延引していた後七日御修法の挙行費用として出された一〇〇貫文が幕府から助成されたが、この一〇〇貫文は、じつは幕府が先に東寺へ寄進した料所を一旦、東寺に返還させて捻出したものであった（「東寺執行日記」貞治元年一二月二四日条）。翌貞治二年の祈年祭に際して、朝廷側が武家に御訪を要求したが、昨冬、すでに進上したことを理由に拒絶されてしまうありさまであった（『師守記』貞治二年閏正月一二日条）。幕府もいまだ財政難にあえいでおり、この点は先に見た貞和二年末に幕府が一〇〇〇貫文を朝廷に進上していたことと比較すると明白である。

このように幕府も財政難に直面して、観応の擾乱以前の貞和年間のように大規模な助成はかなわなくなっており、朝廷の行う儀礼・祭祀の取捨選択を行わざるをえない状況にあった。従来、この時期の公武関係は、義満以降の展開から、朝廷の弱体化と幕府基盤の強化というかたちで捉えられることが多いが、現実には朝廷の幕府依存の深化と、それを十分に支えきれない幕府、と把握するほうが、いっそう正確な理解だろう。この時期、財源をいかに工面するかが公武双方の課題として浮上していたのである。

このような状況は従来の財源を幕府主導で活用する方向へと転換させた。段銭が朝廷の管轄事項であったことは先に述べた通りだが、貞治年間の段銭の賦課・徴収には幕府が積極的に関与しており、貞治四年の吉祥院修造段銭の際には、勅裁により命じられた諸本所領の免除を覆してまで幕府は徴収を徹底していた。この事実を明らかにした市原《いちはら》陽子《ようこ》氏は、今回の幕府の対応は鎌倉時代以来の公武関係の変容を示すものとし、段銭催徴が、幕府中心のものへと変化する契機であると評価しているが（「室町時代の段銭について」）、免除に固執した朝廷社会と対照的に、勅裁免除を否定してまで段銭徴収を遂行した幕府の動向からは、寺社修造という造営事業に対する積極性が顕著にうかがえるのである。

幕府がこのような動きを示した前提として、不十分に終わった内裏再建の事情が念頭にあったのは確かだろう。これもまた軍事政権では考えられない幕府の動きである。このように幕府は、従来の朝廷財源の活用なしには体制が維持できないと考え、財政基盤の確立に積極的姿勢を見せたわけだが、このことは同時に幕府に政権主導者としての自覚も、もたらしたと考えられる。

壮年将軍足利義詮の死

貞治六年四月二七日、幕府は諸寺に命じて一万部の大般若経を転読させた。当時の公家は幕府のこのような動きに対して、「希代《きたい》の事《こと》」と驚きを隠さなかったが（『師守記』）、幕府がこのように大規模な仏事を行ったのには、しっかりとした理由があった。

じつは一万部大般若経転読を命じた前日から、幕府は吉野に逃れていた南朝方と和平交渉にはいっており、前日には南朝方の公卿葉室光資《はむろみつすけ》が上洛して幕府との和睦交渉にあたっていた。義詮ら幕閣がもっとも神経をとがらせていた時期だったのである。

そのような折に、延暦寺の僧侶が見た、ある夢の情報が幕府にもたらされた。内容は、近く天下の争乱が起こるが、それを避けるには一万部大般若経を転読しなければならないことを告げられたというものであった。折しも義詮ら幕閣が細心の注意をもって、南北朝合一の交渉にあたっていた時期であり、今回の転読もこのような状況を背景に行われたと考えられる。義詮が主導で行った一万部経転読を非難した先の公家の発言が、いかに政治の緊迫感を欠いた形式的なものであったことがわかるだろう。

さらに、この年の三月には元の依頼を受けた高麗から倭寇禁圧を求めて使者が来日しており、国境の治安維持が政策課題にものぼっていた。

一四世紀半ばの方国珍の蜂起以来、大陸江南の政治情勢は不安定化していた（杉山正明《すぎやままさあき》『モンゴル帝国の興亡』）。そして日本国内での長きにわたり続いた南北朝の動乱は、国内の路次・海路において山賊・海賊被害を多く生み出しており、治安を著しく悪化させていたが、それだけでなく、これらの悪党が「数千艘ノ舟ヲソロヘテ、元朝・高麗ノ津々泊々ニ押寄テ、明州・福州ノ財宝ヲ奪取」ったことが『太平記』に記されている。このように内乱が周辺諸国にまで影響をおよぼす事態を受けて、高麗からの使節が来日したのである。

この倭寇禁圧の要請は、最初に朝廷に提出されたが、朝廷は外交文書の形式を問題にして、回答を拒絶した。これは朝廷の伝統的な対外問題の処理方法であるが、文書の形式うんぬん以前に、ここまで見た廷臣の倦怠感からすれば、そもそもこのときの朝廷から実質的な回答など期待できるわけもなかっただろう。

その結果、幕府が交渉の主体として登場するわけであるが、中村栄孝《なかむらひでたか》氏は今回の出来事を、伝統的な朝廷の通信拒否という姿勢が捨て去られ、武家によってあらたな外交がひらかれる端緒であったと適切に評価している（『日鮮関係史の研究（上）』、藤田明良《ふじたあきよし》「東アジア世界のなかの太平記」）。このように義詮の幕府は南北朝の対立と倭寇禁圧という二つの重要な政治課題に直面しており、そのためにできることはなんでもしておくという考えがあったのだろう。

そのほかにも義詮は朝廷政策にも果敢であり、貞治年中には南北朝動乱以来の懸案であった荘園再興政策を断行していた。

貞治五年八月八日には管領斯波《しば》高経《たかつね》・義将《よしまさ》親子が佐々木道誉などの諸大名からの反発を受けて分国越前に没落するという政変が起こったが、義詮はこれを好機ととらえて斯波領国であった若狭を直轄地化して寺社本所領を返付したのである（『大日史』六―二七、三四三、三九二頁）。さらに翌年七月には山城国でも同様の施策を断行していた（『師守記』貞治六年七月四日条、「追加法」八四・八五条）。寺社本所荘園の再興は幕府の当初からの方針であったが、義詮の強力な主導力で一定の成果を収めることに成功したのである。

以上の政策実績を手土産にしたのかはわからないが、貞治六年三月二九日に義詮は宮中での和歌会に陪《ばい》したことが確認できる。父尊氏や義詮自身もあまり出席することを好まなかった宮中での和歌会であったが、今回、参加した義詮の行粧は目を驚かすものであったことが当時の記録に記されている（『大日史』六―二七、八八九頁）。いまだ前途は多難ではあったが、さまざまな政治課題とその克服へ向かって、このとき、義詮は自覚と自信に満ちあふれていたといってよい。このとき、室町幕府は確かに軍事政権から政権の主導者へと大きく舵をきりはじめていたのである。

この変化を反映するかのように、戦没者供養の寺として建てられた天龍寺にも変化が見られる。

貞治四年には天龍寺には光厳天皇の菩提を弔《とむら》うために塔頭《たっちゅう》が建てられ、その維持のために播磨南条の地が寄進されていた。天龍寺のかたわらに直義を祀る祠が置かれたことも踏まえると、天龍寺の地は後醍醐の鎮魂に加えて、幕府の総合的な鎮魂施設としての意義づけを与えられつつあったといってよい。天龍寺も戦没者供養の寺という位置づけから、平時の鎮魂施設へと変貌を見せはじめていた。

しかし、このような役割が過大だったのだろうか、貞治六年三月に天龍寺はまたもや焼けてしまう。じつは延文三年（一三五八）正月四日にも天龍寺は火災で焼失しており、そのときには再建までには五、六年もの時間を要していた（『愚管記』貞治六年三月二九日条）。それからさほど日を置かずして、天龍寺は罹災することになったのである。

義詮は翌月には天龍寺の再建を開始するが、同年末には、義詮も倒れてしまい、同年一二月七日に三八歳の若さで死去してしまう。貞治年間に垣間見られた室町幕府が国家的機能を果たそうとする兆しは、天龍寺の焼亡と、若く意欲のある将軍の死によってご破算となり、次の世代の課題として持ち越されたのである。

第二章　相国寺――足利義満の時代①

地下鉄今出川駅を降り、同志社大学の学生たちが行き来する今出川通を一本北に入ったところに、相国寺はひっそりとたたずんでいる。この寺は足利義満がみずからの発案で建てた禅宗寺院であり、二〇〇七年に足利義満の六百年忌の催しが行われた。本章では、相国寺の創建過程を追いつつ、義満の時期における公武関係の展開について論じていきたい。

1　後円融朝の失政

後光厳の死

義詮の早世により、ふたたび先が見えなくなった公武の関係だが、朝儀の停滞という状況だけはまったく変わりがなかった。

義詮の死から明けた貞治七年（一三六八）正月には後七日御修法《ごしちにちみしほ》は遂行されたものの、正月四日の白馬節会は、叙位がないことを理由に出席者の不参があいついだために中止。二月四日の祈年祭も同様に行われておらず（『大日史』）、いつも通りに延引され、中止に至るというのが、この時期の祭祀・儀礼の実情だったのである。

当然のことながら、その結果として天皇の求心力、権威も大幅に低下することになった。後光厳擁立の経緯を見ても、そもそも天皇の権威というものが存在していたのかすらあやしいものであったが、このような微妙な空気のなか、応安三年（一三七〇）七月三日、後光厳は父光厳院の七回忌を弔うために宸筆《しんぴつ》の法華八講を催した（『大日史』六—三二、一七九頁）。持明院統嫡流の兄崇光や、南朝の天皇を前にして、皇位継承の上で明らかに弱い立場にあった後光厳からすれば、みずからが主導して父祖の菩提を弔うことは、天皇家の家長としての立場を主張できる、きわめて重要な儀礼であったわけである。

しかし、結果は無残にも、当時の朝廷社会の空気を如実に反映するかたちで終わってしまう。四日間の日程で行われた法華八講の中日に、官人が八講に寄せられた捧物をもって行道する段取りになっていたのだが、担当の諸大夫層が行道の役を拒否したのである。

八講に出仕する僧侶たちが問題を起こしたのならばまだしも、なぜ、儀式の諸事を執り行うに過ぎなかった彼ら諸大夫たちは職務を果たさなかったのだろうか。理由はじつに些細でつまらないことだった。西園寺家に仕える三善輔衡《みよしすけひら》という人物が、ともに役を務める予定だった直衡《ただひら》のことを、「諸家経歴の者」、つまり、あちこちの家に仕える落ち着きのない者だと難癖をつけて出仕を拒否したのである（『後愚昧記《ごぐまいき》』応安三年七月六日条）。

事態はこれだけに止まらない。

名指しで非難された直衡は、このことにむくれたのか、同じく出仕していた高階成重《たかしななるしげ》と一緒であるのが気にくわないと命に従わない。絵に描いたような負の連鎖である。このような下級官人の諍《いさか》いを聞いた『後愚昧記』の記主三条公忠《さんじょうきんただ》も、さすがに「一会《いちえ》の儀《ぎ》を欠く」と呆れてしまっている。今でもそうであるように、法事一般では「一会の儀」、つまり一族・関係者が一同に参加することが重視されるわけだが、今回の一件では、天皇家の法事で単にものを運ぶに過ぎない下級官人たちがこのように参加を拒み、「一会の儀」が成り立たない事態を招いていたのである。これは天皇権威の凋落を端的に示す事例といえ、何より自身のメンツを優先した彼らに、結果的になめられたかたちになった後光厳自身は、何とも情けない気持ちになったに相違ない。

後光厳の悩みは尽きない。

応安三年には後光厳は譲位して自分の息子後円融《ごえんゆう》を後継天皇にしようと画策していた。けれども、譲位するに必要な資金が彼にはまったくなかった。

このときの朝廷の人々はどのように生計を立てていたかというと、荘園という自身の所領からの年貢が中心であり、天皇家も例外ではなかった。ところが南北朝の動乱は、荘園年貢の欠如を慢性的にもたらし、この時期の天皇以下の貴族たちは、軒並み貧乏だったといってよい。応安元年に、幕府は勅命を受けるかたちで寺社本所領の還付を命じた、いわゆる応安の大法を発令したが（村井章介「徳政としての応安半済令」）、その命令も現地ではなかなか受容されずに、天皇家領をはじめとする所領は知行が回復しないままだったのである。

このようにじり貧だった後光厳であったが、その打開策として、後円融即位用途を目的とした土倉への課税を提案した（『大日史』六—三二、二六一頁）。地方の荘園年貢が上がらないから、手っ取り早く、取れるところから取ろうと考えたわけである。

しかし、幕府はこの提案になかなか首を縦に振らなかった。その理由は、先にも見た通り、土倉への課税が後醍醐天皇の建武政権で行われていたものであり、「建武式目」において幕府は土倉衰微の原因として非難していた経緯があったからである。

議論は紆余曲折を経て、最終的に後光厳の譲位と後円融の即位費用は、土倉から借用するかたちで賄うことになった。もちろん借用といっても、朝廷・幕府が後に返した徴証はなく、土倉側からすれば、徴収の既成事実化を回避するための方便だったのである。

朝廷・幕府にとっても、じつはこの借用という体裁は好ましいものであった。

というのも、この時期の土倉は、おおむね比叡山延暦寺の配下となっており、彼らへの課税というかたちで当時、最大の宗教権門の一つであった山門延暦寺を刺激するのは得策でなかったからである。実際、このころの山門の勢いは盛んで、応安元年と二年に強訴《ごうそ》が起こされ、また応安三年年末には延暦寺の下級僧侶である公人たちが、洛中のあちこちで廷臣も含めた債務者たちに対して、激しく借金の取り立てを行っており、延暦寺のトップである天台《てんだい》座主《ざす》の制止もきかずに暴れ回るありさまだった（追加法一〇五条）。朝廷もこれには手を焼き、その制止を幕府に依頼することになるのであるが、このように天皇家の権威というものを当時の延暦寺の下級僧侶たちすらなめきっており、山門は朝廷にとって、きわめて現実的な脅威だった。そのために、延暦寺と直接の争点になりにくい借用という体裁は、朝廷・幕府にとっても幸いだったのである。

さて、以上の交渉の結果、翌応安四年二月三〇日には譲位料として、幕府が一所につき二〇貫文の徴収を行い、同年一一月二日には即位料として土倉ごとに三〇貫文と酒屋から壺別に二〇〇貫文を借用することになった。これに加えて朝廷は幕府からも二三一〇貫文もの助成を得て、なんとか後円融の即位を行う資金が用意できたのである。

ではこれで後円融の即位式が速やかに行われたか、というとそうではない。後光厳の不幸は、まだ終わらなかった。

自身が譲位した後、即位式の用意をはじめていた応安四年一二月二日に、興福寺衆徒が一乗院、大乗院という南都の双璧《そうへき》である門跡の処罰を求め、春日社の神木を捧げて入洛していた。藤原家の氏神である春日社の神木の入洛は、藤原姓の廷臣、すなわちほとんどすべての廷臣たちの出仕を止めることになり、朝廷では即位式を行うことなどかなわない状態に陥った。南都北嶺と呼ばれた宗教権力のうち、北嶺との交渉に没頭しているあいだに、南都によって足許をすくわれてしまったのである。

興福寺は自身の要求がいれられなかったために神木を放置し、その後、じつに三年ものあいだ神木は京都に置きざりにされたままになるわけだが、このような政治的混乱が続くなか、応安七年正月二九日に後光厳は急死してしまう。さらに、後光厳急死の原因として、神木の祟りが噂される始末であり、幕府もこれにはさすがに仰天して、興福寺の要求に応え、同年一二月一七日に神木は三年ぶりに春日社へ帰座することになったのである。

幕府は、天皇急死の空白を埋めようと、二条良基《にじょうよしもと》に政務全般の沙汰を命じて、年内に後円融に即位させる準備を進めた。さらに一二月一四日には朝儀全般に無気力だった廷臣に対して、出仕すれば武家から助成金を出すことを通知、決定している。幕府も財政難にあり、そのことを裏づけるかのように翌日には早々に下行が遅れてしまうのだが、三条家にも五〇貫文もの巨額を助成して、即位大礼へ出仕を求めており（『後愚昧記』）、このような幕府の努力もあって、後円融天皇の即位は神木が帰座した一〇日後になんとか終了したのである。後円融が即位する姿を見られなかった後光厳は、何とも無念だったに相違ない。

大嘗会をめぐる駆け引き

後光厳の遠い祖先で、絶大な権力を握ったことで知られる白河法皇は、天下三不如意、つまり、世の中で自分の思いのままにならぬものとして、「鴨川の水」「双六の目」「延暦寺の僧侶」の三つを挙げたといわれている。これは当時の院の権力の巨大さを物語るエピソードとしてよく知られるものであるが、後光厳の場合、それとはまったく逆に、意にかなうものは三つでも余るものであった。

春日社の神木が応安四年以降、洛中に鎮座していたことは先に述べた通りだが、やはり先述した通り、応安元年と二年には、今度は北嶺と呼ばれた延暦寺の強訴により、日吉神社《ひよしじんじゃ》の神輿《しんよ》が入洛していた。神輿はいったんは日吉神社に戻されたが、入洛した神輿は朝廷の負担で建て替えるという慣例があったにもかかわらず、その修造が遅々として進まないことに業を煮やした山門は、応安七年六月二〇日に三度目となる神輿入京を行い、再び神輿はそのまま打ち捨てられたのである（『大日史』六—四二、一二二頁）。三度目の神輿入京は後光厳没後のことであるが、後光厳朝の政治は、このように資金不足と南都北嶺の強訴により、手足をまったく失い機能不全に陥っていたのである。

偶然に天皇になった後光厳の半生で思いのままになったのは、ただ一つ、自身の息子をなんとか後継天皇の座につけたことであった。しかし、それにしても即位式が自身の死後にようやく行われる次第だったから、自身でその行く末を見届けるには至らなかった。

自身の偶然の即位を必然にすること、これこそが彼がもっとも望んだものであったから、本願を果たしたという意味では良かったわけだが、一方で天皇の求心力回復、北朝の維持という課題を克服したとはとてもいえない状態にあり、そのために幕府は後円融天皇をもり立てていく必要があった。京都に同居することになった武家と公家が、今後、どのような関係を結び、政治体制を組み立てていくのかという問題は、後円融と、早世した義詮の息子義満という、二人の青年の手に委ねられていたのである。

義満と後円融という、じつは延文《えんぶん》三年（一三五八）の同じ年の生まれである両者が正式に対面するのは、後円融が即位した翌永和《えいわ》元年（一三七五）四月二五日のことである。そのときに公武の長である両者が何を思ったかは記録に残されてはいないが、その対面もつかの間で、後円融は続いて即位して最初の新嘗祭である大嘗会を執り行わなければならなかった。これは後円融朝が、停滞した朝廷政治を打破できるか否かが明確にわかる重要なイベントでもあった。

大嘗会を行うにあたり、朝廷はまず財源の確保に動いた。

永和元年五月二六日には酒課税の一種である酒鑪役《しゅろやく》の賦課を命じたことが確認できる（『大日史』六―四三、三四八頁）。酒鑪とは酒を醸造する炉の意味で、それが各酒屋に必ず一つあったことから、酒鑪役とはすなわち酒屋一軒ごとにかけられる税金を意味する。続いて六月二七日には大嘗会の行事所を設営し、その警固《けいご》を幕府に命令していた。以上の様子からは、朝廷単独でことを進めたようにも見えるが、じつは今回の大嘗会の最初の運営会議は、管領細川頼之《ほそかわよりゆき》邸で行われており、当初から幕府の後援も得て進められていた（「花営三代記」）。後円融は幕府の力添えも得て、積極的に朝廷行事の再建を進めようとしたのである。

しかし、朝廷は、儀式に必要な資金集めにここでも苦労する。同年七月二五日には大嘗会用途として諸国に一国平均に段米を賦課することがはかられ、それと同時に幕府から助成金を求めることが議論されたことが確認できる（『愚管記』）。

だが、必要な資金が集まらない。

八月には酒鑪役の賦課に対して、石清水八幡宮の神人が強訴を行って抵抗するなど（『大日史』六―四四、八六頁）、資金集めが難航した後円融側は、早くも大嘗会の儀式の省略について廷臣と意見を交換するありさまだった。けれども、そこで出された結論は次のようなものであった。すなわち、先の後光厳の大嘗会が行われた文和三年（一三五四）は世情擾乱であったために儀礼に省略があったが、今回は天下泰平の下で行われるのだから、省略は許されないというのである（『愚管記』同年八月一四日条）。資金の目途が立たないにもかかわらず、気がつけば後円融は、メンツにかけて大嘗会を遂行しなければならない立場に追い込まれていたのである。

泥まみれの綸旨

このように資金不足が後円融朝の焦りを生むなか、事件は起こった。

大嘗会直前の永和元年一一月、賀茂社の酒屋に大嘗会酒鑪役を催促する使者が入ったところ、神主賀茂《かも》光久《みつひさ》が氏人らをさしむけて、使者を追い払う行為にでた。その際には、納入を催促する後円融の綸旨《りんじ》が地面に落ちて泥まみれになったというのである。綸旨は天皇が発給した文書であり、その権力を紙の上で表現したものなのだが、それがこのようなかたちでないがしろにされており、酒鑪役の徴収をめぐり、取る側と取られる側に鋭い対立が生まれていたのである。

ただし今回の事件は賀茂社側が一方的に悪かったわけではない。じつは朝廷の使者が入る直前に、幕府が大嘗会料足だといって莫大なお金を求めており、その武威が恐ろしくて支払ったと賀茂社側は主張している。つまり、賀茂社側からすれば、大嘗会用途の二重払いになるために、その理不尽さに激怒して朝廷からの使者をこのように厳しく扱ったのである（『大日史』六―四四、三八六頁）。

それにしても気になるのは、幕府が先に大嘗会用途を徴収していた点である。結局は幕府も朝廷に対して御訪を拠出していたから、その補塡としてこのようなかたちで上前をはねるような行為に出たのかもしれないが、結局のところ、損をしたのは朝廷側で、後円融の権威は文字通りに泥にまみれてしまっていた。本来ならば、新たに即位した天皇の権威を輝かせるはずだった大嘗会であったが、思惑とはうらはらに、その権威はこのように地に墜ちてしまっていたのである。

大嘗会御禊行幸

以上のような混乱を含みながらも、何とか諸儀礼は遂行されていった。その一つが大嘗会御禊《ごけい》行幸である。

一〇月二八日には大嘗会の祭典に先立ち、後円融は賀茂川へ行幸して御禊を行った。後光厳急死後、幕府から後円融の後援を求められた朝廷の大立物二条良基は、大嘗会一連の経緯を「永和《えいわ》大嘗会記《だいじょうえき》」という記録にまとめており、まずはその記録をもとに、今回の御禊行幸の様子を見ると次のようになる。

後円融の行幸は、大宮通を南下し二条で東向し、京極通に行き着くとこんどは三条へ下って河原の頓宮《とんぐう》に至るルートで行われた。ここから賀茂川での御禊の場所が、いまも多くの人で賑わう三条の河原付近であったことがわかるが、その行列には「千官百寮ことごとく」騎馬して従い、行幸見物の貴賤の桟敷はぎっしりと埋まったことが右の記録に記されている。

まさしく、一大ページェントである。行程の途中で雨に見舞われたものの、それも寛和《かんな》の一条院の例になぞらえて嘉例《かれい》であると賞賛されており、この記録だけを見ると、今回の御禊行幸がつつがなく終わったように見えるだろう。

しかし、じつは今回の行幸については、もう一つ別の記録も残されている。その内容からは、「永和大嘗会記」が強調した祝祭感とはまったく異なる、この本当の意味が見えてくる。

もう一つの記録とは、三条実冬《さんじょうさねふゆ》の日記『実冬公記《さねふゆこうき》』である。そこでは後円融の行幸が二条通にさしかかると日が暮れてしまい、雨も降る薄暗いなかで行粧が続けられた事実が淡々と記されている。良基はこのことを一条院の嘉例と文飾したが、実冬の記述を素直に読むと、多くの見物人がいたという今回の行粧も、雨のなか、しかも黄昏時の薄暗がりで見えたかどうかはあやしいものであり、後円融の御禊行幸が雨の薄暮の下、ずぶ濡れで進められた様子が浮かび上がってくるのである。

そして、それ以上に重要なのが、『実冬公記』では、観覧のために桟敷を設けた貴賤のなかに足利義満もいたことを記してくれていることである。

同日記によると、義満が桟敷を設けた場所は二条のあたりであり、行粧がよく見えるようにと、一〇間、すなわち約二〇メートルも手前から松明《たいまつ》が赤々と燃やされていたという。松明をかかげるのにすらもたついていた準備の悪い行粧の面々とはうらはらに、明るい松明の光の下で、義満は側近に行列の誰彼を尋ねていたと右の日記は記しているのである。

行粧の人々が雨と夕闇にまごつくなか、黄昏時の薄暗い行列を見守る、ひときわ明るい桟敷にいた義満の姿。それは、見物人、そして行列人からも、行粧以上に注目を集めたことは間違いないだろう。桟敷にいたにもかかわらず、結果的に義満は行粧人たち以上にライトアップされていたわけであり、行粧の人々からすれば、義満が行粧の人々を誰何する様子がいやでも見えてしまったに違いない。

このような情景は、参列の廷臣に次のような行動をとらせた。ずぶ濡れになって行幸に付き従っていた公卿たちは義満の桟敷の前で、馬をとめ、雨で崩れがちであった行粧をただしたのである。そのさまはあたかも義満による閲兵《えっぺい》のようであり、この件を記した記主三条実冬もこのような振る舞いを「追従のはなはだしき至りなり」と非難しているが、後円融天皇の威光を輝かすはずの御禊行幸において、義満がそれに匹敵する存在感を示していたことは、武家が公家を圧倒していくという、のちの公武関係を象徴する出来事であったといえるのである。

以上のように、『実冬公記』からは、自身は知らぬまに主役の座を奪われていた後円融の姿が浮かび上がるわけであるが、このようなある種、不穏な空気は、二条良基が公家らしく文飾して隠したように、ひとまずはなかったことにされ、大嘗会の準備はそれとは無関係に進められていた。一一月二一日には五節《ごせち》の舞《まい》、二二日には大嘗会叙位が行われ、大嘗会に供奉する人々に位が授けられた。そして一一月二三日にはなんとか大嘗会が挙行されたのである。

このようにして大嘗会は挙行されたのだが、これまで見てきた通り課題も山積みだった。

後光厳の時代に儀礼・祭祀が荒廃した一因に、叙位が行われないことがあったことを想起すれば、今回の大嘗会できちんと叙位を行ったことは確かに大きな成果である。しかし、省略せずに儀式を行うことを目標にしたものの、本来、五穀豊穣を祈るために五人の女性によって舞われるものであった五節舞姫も、結局、父後光厳のときと同じく二名に縮小して行わざるをえないなど、予算不足は相変わらず深刻であった。

また廷臣たちの態度もひどかった。

大嘗会当日には後円融は巳《み》の時（午前一〇時ごろ）に御所を出て、北野に設けられた斎場に到着していたのだが、担当奉行であるはずの日野資康《ひのすけやす》が遅刻し、さらには童女も遅刻して儀礼の順序を入れ替えざるをえないありさまだった。後円融以下の強い決意によって行われた大嘗会にもかかわらず、廷臣たちの遅刻・不参の多さには驚きを禁じえないが、そのほか、三社への奉幣使には引き受け手もなく、とりやめになっていたし、結局のところ、なしくずし的に後光厳のときと同じような省略の多いかたちで大嘗会を遂行せざるをえなかった。御禊行幸でも実質的には義満に主役の座を奪われるなど、果たして朝廷内で後円融の求心力が上がったかはおぼつかないが、これらの不安要素を糊塗しつつ、とにもかくにも、後円融は代始の儀礼を、ここになんとか終えることができたのである。

大嘗会後の騒動

今回の大嘗会には、後日談がある。

大嘗会が終わった一二月一九日に、後円融は新熊野社や平野社に対して難渋していた酒鑪役の徴収を厳命していた（『大日史』六—四五、一四頁）。ここから大嘗会終了後にも役銭は納められておらず、激しく行われた取り立てが問題化していたことがわかるのだが、このことを見ても、今回の大嘗会が朝廷側の借銭と幕府からの御訪に頼って行われたことがよくわかる。そして以上のような大嘗会酒鑪役徴収の実態は、朝廷はもとより、幕府にとってもさまざまな権利が入り組んでいた京都で商業課税を行うことの困難さを印象づけたに相違ない。また、同じくその徴収の際に、中原師連《なかはらもろつら》と師邦《もろくに》が山門と結託して事にあたったことが暴露されていたが（『大日史』六—四五、九頁）、幕府・朝廷からすれば、役銭徴収にあたり、山門延暦寺、特にその末端である下級僧侶を用いた徴収の実効性は印象深かったのではないだろうか。

もう一つ。大嘗会の一件で都市課税に積極的になった後円融は、翌年一二月にも中原師邦に命じて、春日社の住京神人たちから酒麹役《しゅきくやく》を徴収させた（『大日史』六—四七、三三六頁）。造酒正《みきのかみ》であった中原家にとっても大嘗会酒鑪役徴収を契機とした朝廷の酒屋課税の強化は、酒麹役興行の好機とうつったに相違なく、おそらくは彼の策動もあって、今回、後円融は春日社住京神人に酒麹役催促を命じたと見られるが、しかしこれは大きなミスであった。

というのも、じつはそれより前の応安六年五月一三日に、義満が春日社住京神人に対して酒麹役以下の課役を免除していたからである（『蜷川家文書』五）。しかもこの免除の前提には、後円融の父後光厳により、役銭免除の許可が春日社住京神人に対して出されていたことがあり、義満の安堵は、後光厳の安堵を確認した上でだされたものに過ぎなかった。それにもかかわらず、後円融は春日社住京神人からの酒鑪役徴収を命じており、結果として、父後光厳と義満の免除を覆すかたちになったのである。ここにはからずも後円融の政治能力の低さが露呈してしまっていた。

後光厳が課題に残した公武関係の構築をめざした今回の大嘗会であったが、その意気込みとはうらはらに、綸旨は泥にまみれ、御禊行幸では義満に主役の座を奪われるなど、後円融朝の行く末を暗示する結果となっていた。それにこのような、後円融の政治能力への疑問も付け加わって、新しい時代の舵取りをどちらが行うかという軍配は早々に義満にあがっていたのである。

なお、今回の一件では次の点にも留意しておきたい。一連の経緯からは、課税に対する神人らの根強い抵抗が読み取れるが、おそらく義満はこのことを後々まで覚えていたに相違ない。義満が土倉酒屋役という課税の創出に成功したのは明徳《めいとく》四年（一三九三）であり、今回の出来事から一八年後のことであった。これは義満が、土倉酒屋役を賦課するのに必要な、さまざまな問題を克服するために要した時間であったといえるが、この点については後に詳しく論じることにしたい。

2　足利義満の朝廷改革

右大将足利義満

後円融の迷走はさらに続く。

永和五年（一三七九）正月二九日は、先年に亡くなった後光厳院の祥月命日であり、後円融は亡父の菩提を弔うために法華八講を行う予定を立てていた。しかし、出仕すべき南都の僧侶すべてが故障ありと辞退したために、結局、規模を縮小した御経供養に変更せざるをえなかったのである。

法華八講が朝夕二座、四日間にわたり行われるものであったから、一日ですむ御経供養は、規模としては一回りも二回りも小さいものであった。じつは南都の僧が出仕を辞退したもう一つの理由は、朝廷から支払われる料足がないためであり（『後愚昧記』）、お金の問題は依然、朝廷を苦しめ続けていたのである。生前に資金の調達に苦しんだ後光厳は、死後も自分の供養に恵まれなかった。

先帝の仏事ですらこのようなありさまであったから、儀礼を行うにあたっては、そのままでは廷臣や僧侶の参加などかなわない状態だった。しかし、このように荒廃しきった状況にあって、康暦《こうりゃく》元年（一三七九）には、朝廷側は義満が参加する儀式を行わなければならなかった。右大将拝賀《うだいしょうはいが》という儀式がそれである。

右大将拝賀儀式とは、朝廷から右近衛大将に任官された返礼のために義満が天皇のもとへ参内するもので、右大将という官位が源頼朝以来の名誉ある官位であったことから、武家にとっても重視された儀式であり、粗相があってはならなかった。そのために幕府もこれまでのように、朝廷儀礼にだんまりを決め込むわけにはいかず、朝廷の現状にもてこ入れを行う必要があったのである。

儀式挙行の審議は同年五月一二日からはじめられ、来る六月に拝賀儀式を行うことが早々に決定された。儀式の挙行が急に進められたのは、じつは幕府の側にも理由があり、この年の二月にこれまで義満を支えてきた細川頼之とそのほかの幕閣が対立し、閏四月一四日には細川頼之が没落して自身の領国である阿波に蟄居《ちっきょ》する、いわゆる康暦の政変が起こってい た。その後に幕政の実権を掌握したのが斯波義将《しばよしまさ》であったのだが、今回の一連の急な動きも、動揺した幕政を立て直すための意味合いも強かったと考えられ、その意味でも幕府にとっても、右大将拝賀儀式は公武間の問題だけに止まらず、幕府内の政局とも絡んだ重要問題となっていたのである。

しかし、先に見たように、この時期の朝廷儀礼はそもそも廷臣らの出仕すらろくにかなわず、延期と中止を繰り返す壊滅的状態だったから、幕府としてもこの状況をいかに克服するかが大きな関心事だった。実際、永和四年一一月二八日の参内《さんだい》のときには、朝廷側の警固担当者である検非違使《けびいし》の出仕がかなわず、急遽三日前に武家側の佐々木、二階堂、中条といった幕府側の人間が検非違使として出仕しなければならなかったから（『愚管記』）、問題は切実であった。

そもそも、なぜ検非違使官人たちは、自身の職務ともいえる朝廷儀式の警固に出仕せず、幕府の人間が代替しなければならなかったのか。永和四年の参内の際に検非違使が出仕しなかった理由を右の史料は語ってはくれないが、例えば、貞治四年（一三六五）には検非違使が出仕すべき平野祭、梅宮祭、松尾祭について、自身の料所が武家に違乱されているという理由で、出仕を断っていたことを想起すると（『師守記』貞治四年四月三日条）、やはりお金の問題で検非違使の官人たちが渋ったために、このような措置がとられたのだろう。この時期に検非違使庁と官人は、以上のようにあってなきがごとしの存在であり、朝廷側の人員の確保が幕府にとって大きな課題であった。幕府からすれば、義満の参内にあたり、廷臣の不参という体裁の悪いことは何としても避けなければならなかったが、朝廷社会の荒廃ぶりはこれほどまでに激しく、深刻だったのである。

以上の実態を前にした幕府は、まず、参仕する朝廷の下級廷臣に料足を下行することを約束した。驚くべきことにその額は番長には三〇〇貫文、近衛には一〇〇貫文という破格の金額であり、当時の廷臣たちは「幸いの眉目、頗る比類無し」とうらやみ、こぞって参加を望む始末だった（『愚管記』康暦元年五月二二日条、六月二日条など）。幕府はまず大金を見せることで、儀礼に無関心になっていた廷臣たちの関心を煽ったのである。

以上のような「アメ」を見せた上で幕府が次に行ったのは、儀式に廷臣諸家全員の参加を求めるという「ムチ」の行使である。五月二二日には出席しなければ武家の不興を買うとの情報がどこからともなく流れており、それらを確認した廷臣たちはただ右往左往するばかりだった（『愚管記』『後愚昧記』）。

このように金銭による懐柔と、不参に対する暗黙の恫喝という硬軟合わせた計略によって、義満の右大将拝賀の準備は着々と進められていた。ところが、拝賀は予定された六月ではなく、それから一月後の七月二五日に突如延期されてしまう。その理由は拝賀の出発地を、このときに建築中であった将軍御所にしようとしたためであって、六月二四日には寝殿や随身詰所、そして車宿が同時に立柱されるなど急ピッチで作業が進められていた（『愚管記』）。しかし、結局は工事は完了せずに、七月二五日にまで完成がずれ込んだのである。

義満はなぜわざわざ新しい居所から右大将拝賀を行おうとしたのだろうか。事前の準備が周到だっただけに、ここにも何か思惑がありそうである。

じつは今回、花の御所が建設された北小路の地は、崇光上皇の旧邸であった。後光厳天皇後の後継天皇については、後光厳と兄崇光がはげしく争っており、幕府の裁定で後光厳の子、後円融の即位が決定したという事情があったのだが、義満は崇光の旧邸を自身の居宅として、そこから右大将拝賀儀式に出立することで、崇光流の皇位継承の可能性を封印し、朝廷内の火だねを消そうとしていたのである。第一章で亀山院の御所跡地に天龍寺が建てられたことを見たが、それが大覚寺統の否定の意味を持っていたことも想起しておきたい。後円融天皇にとって、義満がとった以上の行動は、最高の「アメ」であったに相違なく、幕府は朝廷に対して、最高の手みやげを用意していたのである。

このように延引を繰り返しながらなんとか挙行された右大将拝賀の儀式であるが、廷臣の動員に加えて、義満の行列には多くの武士が連なっていたから、朝廷と幕府の融和を見やすいかたちで表現する儀式となった。これはまた、混乱していた皇位継承を後光厳流に一本化する宣言でもあったために、これは現朝廷からもおおいに歓迎されたのである。

なお、その後も義満は永徳《えいとく》元年（一三八一）には内大臣へと昇進していくが、拝賀に武家を引き連れることはなくなっていた。そのために多くの武家が参加する右大将拝賀という儀礼は、朝廷と武家が一緒に行う公武の融和と統一を象徴する儀式として特別な位置づけを与えられることになり、義持以降の政権で七月二五日という日は特別な日として記憶されるのである。

義満と後円融の蜜月

皇位継承を後光厳流に一本化するという幕府からのメッセージを受けた後円融は、すこぶる上機嫌であった。のちに修復不可能なまでに仲違いすることになる義満と後円融であるが、当初は以上の幕府の動きもあって、意外にも二人の仲はきわめて良かったのである。

このことは義満の参内状況からもうかがえる。

義満の初めての参内は永和元年（一三七五）四月二五日のことで、次に確認できる義満の参内は永和四年二月二七日であるから、この間、約三年もの年月が経過していたことになる。ここからうかがえるように、このときはまだ両者の関係はよそよそしいものであった。

しかし、永和四年の右大将任官以降、状況は大きく変化する。同年八月二七日、義満は右大将に任命されており、一一月二八日にこの年二度目になる参内を行っている。義満が右大将に任官し、公武の長が交流する条件が、ここに整えられたからである。

永和五年の正月七日には年始の挨拶としての参内が行われたが、このとき、後円融はよほど機嫌が良かったのか、義満から献杯を受ける前に、みずから杯を義満へ下していた。本来ならば、天皇は杯を受けてから杯を賜るものであったから、この件をのちに聞いたある公家は、前代未聞のことだと眉をひそめている（『後愚昧記』）。このように今回の賜杯は、これまでのあり方からは逸脱したものであったのだが、後円融が、義満に対して、相当、形式張らない気持ちを抱いていたのも確かである。このような後円融に義満も同調したのか、これ以降、参内は頻繁になる。同年四月二八日にも参内し、天皇に珍宝を献上。天皇はこのことを喜び六月一八日には義満を呼びよせ、四月の参内の返礼をしている。

翌康暦二年には、さらに参内の頻度はあがり、月に一度を超える驚くべきペースで参内が行われた。具体的には同年の参内が正月一三日、正月二九日、二月六日、三月三日、五月一三日、五月二一日、六月二日、七月一七日、八月三日と頻繁であったことが当時の記録に記されている。八月以降はこの時期の公武関係を詳細に記した『迎陽記《ごうようき》』がいったんとだえるので明らかではないが、特に五月の参内は天龍寺など別の所に寄った帰りに突如参内したというもので、廷臣を大いに慌てさせており、このような形式を気にしない参内のあり方からは両者の親密さが何よりもよくうかがえるだろう。翌永徳元年三月一一日には後円融が義満の居た室町第に行幸し、六日間にわたり遊興の限りを尽くすなど、同い年であった二人は、少なくともその当初は蜜月関係といってよいほど仲が良かったのである。

蜜月の果て

しかし、先に大嘗会の御禊行幸でも見たように、廷臣らの関心は当初から天皇にはなく、財力と権力を握る義満に向かっており、のちの火だねはしっかりと植えつけられていた。本来、後円融に向けられるべき廷臣たちの視線が、自分の頭を越えて義満に向かう状況は、時間が経つほどに若い天皇を憔悴させたに相違ない。仲が良かっただけに、それだけ後円融が義満に抱いた負の感情は、複雑、かつ濃厚なものになったと考えられるのである。

ほころびが見えだしたのは康暦元年九月のことである。このとき、先に後円融天皇が判決を下した裁判に対して幕府からの横やりが入り、判決が逆転する事態が生じていた（森茂暁『増補改訂　南北朝期公武関係史の研究』）。これは朝廷の裁判で負けた側が、自身の権利を挽回しようとして幕府のつてを頼ったためにこのような展開になったのだが、自身の判決が覆される事態は、後円融と義満の円満な関係に影をさすには十分であっただろう。

もう一つの事例として挙げたいのは、翌康暦二年正月二九日の後光厳の七回忌供養として行われた御懺法講《おせんぼうこう》での出来事である。この儀礼に関しては、二条良基の「雲井《くもい》の御法《みのり》」という仮名記録が残されており、近年では小川剛生氏や三島暁子《みしまあきこ》氏らにより研究が進められている（小川『南北朝の宮廷誌』、三島「御懺法講の定着過程にみる公武権威の主導権争いについて」)。以下ではこれらの業績を参照しながら、今回の御懺法講の様子を見ておきたい。

通常は法華八講というかたちで行われるはずであった追善儀式であるが、朝廷があいかわらずの財政難であったために、かわりに御懺法講が行われた。前者が八日間の日程で行われるのに対して、後者は七日間だから、単純に計算しても一日分の費用が少なくてすむためである。

このように予算不足により圧縮された法要ではあったが、後円融自身が「御行道」というかたちで参加することもあって、天皇の存在感が増す演出は十分に施されていた。しかし、結願日《けちがんにち》に義満が散華《さんげ》を行う段になって、この思惑はもろくも崩れ去ってしまう。何と義満はそこで金と銀の花びらをまくという驚きの振る舞いを見せたのである。

この前代未聞の出来事に直面した僧侶たちは思わず笑みをもらし、女房たちはわれ先に花びらを求める始末で、儀礼は一気に大混乱に陥った。のちの金閣創建に見られる義満の黄金趣味の萌芽を読み取ることができる今回の出来事であるが、後光厳追善法会が財政難を理由に御懺法講へ変更されたことも想起すると、それとは対照的に、金銀の花びらを惜しげもなくまいた義満との財力の差は歴然である。本来ならば自身が主役となるはずの法会の最終日に、一気に足許をすくうかのような義満の振る舞いに直面して、後円融が不快を感じたことは想像に難くないだろう。

もちろん、この一件ですぐに仲が悪くなることはなかったが、後円融の義満や周囲の人間に対する不満はこのように徐々に積もっていった。そしてこの不満は、それから二年後の永徳元年八月に一気に爆発してしまう。これは義満と後円融の不仲を語る際に必ずといってよいほど引用される出来事であるが、あらためて事の顚末を記すと次の通りである。

当事者となったのは『後愚昧記』という日記を残した三条公忠という人物である。娘厳子《たかこ》が後円融に迎えられ、その上に次の天皇となる男の子を出産するという僥倖を得て、公忠は安定した地位を築いたかに見えた。

しかし、摂関時代であったならば、道長のように望月の歌でも、ものしたはずであろう公忠をしても、他の廷臣と同様、遠方の荘園からの年貢があがらず実際には家計は火の車だった。そのために京都にあった所領を重点的に知行し、家計を安定させようと計画した。後円融も大嘗会を遂行するにあたり都市課税を重点化したように、これは取れるところから、確実に取ろうとした当時の公家一般に見られた動向である。

しかし、そのやり方がまずかった。

公忠は京都の所領を確保するにあたり、より確実にするために武家にも安堵を申請した。ところが、幕府は京都の地は朝廷の管轄だからと公忠の申し出をやんわりと断った。そのかわりに天皇義父へ配慮を見せて、朝廷に申し入れは行うことを約束したのである。

ここで申し入れといっても、もちろん単に提案するという以上の意味があった。当時、武家から朝廷への申し入れは武家《ぶけ》執奏《しっそう》と呼ばれ、形式的には申し入れとは言いながらも、財政から何から幕府におんぶにだっこだった朝廷からすれば、武家執奏が行われれば、事実上、拒否することは不可能であり、武家執奏がそのまま朝廷の判断となるのが実情だったのである。

しかし直接、義理の息子である後円融に言えばよいものを、わざわざ幕府を介して所領安堵の申請を行った義父の行動に後円融は激怒していた。その気持ちはわからなくもない。義満の口利きである武家執奏であるから、後円融も怒りにまかせて綸旨を出さないわけにはいかなかったものの、その屈折した感情は厳子に向かい、彼女を激しく打擲《ちょうちゃく》するなど、後円融は自分自身を制御できなくなっていたのである。このように正気を失った天皇を前に、最終的に公忠も京都の地を辞退せざるをえない状況に追い込まれてしまったのだが、道長と同じ天皇の外戚だとはいっても、望月の世どころか、これでは新月の夜である。

今回の一件を機に、後円融と義満の仲は急速に悪化していく。

永徳元年九月二四日には義満が行った武家執奏に対して勅答が遅引し、そのことにしびれを切らした義満は右大将の職を辞任しようとした。翌月一〇日には一応の仲直りはするものの、後円融と義満の仲はもはや修復不可能になっていたのである（『荒暦』）。

当初は仲が良すぎた二人であったが、大嘗会御禊でも確認した通り、周囲の眼は後円融を通り越して、実権を掌握している義満に向いていた。いくら無邪気な後円融でも、このことには嫌でも気づかざるをえなかっただろう。このように積もりに積もった不満が、義父である公忠までもが武家執奏を求めたことで一気に爆発してしまい、当初の仲の良さも仇になって、二人の関係はここに修復不可能な状態にまで悪化したのである。

儀礼・祭祀の遂行

永和年間の蜜月から一転、公武関係は緊張感に満ちたものになったわけだが、皮肉なことに後円融天皇の憤懣《ふんまん》とはまったく関係なく、このとき、朝廷儀礼・祭祀の復興は着実に進められていた。

これはもちろん幕府の主導によるのだが、それ以上に、このときの朝廷自身にそもそも自力で儀礼を再興する力が残っていなかったことも大きかった。

一例を挙げよう。蜜月関係にあった永和二年、彗星出現を契機として、二月九日に朝廷で評議が行われた。現代では彗星の出現は、人々が熱狂するイベントの一つになっているが、当時、彗星は凶兆以外の何物でもなかったために、このように評議が行われたのである。そのうちの一つの議題として、凶兆を払うために神事を興行することが議論されたが、その具体的内容は神事の再興は武家に命じればよいといった、後円融らしい、何とも無邪気で他力本願なものであった（『愚管記』）。

後円融の大嘗会が資金難で苦戦していたことは先にも述べた通りだが、皮肉なことに、後円融と義満の対立が決定的になった永徳元年一一月には、この月に予定されていた祭礼のすべてが行われて廷臣たちを喜ばせていた（『後愚昧記』）。もちろん、これもむくれて勅答を遅らせるだけの後円融のおかげなどではなく、義満の積極的な関与があったからである。

このように永徳元年には、後円融が朝政へのやる気を失う一方で、義満によるてこ入れが進められていた。じつは公武関係史研究において、この永徳元年が一つの画期であったことは、早く森茂暁氏によって明らかにされており、鎌倉幕府以来、朝廷と幕府との間の仲介者としての役割を果たしていた西園寺家の活動徴証が同年以降見られなくなり、西園寺家を介さずに天皇と交渉がもてるようになったと見られることや、義満が公家様花押を朝廷・寺社に対して用いだしたこと、さらには、検非違使庁が永徳元年以降、洛中の土地裁判を行った徴証が見られないことなどが指摘されている（『増補改訂　南北朝期公武関係史の研究』）。

また水野《みずの》智之《ともゆき》氏も、このころから、義満により廷臣の家門安堵が行われはじめたことを指摘しており（「室町将軍による公家衆への家門安堵」）、永徳元年以降、後円融がむくれて引きこもる一方、義満に期待が集まり、彼がそれに応えるかたちで精力的に朝廷のてこ入れをはかっていた様子が、これらの事例からうかがえるのである。

以上のように、永徳元年以降、義満による朝廷改革が進められていたのだが、改革のメスは組織や儀礼だけに止まらず、この時期の朝廷の体質に対しても向けられていた。

永徳元年一二月二日には等持寺《とうじじ》で武家八講が行われたが、その際に現任の公卿全員の出仕が求められたことが知られている。本来、この時代の儀式は、役割があるから出席するものだったのだが、役も与えられなかった廷臣たちは所在なげにたたずむばかりであった。それだけではなく、彼らには簀《す》の子《こ》の席しかあてがわれず、五位以下の者に至ってはそれすらもなく、かといって義満怖さに帰ることもできずに、いたずらに立ちつくすばかりであったというのである（「荒暦」『愚管記』）。このように儀礼への全員参加は義満の時代の特徴であった。

　また、早朝から行われた今回の八講で遅刻は厳禁であった。実際、遅刻した西園寺公永は追い返される始末であり、そのために廷臣は払暁から家を出て、遅刻しないように等持寺に向かっていたのである（「荒暦」）。

　ここからわかるように義満は遅刻が大嫌いで、そのほかにも例えば、永徳元年七月二三日の内大臣大饗《ないだいじんたいきょう》に遅れた御子左為遠《みこひだりためとお》が、翌月三日に行われた直衣始《のうしはじめ》に出仕した際に、前回の遅刻を理由に追い返された事例が知られている（『後愚昧記』）。さらには応永元年（一三九四）三月一五日に義満は常楽会《じょうらくえ》を見物するために南都に下向していたのだが、夜明けから義満は桟敷に座しており、遅参した者の同席を許さなかったことが『兼宣公記《かねのぶこうき》』に見えている。最後の事例に至っては、義満のたちの悪いいたずらと見るべき行為だが、あたふたと桟敷に駆けつける側近の姿を見て一興するとともに、遊山気分を引き締めることに本意があったのだろう。

「勅修百丈清規」の世界

　このように、義満の朝廷改革のあり方から、義満の性格までもがかいま見えるわけだが、このような彼の気質はいったい、どのようにして形成されていたのだろうか。

　ある人物の人格形成を論じるにあたっては、さまざまな側面からの影響が指摘できることはもちろんであるが、ここでは、その理由の一つとして禅宗の影響を挙げたい。

　周知の通り、この時期、義満は禅に傾倒しており、例えば、永徳二年一〇月一三日に、義満は廷臣を引き連れて西芳寺へと向かい、一日中座禅をするほどの凝りようであった(『荒暦』)。このエピソードからも明らかなように、義満は、禅宗の影響を大きく受けていたのである。

とすると次に問題になるのは、当時の禅宗がどのようなものであったかという点である。この時期の臨済宗の特徴として、幕府の後援を得て宗派を拡大するにあたり中国大陸の禅宗の諸制度を積極的に導入していたことが知られている。

具体的には五山十刹諸山《ござんじっさつしょざん》の制度や、寺院内部の規律などが、宋・元の寺院を模範に進められたことが、最近、明らかにされているが、その際にマニュアル的に用いられて、よく読まれたのが、元代に編纂された「勅修百丈清規《ちょくしゅうはじょうしんぎ》」という中国の儀式や生活態度を示した書物である。

同書は一三三八年前後に完成し、北宋、南宋、元代に作成された清規を取り込みつつ、新たに編纂されたもので、宋代以来、各寺院で用いられていた清規に代わる統一規律として用いられたものであった。蒙古襲来以来、日元間では正式な国交が回復されたわけではなかったが、一方、民間レベルでの通交は活発であり、折しもモンゴルで盛んになった出版事業の恩恵を得て、日本にも「勅修百丈清規」も含んだ、多くの書物・典籍が輸入されていたのである。

以下、近年、東洋史研究を中心に精力的に進められた業績をもとにその受容の具体相を挙げると、「勅修百丈清規」は、文和元年(一三五二)に早くも五山版としても覆刻されており、足利義満が師事していた義堂周信《ぎどうしゅうしん》も、これを読み込んできたことが知られている。また、その解説書である「百丈清規抄」という抄物が、建仁寺両足院に残されており、同書がこの時期の禅僧の知識、教養形成に欠かせないテキストであったことがうかがえる（宮紀子『モンゴル時代の出版文化』、古松崇志《ふるまつたかし》「附属図書館谷村文庫蔵『勅修百丈清規』元刊本・五山版」、川本慎自《かわもとしんじ》「禅僧の荘園経営をめぐる知識形成と儒学学習」）。

このように日本禅宗界に広く受け入れられた「勅修百丈清規」には禅宗寺院の教学や生活といったあらゆる事が網羅されており、住持以下の役職とその内容や、法会・祈禱の進め方、さらには資金の管理や荘園経営の方法などさまざまな事柄が記されているのである。

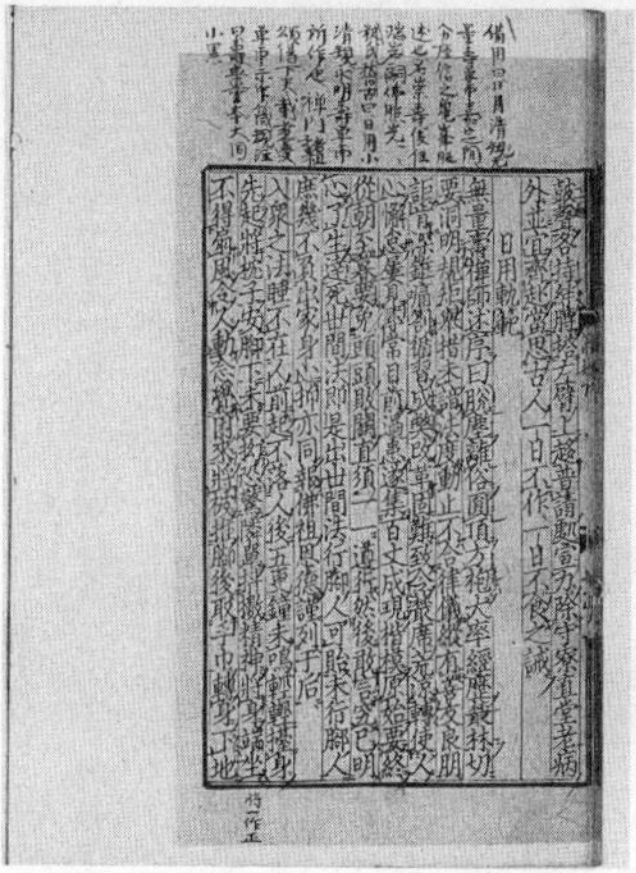

勅修百丈清規（京都大学附属図書館谷村文庫蔵）　本文には朱で句点が付され、全篇にわたり、頭注が詳細に付けられている。

その多彩なインデックスで注目したいのが、「日用軌範」という項目である。

「日用軌範」とはその名の通り、日常生活をおくる際の、さまざまな事柄が記載される項目である。まず冒頭には人の一番後に就寝し、人より先に起き、夜明けの五更の鐘が鳴る前には身支度を調えよという一文が置かれ、以下、洗面の湯は多く取るな、うがいをするときは頭を低くかがめ、水をはきだすときは、隣の桶に入らないようにしろ、頭は洗うな、咳をするときに音をたてるな、足桶を使う際に、「疥《かい》瘡《そう》」（水虫）のある者は、一番最後に使え、といった具合に、「〇〇するを得ず」というかたちで禁止事項が事細かに列挙されており、禅僧たちの生活態度の指導を意図して書かれたものなのである。

わかりやすくいえば、「日用軌範」は、日本の中学校などの校則や寮則のようなものなのであるが、このように細部にわたって指示がなされていることには理由があった。それは当時の中国の禅院が一〇〇〇人以上の僧侶を抱える大規模なものであったからであり、さらには当時、モンゴルがユーラシア大陸を制覇したことを反映して多くの民族が禅院に居住していたために、このように事細かな規則を定める必要があったのである。

「日用軌範」がこのように校則的な内容であった以上、そこには当然のごとく、時間厳守の教えも記されていた。衆僧は修行の開始を伝える「打板」の前に行動し、それが鳴り終わるまでに堂に入れというのがそれであり、また関連しては別項の「法器章」の「鐘」の説明に、「大鐘は叢林の号令にして資の始まりなり」とあるように、木槌や鐘の音で禅院すべての起居が定められていたのである。

先述の通り、禅の神髄である座禅に凝っていた義満が、このような構成員全員に対して、集団行動と時間の厳守を命じる禅宗規式に共感し、それを実践しただろうことは想像に難くない。幕府の後ろ盾を得て、宗勢を拡大しつつあった臨済宗では、モンゴルで新しく体系化された清規を取捨選択しつつ学び、厳格な制度・規律を構築しつつあった。義満もこのように清新な空気が漲る禅宗のあり方に感化されたと見られるが、その彼からすれば、朝儀への遅刻や欠席が常態化していた朝廷社会は見るに堪えないものであったことはまず間違いないだろう。

このように見ると、南北朝期においては、遅刻・欠席が「国風文化」であり、今では日本人の美徳の一つとされる時間厳守も約六〇〇年前には、何と「外来文化」であったことが明らかになるが、それはさておき、義満は武家八講に全員を参加させることで、自身の権力を周知させると同時に、たるんだ朝廷社会の引き締めをはかっていたのである。

後円融の死

義満の朝廷改革はさらに進められた。

永徳二年四月一一日、後円融が退位し、息子の後小松《ごこまつ》が践祚したのだが、その際、院の政務をつかさどる院司《いんじ》のトップである院執事として義満が不仲にもかかわらず加わっていた。武家がこのように天皇家の内部に入ることは例外的なことであり、実際に、義満は院参をあまりしていなかったのだが、院の政務にまで義満は積極的に関わる姿勢を見せていたのである。

しかし、後円融院にとっては、自分の縄張りでこのように縦横無尽に活躍する義満の動きが面白いわけはなかっただろう。

永徳三年正月二九日には後円融は父後光厳忌を執り行おうとしたが、今回、公卿以下の廷臣たちは、だれも参加しなかった（『後愚昧記』）。理由は後円融主催の法事に出ることで義満の機嫌を損ねるのを恐れたからである。後光厳の忌日といえば、先の命日には資金がないために八講から御経供養に縮小されたことについては先にふれた通りだが、今回は、おそらくお金については算段がついたにもかかわらず、このように参加者自体がいなかったのである。後円融院の権威はここまで地に墜ちていた。

これは父の葬儀に関する事柄だが、後円融は息子後小松の即位に対しても、義満への対抗心から積極的ではなかった。

永徳二年一〇月二五日には義満が後円融のもとへ参じて、後小松の即位について申し出たが、後円融から回答はなく、義満は立腹している（『後愚昧記』「荒暦」）。

翌永徳三年一一月一六日には、後小松天皇の大嘗会が行われたが、後円融のときには予算不足で二名に縮小された五節舞姫も、今回はきちんと五名に復して行われるなど、しっかりとした資金の裏づけを得て今回の大嘗会は行われた。しかしそこでは前回の自身の大嘗会で苦労した後円融の力添えは確認できず、即位や大嘗会といった天皇家の重要な儀式が、後円融が関与せずとも進められていたのである。

後円融を取り巻く状況はさらに悪化する。正気を失った後円融が義満への嫉妬にかられて三条厳子をいじめ抜いたことは先に述べたが、そのほかにも寵愛していた按察局《あぜちのつぼね》も義満との密通の疑いをうけて出家している（『後愚昧記』永徳三年二月一一日条）。その後、義満は後円融に誓約書を渡し、院参を重ねて機嫌をうかがうなど、関係の修復をはかったのだが（『後愚昧記』永徳三年三月一日条）、事ここに至ると、廷臣や僧侶は義満の意向をはばかって、もはやだれも院に近づこうとしなかったのである。

このように孤立した後円融が、みずから世間との交渉を絶っていくのも自然な流れだった。

永徳三年正月には後小松天皇の内裏にて恒例の小朝拝が行われた。そこには内弁として義満を筆頭に廷臣が参加したのだが、院だけは仙洞御所の格子を閉ざして出てこようとしない。義満が差しだした正月儀礼の用途などもことごとく返却され、仙洞御所は、まるで離宮のようであると評されるありさまだった（「荒暦」）。それから半年余りが過ぎた七月までには院のまわりには修法を行う僧もいない状態になっていたのである（『後愚昧記』）。

義満と同じ年に生まれた後円融は、南北朝合一がなった翌年の明徳四年四月二六日に三六歳の若さで亡くなってしまう。余りに早い死であるが、しかし、これまでの経緯からもわかる通り、その政治生命はすでにそれより先に失われていたのである。

相国寺造立

このように朝廷の内側から改革をはかっていた義満だが、当然のことながらそれだけに専心していたわけではない。

この時期の義満が禅に夢中であったことは先にふれた通りだが、廷臣全員に儀礼への参加を求めた義満にとって、全員が座れなかった等持寺は寺院としてあまりに狭かった。また、花の御所へ居を移したこともあって行き来も不便だった。天皇家の場合、土御門内裏の南には新長講堂という寺院が隣接しており、同堂は天皇家の菩提寺的な役割を果たしていたから、義満もこのような住居に隣接した寺院を欲したことは想像にかたくない。以上の状況を背景にして、創建が計画されたのが花の御所の横に建てられた相国寺なのである。

永徳二年九月二九日、義満は新たな禅院の創建方針を示し、一〇月六日には、敷地の点定《てんじょう》を行っている。同月二九日には立柱が行われ、翌三〇日には等持寺の法堂を移築している。さらに一一月二六日には上棟が行われるなど、異例の早さで事業は進められた。翌永徳三年一二月一三日には故夢窓疎石を相国寺の第一祖、春屋妙葩《しゅんおくみょうは》を第二祖とすることが決定され、翌日には義満みずから相国寺へ向かい、義堂周信らと土を運んでいたのである（『空華《くうげ》日用工夫《にちようこうぶ》略集《りゃくしゅう》』）。

このように永徳二年にはじまった造営事業は着々と進められていったが、完成は、発議から一〇年が経った明徳三年（一三九二）にまでずれ込んでしまっていた。もちろん、相国寺自身が大規模な寺院であったとはいえ、ここまで工事が長期に及んだ最大の要因は、今枝愛《いまえだあい》真《しん》氏が的確に指摘した通り、幕府財政の窮乏があったのだろう（『足利義満の相国寺創建』）。永徳三年の年末に義満みずから土木工事を手伝うパフォーマンスをしてみせたのも、工事の長期化による士気の低下を鼓舞する意味合いもあったに相違ないが、義満の意気込みの前に、財政の問題が立ちはだかっていたのである。

この資金繰りの問題はなかなか好転しなかったようである。

永徳四年（一三八四）正月には春屋妙葩は番匠《ばんしょう》にあてて規則を定めているが（「天龍寺文書」）、そこでは第一条で大工の朝夕の出入りを厳密に監視するとともに、童部が用木をとることを固く禁止している。このような規律の厳密さは、いかにも禅僧らしいものといえるが、やはりそれだけではなく、その背景には用材の一本一本もおろそかにできない幕府の台所事情の厳しさがあったことも読み取るべきだろう。この年の正月以降にも、赤松義則《あかまつよしのり》や六《ろっ》角満高《かくみつたか》らに相国寺普請役を課し（『空華日用工夫略集』至徳元年正月一八日条、二月二一日条）、年末には薩摩・大隅の武士に相国寺領日向三俣院《みまたのいん》の年貢進納を扶助するように命令している（「薩藩旧記」）。このようなやりくりを経て、ようやく相国寺は完成を見たのである。

相国寺落慶法要

相国寺落成の様子については、「相国寺供養記」という史料が残されており、この史料をもとに、今回の儀式の流れを見ておきたい。

相国寺の落慶法要が行われた明徳三年八月二八日は朝から、旧暦の秋らしい快晴だった。すでに二五日には朝廷から今回の供養儀式を御斎会に準じるとの格付けを与えられて用意は万端であり、当日の用意は夜が明ける前から進められ、警備には時の侍所畠山基国《はたけやまもとくに》が郎党数百人を動員して固めていた。義満による朝廷改革が奏功したのか、検非違使中原章頼《なかはらのりより》も、申し訳程度であるが山門の西側の警備にあたっていた。仏殿にはすでに天龍寺と同じく釈迦三尊像が安置され、青蓮院宮以下《しょうれんいんのみや》の諸門跡が桟敷を構えていたのである。

儀式は夜明けから行われ、日の出と同時に雅楽が奏でられ、その響きとともに朝日がのぼるさまは「一場の壮観、万人称美す」るものであったという。義満が花の御所から隣接する相国寺へ向かうのはそれからさらに三時間ほどがたった午前九時ごろであり、花の御所で随行する武家の閲兵を済ませた後のことであったから、わざわざ日の出にあわせて儀式が開始されたといえる。自然現象を取り込んだ巧みな演出であったことがわかるだろう。

義満の行粧は、室町通を南下し、一条通を東行して相国寺に至るルートで進められた。随兵は三〇騎をひきつれた侍所畠山基国を先頭に前陣六番が続き義満を護衛、さらにその後には五番が続き、そのあとに公卿・殿上人が車で付き従い、最後に管領細川頼元《ほそかわよりもと》が二三騎を引きつれるという大規模なものであった。

もっとも相国寺は花の御所に隣接した寺院だったから、これほどの短い距離に、従者もいれれば、さらにふくれあがっただろう行粧がおさまったのかは、はなはだ疑問である。ではなぜこのようなことをしたかといえば、当然のことながら、義満の権勢を誇示することに主目的があったわけである。実際この行粧を見ようと「都鄙群衆垣のごとし、綺羅充満して市を成す」ほどに多くの人が集まっていたから、義満の思惑は十分に成功していた。

義満を乗せた車が惣門に到着した際には、路上での混乱もあって公卿たちの下車が遅れていた。これが唯一の誤算だったが、その後、惣門の内側で公卿以下は左右一列になって義満を迎えており、義満入寺後は、導師空谷明応《くうこくみょうおう》以下一〇名の僧侶も入寺した。

公卿以下が着座した後に獅子舞が行われ、次に空谷による説法が行われた後、式次第は舞楽へと進む。そこでは定石通りに振鉾《えんぶ》、万歳楽《まんざいらく》、地久《ちきゅう》と左右の楽曲が奏されていた。陵王荒序《りょうおうこうじょ》では舞を踊った狛俊葛が、義満から褒賞され、一階を給わることになった。その後に納蘇利《なそり》、散手《さんじゅ》、貴徳《きとく》と勇壮な走舞が続き、僧侶へ布施を授けた後に儀式は終わったのである。すべてが終了したのは午後六時ごろのことで、前近代の儀礼一般の通り、日の出前から日没までのまさしく一日仕事で、相国寺の完成が慶賀されたのである。

「相国」の寺

以上のような過程で義満の発案である相国寺の建立は成ったのであるが、その建立から、義満のどのような政治的態度を読み取れるだろうか。この点をうかがうために『空華日用工夫略集』永徳二年一〇月三日条の次のやりとりを見ておきたい。

義満の招きをうけて花の御所へ向かった春屋妙葩と義堂周信らのあいだで次のようなやりとりがあった。

足利義満「新しく禅院を建立しようと思う。吉日なので本日、天皇にも許可を得ようと思うが寺院の名前をどのようにすれば良いだろうか。お智恵を拝借したい」

春屋妙葩「(しばらく考えた上で)あなたは今、大臣の位におられるのですから、その唐名である相国をとって、相国寺とするのはいかがでしょうか」

義堂周信「わたしも同じ名前を考えていましたので、偶然の一致に思わず笑ってしまいました。丁度、中国の大都市である東京《とうけい》（汴京《べんけい》）には大相国寺という寺院がございますので、その点でもよろしいかと存じます」

春屋と義堂の二人から相国寺という寺号を得た義満は大いに喜んだという。さらに義堂は次の点を付け加えるのを忘れていなかった。

義堂周信「寺号には四文字、あるいは六文字のものがあります。その場合、禅院の建立を天皇に奏するとのことですので、天気（天皇の意志）を承けたとの意味である「承天」を付されて、承天相国寺とされればよいのではないでしょうか」

この提案を聞いた義満と春屋妙葩は深く頷《うなず》いた。前年に後円融と義満の関係は悪化したものの、天皇の意志を承けて建てられた承天相国寺という寺号は、この時期の公武関係のあるべき姿を示す内容であったといえる。そして義満も後円融との関係が悪化していたとはいえ、この時期にはまだ、相国＝大臣の寺という提案をうけて、機嫌をよくする一人の若者に過ぎなかった。

同じころ、青年義満に対しては、二条良基が、彼を朝廷社会に馴致しようとしていたことが知られており、当初は良基の思惑通りに、義満も朝廷の諸事に関心の強い人間として成長していった。義堂周信や良基の思惑はここに成功を見せたかにみえる。

しかし、事は必ずしも彼らの思うようには進まなかった。相国寺完成とほぼ時を同じくして、義満は朝廷の枠組みにとらわれない行動を示すことになるが、この事については次に章をあらためて論じることにしたい。

第三章　相国寺大塔と北山第――足利義満の時代②

現在は全体が金で覆われている金閣であるが、創建当初は上層部分のみが金で覆われていたという説も出されている。じつは金閣創建当初の幕府の財政事情は必ずしも楽観的なものではなく、金箔が全体ではなく、部分的だったほうが、当時の幕府財政からすれば理解がしやすい。けれども、一部にせよ建物の外側までも金で覆うという発想は、やはり破格のものであり、当時の人々を驚嘆させたに相違ない。本章では金閣をそのうちに含み、義満の居所となった北山第で繰り広げられた義満の政治と権力について見ていくことにしたい。

1　相国寺大塔

義満の天下統一

大臣の寺=相国寺を建てたからといって、義満はそれに満足し、朝廷社会に安住したわけではない。義満の眼は、朝廷だけではなく、広く天下にも向かっていた。

早く田中義成《たなかよしなり》氏や佐藤進一氏が指摘した通り、至徳《しとく》二年（一三八五）以降、義満の諸国遊覧が開始される。至徳二年八月二八日の南都の春日社社参を嚆矢《こうし》に、至徳三年一〇月一九日には天橋立《あまのはしだて》、嘉慶《かきょう》二年（一三八八）の春には紀伊、翌康応《こうおう》元年（一三八九）三月四日には一月をかけて安芸厳島《いつくしま》、九月一六日には高野山、明徳元年（一三九〇）には越前気比宮《けひのみや》へと、六年のあいだに義満は西は安芸、北は越前、南は紀伊まで出かけ、見聞を広めていたことが知られている。もちろん、これが単なる遊山であるわけはなく、最初の遊覧地が南朝勢力が不穏な動きを見せていた大和国であったことからもうかがえるように、地方視察の意図も含んだものだったのである。

折しも嘉慶元年以降、義満の成長を支えた人々があいついで鬼籍に入り（臼井《うすい》信義《のぶよし》『足利義満』）、その意味でも義満が自由に行動する条件は整っていた。義満に朝廷の作法を教えた二条良基は嘉慶二年六月一三日に死去し、また、彼に禅宗の教養を教え込み、相国寺の命名には天皇の意を受けた、「承天」という二文字を付け加える配慮を見せた春屋妙葩や義堂周信といった長老たちも、このころにはあいついで長逝している。もちろん、彼らの最晩年ころから義満は制御できない奔放さを発揮しつつあったわけだが、老臣・長老たちの死去により、義満はいっそう気兼ねなく振る舞うことができたのである。

さて、義満は諸国遊覧の成果を活かすかのように、その後、有力守護の討伐をあいついで行った。

明徳元年に義満は美濃・伊勢の守護であった土岐《とき》康行《やすゆき》を成敗し、翌明徳二年には、丹波・丹後・和泉・出雲を領して一大勢力を誇った山名《やまな》氏清《うじきよ》・満幸《みつゆき》をほろぼしている。これらの一連の軍事行動の結果、有力な守護家の勢力削減に成功し、その後には赤松義則などの従順な守護を据えて、義満は自分の意に沿う守護配置を進めたのである。

義満の天下統一の仕上げといえるのが南北朝の合一である。父義詮のときにはあれほど細心の注意を払ってもなしとげられなかった南朝との和平交渉であったが、このときに南北朝合一がなった背景には、南朝にもはや、反発するだけの体力すら残されていなかったことがあった。このような南朝の衰退にも後押しされて、合一は粛々と進められたのである。

南北朝合一の前年には義満は有力守護の山名氏清の乱を鎮圧し、このことは「旧冬、逆臣、犯上の乱有りといえども、一時に誅罰《ちゅうばつ》を加えられ、万邦悉《ことごと》く静謐に属す」（「相国寺供養記」）と言祝《ことほ》がれるなど、守護勢力の削減、さらには南北朝合一と、このときに義満は最初の全盛期を迎えていたといってよい。それはすなわち義満が眼下にする世界、天下の拡大を意味し、これ以降、義満の動向は自身の足許に広がった天下をいかに構築していくかという方向に変化していくのである。

そして、義満の天下の象徴となったのが、明徳三年から造営が進められた相国寺大塔であり、まずは造営事業から、彼がどのような天下をかたちづくろうとしたのかを見ていくことにしたい。

大塔造営の意図

南北朝合一の翌月一一月三日に、義満は相国寺に大塔を建立することを計画した。この塔は造営途中の応永元年（一三九四）九月に一度は火災に見舞われたが、建築開始から七年が経った応永六年九月一五日に完成、冒頭でふれた、あの大塔がいよいよ京の都に姿を現したのである。

大塔建立の名目は父義詮の三十三回忌にあったが、しかしそのためだけにこれほど巨大な塔を建てる必要はない。当時の関白一条経嗣《いちじょうつねつぐ》が記した「相国寺塔供養記」には、「さるはたかさも法勝寺の塔にはまさりたりとぞうけ給はる」とあり、亡父の菩提供養を名目にして、法勝寺《ほっしょうじ》の塔を超えることに造営の主眼が置かれていたのである。

では克服の対象とされた法勝寺の塔とはどのような存在だったのだろうか。

これは、かつて白河院が四海太平を目的に建立した八角九重の巨塔であり、現在の京都岡崎の地にあった建物である。近年では岡崎の動物園のなかで基壇跡が発掘されているが、高さは八一メートルにもおよび、法勝寺は、その大きさからしても院権力を象徴する巨大な建造物であった。

ところがその法勝寺の塔は、康永元年（一三四二）に近辺在家の火事の延焼により焼亡してしまっており、『太平記』は、今回の焼亡にふれて、仏法も王法もかたちだけになり、天下は大いに乱れ、朝廷も武家もともに衰微すると締めくくっている。注目すべきはその語られ方である。じつは、流布本の『太平記』には、この法勝寺炎上の記事の続きに、第一章で引用した後醍醐崩御のくだりが記されている。年次でいえば、後醍醐の死去は法勝寺の焼亡より先なのだが、ここではわざわざ順序が入れ替えられており、そこには法勝寺焼亡で予言

した天下の乱れが、後醍醐の死というかたちで現れたという物語を構成する意図があったと考えられる。すなわち、ここから、

大塔（法勝寺九重塔）の焼失↓天下の乱れ（後醍醐の死）

という、図式が読み取れるのである。

このように法勝寺の塔が天下を象徴していたことを踏まえると、義満による大塔建立の意義も、いっそう明らかになるだろう。これまでもっとも高い塔を建てて、院権力を越え、さらには法勝寺焼亡によって失われた天下を自身の手で再建することに、その目的があったのである。

義満が建てた相国寺大塔が天下を象徴する塔であると認識されていたことは、次の事例からも明瞭である。

応永元年に播磨国の荘園に、大塔も含んだ相国寺の用木を運ぶ人夫が賦課されたが、その際、「相国寺材木の事、天下の大事、諸国平均の煩《わずら》いに候」と記されていた（伊藤俊一「中世後期における『荘家』と地域権力」、「東寺百合文書」ち函一、『廿一口供僧方評定引付』同年三月二〇日、四月一三日条）。明徳年中に「万邦悉く静謐に属す」ることに成功した義満が行った大塔造営事業は、このように実際に「天下の大事」とひろく認識されていたのである。

大塔落慶法要

このように父義詮が果たせなかった天下の再興を、その三十三回忌法要にあわせて義満は達成したのであるが、その意図は大塔の落慶法要にわかりやすく示されている。そこで以下では「相国寺塔供養記」や『大日本史料』にまとめられた関係史料をもとに、義満がどのような意図で大塔を建てたのかということをさらに詳しく見ていくことにしたい。

今回の大塔落慶法要の準備は、五月下旬からはじめられた。その際、先例として建久《けんきゅう》年間（一一九〇～九九）の東大寺供養の例が参照されたが、これはかつて源頼朝が参加したときのものであったから、公武が関係する儀式として適切な先例と見られたのだろう。法会には、延暦寺から四〇〇〇口、興福寺から三〇〇〇口、園城寺・東寺、東大寺から一〇〇〇口ずつのあわせて一〇〇〇〇口の僧侶が請じられており、ここからも式が塔の大きさに見合った大規模なものであったことがよくわかる。儀式の進行は三条実冬《さんじょうさねふゆ》、二条師嗣《にじょうもろつぐ》、広橋兼宣《ひろはしかねのぶ》の三名の公卿と薬師寺別当の長雅により担当されていた。

九月一五日の式の開始にあたって、出仕の公卿たちは、前日の宵の口から用意を始め、出立の際には夜中に松明をかかげて義満のもとへでかけていた。このとき、関白だった一条経嗣は、夜中の寅の刻（午前四時ごろ）から供も連れずに家を出て一番乗りを果たし、またそのほかの廷臣たちも夜明け前には到着するなど、義満の遅刻厳罰令を背景に規律正しく時間厳守で用意が進められていたのである。

出仕の人々が時間通りにそろったところで、いよいよ主役の義満のお出ましである。義満はこの時、北山第に居住していたが、関白一条経嗣がかかげた御簾《みす》をくぐって北山第の寝殿から姿を現し、お付きの上童、慶御丸が用意した鼻高を履いて外へ出てきた。中門を出ると、出仕していた法親王や関白全員が跪いて迎え、総門を出てからは廷臣・僧侶といった供奉の人々が連なって行列し、京都盆地を横断するかたちで、大塔のある鴨川べりへと向かったのである。出御するやいなや廷臣たちが跪く様子は、さぞかし壮観だっただろう。

このように義満は北山第から公武上下を付き従えて大塔に到着したわけだが、ここからがいよいよ儀式のはじまりである。

先述したように、会場には延暦寺以下、一〇〇〇名の僧侶が出仕しており、それだけでも注目に値するのだが、それ以上に見逃せないのが、今回の法要で義満自身が供養を行ったことであった。儀式の主導役である導師に天台座主《てんだいざす》尊道《そんどう》、法語を唱える呪願に仁和寺《にんなじ》永助《えいじょ》があたったが、証誠《しょうせい》という役を義満みずからが行ったのである。

この証誠という役は、これまでは法親王クラスが行ってきたものであり、堂の内陣にまで立ち入ることからわかるように、法要の中核を担う役割だった。このような重要な役をこの塔の願主であった義満が行うことは異例の事柄であり、冨島義幸《とみしまよしゆき》氏は、義満が顕密仏教の頂点に立ったことを意味すると評価している（「相国寺七重塔」）。確かにこの塔が天下を象徴していた以上、義満の天下は俗界だけでなく、宗教の世界にもおよんでいたのは当然であり、義満の行動はこのことを端的に示すものであった。

さて、儀式の大役をみずから担った義満が着座し、続いて呪願と導師が手輿《てごし》に乗って登場する。その際には楽人たちにより楽が奏でられ、荘厳な調べにのって各僧が登場するのである。

最初は惣礼からはじまる。威儀師にあわせて、僧侶が「惣礼」と唱えて一斉におじぎをする。このときには楽は止められ、しばしの静寂のなか、僧侶たちが礼盤に向かって三礼し、続いて、出席した公卿らも慌ただしく三礼を済ませていく。

惣礼が終わった後には舞台に獅子が登り、笛と太鼓の名手の演奏で獅子舞が行われる。義満は古部真幸の笛がよほど気に入ったのか、位一位を与えると褒賞している。演奏の冒頭での楽人への褒賞は先の相国寺供養のときにも見られたものであり、事実上、定式化した手続きだったようにも見えるが、演奏のはじめに行われた褒賞は、演者たちの功名心を巧みにとらえて演奏の質を高めるのに大きな役割を果たしたと思われる。奏者たちはきっと奮い立って演奏を進めたことだろう。

奏者たちの高揚した気分のなかで、獅子舞の次に演奏されたのは十天楽《じってんらく》という曲である。この曲は十人の天人が天上から降りてくるさまを演奏したといわれるもので、大塔の下で行うにはまさしくうってつけの楽曲であった。楽曲からも、大塔の供養が盛り上げられていたのである。

十天楽のなかでは、菩薩、迦陵頻《かりょうびん》、胡蝶という童舞が舞われる。迦陵頻とは鳥のことであり、ここからわかるように極楽浄土を表現した舞である。童子たちによって、導師、呪願に花びらが渡され、その後に証誠である義満の手にわたり、仏前に供えられる。このように天人が大塔の上から降り、地上に浄土を現出するという仏教的な演出が施されているのである。

次が六人の唄師の塔への入堂である。そのときには溢餘楽が奏でられ、それとともに、唄師たちは高らかに唄をうたいあげる。楽と声明が一体となって塔供養はここに大きな盛り上

童舞　迦陵頻
（天王寺楽所雅亮会提供）

同　胡蝶（同上）

がりを迎えていたわけだが、もちろん、これはあくまで最初の盛り上がりに過ぎない。

次のクライマックスが塔からの散華《さんげ》である。一般に散華といえば、行道する僧侶が花びらをまく姿が脳裏に浮かぶが、ここでも大塔の高さが効果的に演出されていた。泉涌寺・法勝寺・安楽光院・太子堂・元応寺といった五つの律院の僧侶が塔の腰に各一〇人ずつのぼり、そこから花びらを散らしたのである。七層の塔に五つの寺の僧侶だから、ここは演出上、三階から七階までのぼっていたと推理しておきたい。だとすれば最上部の僧は一〇〇メートル近い目もくらむような高さから花びらを散らしていたわけである。

このように、今回の大塔お披露目の供養では、十天楽といい、散華といい、塔の高さを十分に意識した演出が行われ、出仕した公卿たちはその高さを否応なく認識させられていた。このことからもわかるように、大塔の高さは、百官を従えて、みずから証誠の任にもあたった義満の権力を誇示する、駄目押しともいえる道具立てだったのである。

そして散華の後には、導師による願文の表白が行われ、朝廷からの使者が導師の労をねぎらいにやってくる。最後に関白から布施が渡されて導師以下が退席、その後に検非違使が召されて、囚人の特赦が行われ、以上で儀式は終了したのである。

儀式の最後には舞楽が行われ、大塔落慶法要という一大儀式を終了するにあたり、さらなる盛り上がりを見せていた。所作のあいまにも楽は奏でられていたが、儀式の最後の舞楽は彼らにとっても最大の見せ場であり、義満はここに至ってもまったく演出の手を緩めてはいなかった。

じつは雅楽の練習は、八月二七日から義満のいた北山第で行われており、練習や選曲に至るまで、義満の嗜好が直接反映していたと見られる。そして当然のことながら、奏者も義満のお気に入りで固められていた。

ここで儀式で重要な役割を担った奏者たちを見ておくと、笙《しょう》は豊原定秋《とよはらさだあき》以下一門、篳篥《ひちりき》は安倍季村《あべすえむら》、笛は大神《おおみわ》（山井）景継《かげつぐ》流が務めていた。

笙の豊原家では、天才の名をほしいままにした庶流英秋《ひであき》が義満の寵を得てからは英秋流に流れがうつり、至徳四年（一三八七）の英秋夭折後に、この流れを継いだのが弟定秋である。定秋は義満の庇護を背景にして笛の大神家にも影響を与え、やはり庶流であった景継を引き立てている（三島暁子「笙の家『豊原』の両流について」）。篳篥の安倍家についてはわからないが、武家の嗜好が、従来の楽人の世界にも確実に影響を与えていたのである。義満と芸能の関わりとしては、世阿弥《ぜあみ》への愛顧がよく知られているが、それだけではなく、このように楽の世界においても義満の好みが反映していたのである。

このように義満の意向が前面に押しだされた今回の舞楽であったが、最後の舞楽はまず単独で安摩二の舞が舞われた。その後、高麗楽の万歳楽、散手、陵王、唐楽の地久、貴徳、納蘇利へと進行し、力強い演舞が行われ、参列者はこれらの演技に圧倒されたに相違ない。最後の納蘇利が終わった後には日もすっかりと傾いていたが、参列者はしばし時を忘れて、これでもかといわんばかりに盛りだくさんな落慶法要の演出に酔いしれていたのではないだろうか。最後に出御の道として布がしかれ、行列の先行のために公卿が退出し、関白一条経嗣のみが天皇の行幸のときに準じて、義満を見送ったのである。

ここにようやく式のすべてが終了したのであるが、最後に義満の北山第への帰還という段取りが残されている。相国寺の落慶法要でも見た通り、儀式は夜明け前から日没までかかる一日仕事だった。そのために参加者は真っ暗な夜道を松明などを用いて家路についていたのだが、今回は通常とは異なる方法が採用されていた。

それは大塔から北山第までの路次脇に灯籠を設置して、路次全体を照らす方法である。現在でもこれは観光客へのサービスとしてよく行われるやり方であるが、都の東端に位置する相国寺大塔から、北西端にある北山第まで、京都の北端を横断する光の道を作り上げていたのである。終着の北山第には金色《こんじき》の舎利殿があるから、あるいはそれも灯籠でライトアップされていたのかもしれないが、このように最後の最後まで華美な演出が施されており、かくして大塔落慶法要という一大イベントが終了したわけである。

美童コンテスト

このように読経から演奏に至るまで、今回の法要が、まさしく義満のワンマンショーであったことがわかるわけだが、その途中には、もう一つの見せ場も設けられていた。それが各人が寵愛する童子のお披露目である。

現在でも映画の式典などでは、その授与式に加えて参列者の衣装などに注目が集まるが、一条経嗣が「爰をせんどとしたる出立ども、いづれもきら〳〵しく見えたり」と記した通り、事情は今から六〇〇年前の儀式でも同じだった。

つまり出仕者たちはみな、華美をつくした衣装で法会に臨んでいたわけだが、そのなかでひときわ注目を集めたのが、門跡らが同伴した上童《じょうどう》たちである。今回の法会では妙法院宮《みょうほういんのみや》以下に四名の上童が同伴しており、彼らも意匠をこらした装束で参列していた。一例を挙げると、妙法院宮に従った春鸝丸《しゅんれいまる》という上童の装束は、赤地に金襴《きんらん》の狩衣を身にまとった、赤と金を基調とした目立つ格好であり、帯は紫の生地に銀で菊水模様を透かすといった、ずいぶんと手が込んだものであった。

このように各門跡たちは愛する上童に贅《ぜい》をつくした格好をさせ、行粧をいっそう華やかなものにしていたのだが、そのなかでもっとも注目を集めたのが、義満が連れてきた慶御丸という上童であった。

彼の装いは陵王の衣装をまとったものであり、ようは仮装していたわけだが、その姿は「からめいて、錦をたち、玉をつらね、金をのべたり」と描写されている。「からめいて」とは、中国趣味が横溢していた中世社会における最高の褒め言葉であるが、これに加えて「金をのべたり」との表現からは、義満の黄金趣味が愛童に対してもふんだんに盛り込まれていたことがわかる。

慶御丸にはさらに伴の童六人が従っており、その姿はやはり舞楽の装束で、二名が青海波《せいがいは》、四人は狛鉾《こまぼこ》の仮装であったという。一条経嗣はこの姿を、かの朱雀院の行幸に光源氏青海波の姿も是にはまさらじとぞおぼえたる。

と表現している。つまり、『源氏物語』の朱雀院行幸の際の光源氏にもまさると、慶御丸を褒めそやしたのである。

経嗣の讃辞はこれだけに止まらない。

門跡が連れてきた自慢の上童と比較して、「われは、と思ひあがりたる諸門跡の上童どもゝ、立ならびては猶花のかたはらの深山木なり」としたり、容貌を絶賛して「かざしの菊もかほの匂《（ママ）》にけをされたる心ちす」とか、「秋のもみぢも帰りては色なきかとおぼゆるばかりなり」という記載をちりばめて賞賛の手を緩めない。以上のお追従を見ると、じつは、先の春鸝丸への賛辞は、義満の愛する上童を褒めそやすための捨て石に過ぎなかったことが明らかになるのである。

ここから今回の法会が、「愛童比べ」「美童コンテスト」とでもいうべき様相を呈していたことがわかり、当然のことながら、愛童でも義満は、並み居る門跡たちを圧倒して、権勢を誇示していたのである。

それにしても一条経嗣のお追従ぶりにはすさまじいものがある。このことは彼の父親が二条良基だったことを知るといっそう明瞭だろう。小川剛生氏が指摘する通り、父良基は、義満を朝廷社会へと導き、朝廷の立て直しを図ろうとした老獪な人物であったが、一条家に養子入りしたその息子は、このように義満を手放しで褒めるばかりであった。ただし、これは経嗣の気骨のなさを難ずるだけでは当たらない。一方で彼は南北朝合一後に祭祀・儀礼の復興に執念をもやした相応の人物であり、何も彼一人がふがいなかったわけではない。それよりもむしろ良基から経嗣までのあいだに、義満の権力が急速に拡大したことを示しているのである。そのために、親子でこれほどに態度をかえざるをえなかったと見るべきかもしれない。

さて経嗣の追従では、慶御丸が光源氏以上の存在だと絶賛されている点に注意したい。義満の上童が光源氏を超えるとされている以上、義満はその院を遥かに超えているというレトリックがここから読み取れるのである。

この一文に注目するのも、経嗣の言が、案外に義満の権力というものを的確に言い表していると考えるからである。

一般にこの時期の義満は院と同等の権力を獲得したといわれるが、これは正確な表現ではない。そもそも院の権力自体、従来の天皇の枠組みを超えた力を持つものであり、枠組みや権力の上限というものが基本的に想定されない性格のものなのであるが、今回の儀礼が白河院の法勝寺八角九重塔の高さを超えた大塔の落慶法要であったことを踏まえても、義満の権力が従来の院権力も凌駕するものであったのは確かな事実である。ただ、当時はこのような前代未聞の権勢を的確に表現することはできなかった。

しかし、ひとり一条経嗣は、愛童を光源氏以上だと褒めちぎることで、義満の権勢を表現することに成功していた。義満の権力は、塔の高さという物理的な側面だけではなく、『源氏物語』に見える、物語のなかの院権力さえも超えるものであったことを、過不足なく表現できているのである。そして義満が愛童の装束にまでこのような政治的意図を込めていたことには、ただ驚かされるばかりだが、塔の高さという物理的側面に加えて、廷臣たちの頭のなかで物語として記憶されていた院権力までも圧倒する演出が、今回の落慶法要ではしっかりと施されていたのである。

2　北山殿足利義満

義満の権力をどう呼ぶべきか

以上で見た通り、物理的にも物語的にも歴代の院の権力を超えていた義満であるが、彼が生きていた当時のみならず、現在においても彼の権力をいかに評価し、表現するかはなかなかむずかしい問題である。最近の研究では、そもそも朝廷社会には義満の新しい権力を表現する語彙が乏しかったとまで指摘されており（桃崎有一郎《ももさきゆういちろう》「足利義持の室町殿第二次確立過程に関する試論」）、先の一条経嗣も、公家らしい巧みな修辞でなんとかこの難題を克服したわけだが、それにしても義満の権力を直接、指し示したものではなかった。院すらも超越した存在をいかに評価し、名付けるかは現代の研究者に課題として残されているのである。

では、これまでの研究において義満の権力がどのように称されてきたかというと、それはおおよそ次のように説明されていた。

一つが義満が天皇になろうとしたという説で、研究者のあいだでは王権簒奪論《おうけんさんだつろん》と呼ばれるものである。この説は、田中義成氏、佐藤進一氏により早くから示唆され、一九九〇年代に今谷明氏が強調した学説である（田中『南北朝時代史』、佐藤「室町幕府論」、今谷『室町の王権』）。

しかし、近年では桜井英治《さくらいえいじ》氏が、王権簒奪論の論拠の一つである血筋の問題、すなわち義満母良子が順徳《じゅんとく》天皇の血筋であるとの説に対して、義満が母を冷遇した事実や、皇位継承上、順徳天皇の血筋がほとんど問題にならなかったことなどを指摘して、批判を加えている（『室町人の精神』）。同様の批判は、近年、ほかにも多くの研究者によってなされており、現在では、王権簒奪論はもはやそのままでは成立しない学説となっているのである。

王権簒奪論とは別に、歴代の院を超えた足利義満の権力を日本国王と表現したのは佐藤氏である。佐藤説が今日に至るまで不動の定説の位置を占めていたことは先にふれた通りだが、日本国王問題についても、九〇年代半ばに村井章介氏の批判があり、義満が国内的に日本国王号を使用した形跡がないこと、当時の幕閣たちのあいだで、明に臣下の礼をとる日本国王号の反発が多かったこと、そして日本国王号問題が九州方面戦略上の必要に過ぎないことなどが批判として挙げられている（「易姓革命の思想と天皇制」）。

三点目を補足すると、これは明建国にともなう東アジア世界の再編とも関連した問題だった。

明の洪武帝《こうぶてい》は建国にあたり、周辺諸国に対して、明の冊封下に入り、倭寇の禁圧を求める使者をたびたび発していたが、それを受諾したのが、当時、南朝方として九州を制圧していた後醍醐の息子、懐良親王《かねよししんのう》だった。このような経緯で懐良親王が明の冊封下に組み込まれた結果、南朝の出先に過ぎなかった懐良親王らの九州勢力が、吉野の南朝からも自立した独立国家としての様相を示し始めており、義満らは明との関係にも注意せざるをえなかった、というのが村井氏の説明である。

このように、村井氏は日本国王号の使用と受容の実態解明を通じて、義満の権力を日本国王と表現するのは果たして妥当か、と佐藤説に対する根本的な批判を展開したわけである。これを受けて日本国王義満という理解は、再考を余儀なくされたはずであった。

しかし日本国王号が、ある種の明快さを有する学術用語であることもあってか、研究史も単純に右肩あがりに展開するようにはいかなかった。私が聴講した、ある学会報告では二一世紀に入っても日本国王義満の呼称が連呼されており、これが例外でないことは、二〇世紀末からあいついだ各出版社入魂の講座・シリーズ・一般書のたぐいを見ても明らかで、日本国王義満という小見出しは氾濫《はんらん》している。むしろこのことに留意したもののほうが、良質な例外となってしまっているのである。

これは何もただ片言隻句《へんげんせっく》をあげつらっているわけではない。

確かに義満の権力を日本国王と表現することは、明快で、なによりインパクトが十分であることはよくわかる。しかし、かつて講座をはじめとする、これらの書物が学界の最前線を示すといわれていたことを想起すると、日本国王号に対する有効な批判が出たにもかかわらず、留保すらなく、その概念・用語が繰り返される状況は、学界の最前線を示す心意気からは遠く離れたものといわざるをえない。外交と内政の関係は、いつの時代でも大きな研究課題の一つであるわけだが、少なくともこの時期においては、明から与えられた日本国王号が内政に直接影響を与えたとはいえない、というのが現時点における学界の共通理解なのである。

大陸への憧憬

以上、義満の権力をいかに評価するかについて研究史をまとめてきたが、日本国王号がこのように当時の人々からも不評にまみれたものだったとすると、そこから浮かび上がるのは、義満はどのような手段を用いても、明との交易を行いたかったという事実である。しかし、懐良親王による冊封受諾は、義満が明と国交を開始する上で、現実面で大きな障害となっていた。

義詮没後の応安元年(一三六八)、明の太祖洪武帝は建国を知らせるために、日本へも使者を派遣し、それを懐良親王が受諾したことはすでに述べた通りである。しかし、応安五年に日本国王冊封を認める使者が明から到来したときには、日明外交の玄関口である博多津《はかたのつ》は、すでに幕府方の今川了俊《いまがわりょうしゅん》により制圧されていた。そのために、到来した明使は了俊に抑留され、翌年に京都へ送致されたのである。

これを受けた義満は応安六年に、抑留した使者とともに明へ使者を派遣するが、明側は国王と認めたのは、あくまで懐良親王であるとして義満を相手にしようとしない。外交上の形式の問題は根強く、義満は康暦二年（一三八〇）に「征夷将軍源義満」名義でも通交を行おうと試みたが、やはり認められなかったのである。

対明外交に対する義満の熱意は、明国の内政問題からも阻害された。

至徳三年（一三八六）には明の中書左丞相《ちゅうしょさじょうしょう》である胡惟庸《こいよう》が謀反の罪に問われて処刑されたが、その後、彼の謀反に日本国王も関与したと疑われ、日本との国交は断たれていた（佐久間重男《さくましげお》「明初の日中関係をめぐる二、三の問題」）。このような状況にあって、義満の国交樹立への思いは通交を抑制する海禁政策をしく明の外交姿勢を前に苦戦するのである。

義満の交易再開への熱望は、次のようなかたちでも表れていた。

橋本雄《はしもとゆう》氏は至徳三年の使節派遣において、幕府が「日本国王良懐」名義で明と通交をはかった可能性を指摘している（「室町幕府外交の成立と中世王権」）。橋本氏の推論が確かだとすると、義満は偽の名義を使ってでも、貿易を再開したかったということになる。まさしく義満のなりふり構わない行動といってよいだろう。

このように見ても、通交の名義は明側の要請に応えただけであって、義満は、あくまでそれに合うよう行動したに過ぎなかったことがよくわかる。貿易さえできれば、「征夷将軍」でも「日本国王良懐」でもなんでもよかったのである。その彼からすれば、明国に服従する体裁である日本国王号など、何の問題とも感じられなかったに違いないだろう。

以上のことからうかがえる義満の大陸文化へのあこがれとは裏腹に、かつては元との通交をバックアップしていた禅僧たちは、明との外交に気乗りがしなかった。その理由の一つは、日本禅宗の自信の強まりにあった。

榎本渉氏は、一四世紀中葉以降の日本禅林に、渡航を忌避、自粛する動きがあったことを明らかにして、その要因として、入元の成果への疑問、日本禅林の質の自信、日元交通の危険性の三点を挙げている（「元末内乱期の日元交通」）。先にもふれた通り、明が立国する前年の貞治六年（一三六七）に計画された入元計画では、船を仕立てることからはじめなければならなかったことを想起すると、天龍寺船で博多綱首《こうしゅ》に依頼して事が動いた状況からは、事態は大きく一変していたのである。

このように入元への疑問が国内で醸成されていたのだが、一方で明での禅宗が満足いくものであったかといえばそうではない。

近年、宮紀子氏は、義堂周信の言を引いて、明建国から一一年後、大陸の著名な禅院が、戦乱などにより惨憺《さんたん》たる状態であったことを指摘している（『空華日用工夫略集』永和三年九月二三日条、『モンゴル帝国が生んだ世界図』）。中国江南における元明交替の混乱とその後の明の強い統制が、元代に華開いた仏教文化を大きく後退させていたのである。

日本禅宗界における、以上のような明との国交に対する及び腰の姿勢を見ると、日明貿易の開始が肥富《こいつみ》、相阿弥《そうあみ》といった、教科書的にもよく知られる禅宗と関わりを想定できない人物により行われた事情も理解しやすいだろう。禅僧たちの消極的な態度が、彼らの抜擢につながったと考えられるのである。

以上の紆余曲折を経て応永八年（一四〇一）に派遣された遣明船は、翌応永九年八月三日には兵庫に帰港し、義満はそれを見物するために、わざわざ兵庫まで出向いている（『吉田家日次記』）。明との交易が軌道に乗ってからは、義満の兵庫詣ではさらに頻度を増し、やはり遣明船が帰還した応永一三年に、義満は兵庫に三度、尼崎に一度と、たびたび足を向けるなど、その滞在日数は合計で三〇日近くにもおよんでいた。同年の義満の動向の概略については後述するが、じつは遣明船が実際に帰港する二〇日も早い五月九日から義満は兵庫に逗留しており、ここからも彼の待ち切れなさというものがよくわかるのである。

実際、首を長くして待ったかいがあって、遣明船がもたらした富は膨大だった。

応永一三年の帰港の際には兵庫に土倉を建てることが計画されており（『教言卿記《のりときききょうき》』同年六月八日条）、これは遣明船のもたらす銭や唐物があまりに莫大な量だったので、それらを一時、管理する場所が必要だったからだろう。それだけではなく、こんどは、それらを京都まで運ぶことを目的に、応永一一年の帰港の際には唐物を京都にまで運ぶ人夫が播磨国に賦課されたことが確認できる（『教王護国寺文書』八五六）。もちろん、このような人夫が賦課されたのは播磨だけでなく、兵庫から京都へと至る国々に輸送人夫が徴されたと考えられ、兵庫から京へと至る唐物の道がつくられたのである。

そのほかにも応永一一年二月には兵庫を擁する播磨国守護赤松義則は領国の播磨国全体に、遣明船が帰港する兵庫の島堀人夫を賦課していた。赤松は、そのほかにも相国寺や北山第の造営でも活躍するなど（『空華日用工夫略集』至徳元年正月一八日条、『教言卿記』応永一三年三月八日条、「荒暦」同年三月一〇日条)、義満に対してじつに献身的だった。明との貿易以前の義満のふところは、赤松のような献身的な守護たちにより賄われており、明との貿易開始後はこのような主従制に依拠した幕府の財政構造も変化していくのであるが、これについては後述することにしたい。

さておき、義満はここにようやく、義堂周信らからたびたび聞かされていた大陸の新たな文物を手にすることができたのである。

北山第造営

以上、王権簒奪論や日本国王説の批判にはじまり、その関連で対明外交の開始まで言及してきたわけだが、ここで話を一度、義満の権力論に戻したい。義満が天皇になろうとしたわけでもなく、また日本国王として権力を行使しようともしていなかったならば、その権力はどのように表現すべきなのだろうか。

相国寺大塔創建を意図したころから、義満の権力にも変化が見られたことは先にふれた通りであるが、彼の造営熱はこれだけではおさまらず、さらに北山の地に大規模な邸宅を創建し、そこを拠点に活動することになったことはよく知られている。時代劇などでも「御屋形様」という敬称がよく登場するが、中世では居住地の呼称が権力を指し示すことが多く、義満が構築した新しい権力を表現するには、その居所であった北山殿と表現するのがふさわしいだろう。以下、混同を避けるために北山の大規模造営群を北山第とし、そこで展開された義満の独自の権力を北山殿と表現していく。

名称の問題は以上の通りでよいのだが、次に問題となるのが、北山殿権力の中身であり、そして義満が拠点とした北山第がどのような建物であったかという点である。実はこれこそが義満権力論の真の論点なのだが、まず後者の点から話を進めると、その造営の経過は次のようなものであった。

応永四年四月一六日、義満は北山第の立柱上棟を行った。場所は現在の金閣寺も含んだ一大区画である。その範囲については諸説あるが、創建当初の規模としては東は北野天満宮の西端を流れる紙屋川まで、南は一条通までというように、最大の見積もりとして、現在の立命館大学や洛星高校などもその範囲に含んだ広大な敷地だったといわれている（細川武稔「足利義満の北山新都心構想」）。

このように敷地が広大なだけあって、北山第の建造物も一度に完成したわけではなかった。現在、わかる範囲では、北山第は少なくとも二次にわたり修築・建築が行われていたことが確認できる。

最初の修築・建築が行われたのは、もちろん応永四年のことである。

同年四月一六日に寝殿の立柱上棟が行われ、それから一年が経過した応永五年四月二二日に、義満は、北山第へ引っ越しをしていた。

ところが、義満はそのまま北山第に常住したわけではなかったらしい。応永六年正月一二日には雪を観に北山第に臨んだとの記事があるから、前年四月の移徙《いし》後、同所へ居続けたわけではなかったようである。その理由はわからないが、やはり工事着工直後で住むにはまだ不便が多かったのかもしれない。

　北山第への定住が確認できるのはそれから三ヵ月が経過してからのことである。

　後述するように、北山第では大規模な修法が行われ、その修法の開始が確認できるのは応永六年の四月一四日であった。以後、毎月祈禱が行われているから、義満の北山第常住も少し遅れて同年四月ごろにはじまったと見てよいだろう。

　北山第内の舎利殿として建てられ、現在では金閣寺の通称で知られる建物も、このころには完成していたらしい。先にも用いた「相国寺塔供養記」では、「玉をしき金をのべてつくりとゝのへさせ給ふ。舎利殿などはまめやかにまばゆきまでに侍るとぞうけ給る」と金閣の様子が記されており、すでにこのときに金閣が光彩を放っていたことがわかる。ただし、その後に「いまだよくもおがみまいらせねば、くはしき事はしり侍らず」と続けられているから、このように書かれたのも、このときがちょうど完成直後で、お披露目がまだだったからなのかもしれない。

　義満は一族も北山に呼び寄せており、応永八年ころまでには、室日野《ひの》康子《やすこ》を南御所に迎えていた。また、後円融の母崇賢門院《すうけんもんいん》の御所も南御所のさらに南に建てられており、南御所と呼ばれた空間は、一種の大奥的空間だったと考えられる。

　義満所縁の女性の在所が南御所と呼ばれた事に対して、義満本人の在所は北御所と称されていた。北御所には、愛童御賀丸《おんがまる》の邸宅もあり、このことは義満が死去した応永一五年五月六日にその亡骸が北御所の御賀丸の屋敷から等持院に運び出されたとの記載から明らかになる（『大日史』七―一〇、一三頁）。義満の身の回りの世話を務める必要もあって、愛童の在所も早期から建築されていたと見てよいだろう。そのほかにも応永八年一二月には北山第惣社にて神楽を奏したとの記事が見えるから（『大日史』七―五、一七三頁）、内には社殿も築かれていたことがわかる。

造営着工から四年後の応永八年になると、北山第は政庁としての姿も明瞭にしはじめていた。

同年二月一七日には北山第で沙汰始が行われ、そこでは管領畠山基国以下、守護、奉行人以下が着座しており、政務が行われていた。

また、同年二月には奉行人斎藤上野入道玄輔《さいとうこうずけにゅうどうげんほ》が北山に家を建てているから（『廿一口供僧方評定引付』二月八日条）、義満の北山第定住にともなって、奉行人＝官僚層も北山周辺に居宅を移していたことがわかる。そのほか、義満からかわいがられていた幕閣赤松義則の被官、喜多野《きたの》性守《せいしゅ》や上原性祐《うえはらせいゆう》なども、応永九年までには北山に壮麗な居宅を構えていたことが確認できる（『廿一口供僧方評定引付』応永九年二月一三日条）。

公家では、松殿、中山親雅《なかやまちかまさ》、富小路重継《とみのこうじしげつぐ》らの邸宅が北山第界隈に設けられていた。さらに頻繁に修法を行っていた青蓮院門跡《しょうれんいんもんぜき》の尊道親王《そんどうしんのう》や、後の義持や義教の時代に政界のフィクサーとなる醍醐《だいご》三宝院《さんぼういん》の満済《まんさい》といった高僧らが、北山に坊舎を構えたことが知られている（田《た》坂泰之《さかやすゆき》「室町期京都の都市空間と幕府」）。このように応永八年ごろまでには政治と宗教の要

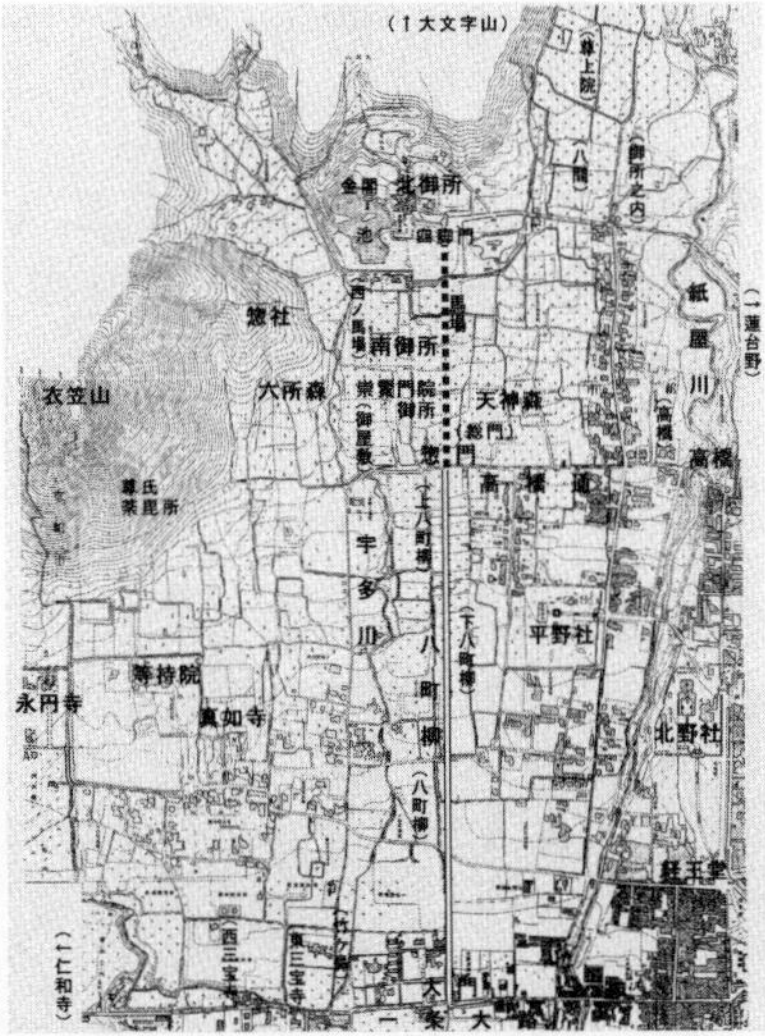

北山第復原図（細川武稔「足利義満の北山新都心構想」より）

人、そして義満の一族が一堂に集められた空間が構築されていたのである。

以上が応永四年から進められた北山第造営の概要であるが、北山第造営はこれで終わったわけではない。

応永一一年ごろには再び建物の作事が行われ、第二期工事ともいうべき工事が着工されていた。後述するが、応永一〇年には焼亡した相国寺大塔が北山第で再建されることが決定しており、翌応永一一年正月三〇日には早くも礎石の石が北山第にしかれていたから（「東寺百合文書」ヲ函五一）、大塔再建事業を皮切りに第二期工事が開始されたのだろう。

第二期工事では大塔再建と並行して、応永一三年三月には北御所寝殿の建て替えが進められ、同年三月一〇日には立柱が行われた（『教言卿記』「荒暦」）。じつは第一期工事では、西園寺家が同地に有していた旧来の建物の多くを転用していたらしく、今回、晴れて寝殿を新造することになったのである。普請には赤松義則があたり、翌応永一四年六月二一日に寝殿の建築は完了した。ちなみに居住区でもある寝殿の建て替え期間は何かと不如意だったようで、応永一三年一二月二日の父義詮の命日の法華八講を、この年だけ北山第内に移されていた青蓮院で行っている（『大日史』七―八、三〇四頁）。

このように、大塔再建を契機に進められた第二期工事であるが、その資金はどこから供出されたのだろうか。それは応永九年以降の遣明船の帰国によりもたらされた利潤であると考えられる。

遣明船がもたらした財貨はきわめて莫大であり、例えば応永一四年の遣明船では銭二〇万貫文がもたらされた（『教言卿記』応永一四年九月二五日条）。これをうけて義満は、内裏へ一〇〇〇貫文、また花山院《かざんいん》家に家門修理のために一五〇貫文を寄付しており（『教言卿記』応永一四年八月九日条、一〇月一七日条）、ここからもその喜び様がよくわかるだろう。貿易利潤の獲得も背景に、義満は北山第の第二期工事を進めたと考えられるわけである。

新財源の獲得が第二期工事を後押ししたことは別の角度からも裏づけられる。『教言卿記』応永一〇年一一月一七日条には、それまでの二年間、北山第料所として収公されていた吉田社領大庭荘《おおばのしょう》が返付されたことが記されている。大庭荘が収公された応永八年はちょうど北山第第一期工事にあたっていたから、このころは北山第造営の財源として廷臣の所領がかき集められていた様子がうかがえる。そして、今回、それが返付されたことは、それにかわる代替する財源の得られる見込みがあったことを暗示しており、だとすれば、それは時期からみても遣明船の貿易利潤とみるのが妥当だろう。相国寺大塔の移築目的と、遣明船貿易の莫大な利潤という資金的裏打ちがあって、義満を第二期工事へと向かわせたことは想像にかたくない。第二章で相国寺創建の際に、財政の問題が立ちはだかっていたことを述べたが、その後もやりくりの問題は義満政権に常に付きまとっていた。しかし、ここにきてようやく義満は、お金の算段を気にせずに自分の意のままに行動することができたのである。

このように規模を拡大した北山第であるが、現在残された金閣だけをみても、この空間は義満という人間をよく表しているように思える。

先に述べた通り、義満は幼少時から、二条良基に代表される朝廷文化と、禅宗の教えの二つに心酔しており、上層が禅宗様、下層が寝殿造という金閣はまさしくこのことを象徴しているといえるだろう。

さらにあらためて注目したいのが、建物を金でコーティングするという発想である。

義満の黄金趣味は、すでに後光厳天皇七回忌の御懺法講における金銀の散華からもうかがえたが、今回はそれを前面に押し出し建造物にまで用いていた点に特色がある。大塔落慶法要からの帰路がライトアップされていたことは先にふれた通りであり、義満の派手好みがわかるわけだが、このときにまで獲得していた圧倒的な権力と財力で、朝廷と禅を飲み込み、金で包む建物を築き上げていたのである。金閣という建物は、まさしく義満という人物を体現する建物だったといえるのである。

義満の宗教生活

北山第造営の経過は以上の通りであるが、次に同所を拠点に展開された北山殿権力の中身について見ていきたい。

義満が居を移した北山第は、政務の場であるとともに、義満の身体護持を目的とするさまざまな修法が執り行われる巨大な宗教空間でもあった。

北山第での修法は廻祈禱《めぐりきとう》と呼ばれ、毎月、顕密寺院の座主・長者によって諸宗挙げて、大法が勤修されたことが、これまでに明らかにされている（今谷明『室町の王権』、柳原《やなぎはら》敏昭《としあき》「室町政権と陰陽道」、大田《おおた》壮一郎《そういちろう》「足利義満の宗教空間」）。大法の用途は二〇〇貫文におよび、同じころ、幕府から朝廷に援助された供料は、その半分にも満たなかったという今谷氏の指摘を踏まえると、北山殿義満の時代には朝廷の儀礼は等閑にふされていたことがよく理解できるだろう。

実際、義満の時代の儀礼・祭祀の遂行状況を見てみると、一四二～一四三頁の【表2】の通りとなる。

これを見ると、後円融との亀裂がはしりだした永徳元年までは比較的順調な遂行状況だったことがわかるが、それ以後は再び低調になっていく様子がわかる。応永初年にいったん状況は回復するが、じつはこれは南北朝合一を受けて、一条経嗣を中心に祭祀・儀礼の再興が進められた結果であった（『大日史』七―一、九四六頁）。しかし、この動きも長続きはせず、応永一〇年代には再び低調になり、今谷氏が明らかにした状況へとつながっていくのである。

朝廷の儀礼・祭祀がこのようなありさまだった反面、義満は、遣明船貿易の莫大な利潤を背景に、北山第で修法三昧の宗教生活を送っていた。義満は禅宗に傾倒し、密教の修法に凝り、さらには後述する陰陽道《おんみょうどう》にも関心が深かったのだが、このような義満の雑多な嗜好は、この時期の宗教状況が大きく影響したものであったと見られる。

例幣［9月］	鎮魂祭［11月］	新嘗祭［11月］	月・神［12月］	追儺［12月］
—	—	—	—	○
—	—	—	—	—
●	—	—	—	—
△	△	△	—	—
—	—	—	—	—
—	—	—	—	○
▲	△	●	—	—
●	—	○	—	—
—	—	—	—	—
—	—	—	—	—
—	—	—	—	—
—	—	○	—	○
—	—	—	—	—
—	○	○	—	—
—	—	—	—	—
—	—	—	—	○
—	—	—	—	—
—	—	—	—	—
—	—	—	—	—
—	—	—	—	—
—	—	—	—	—
—	—	○	—	○
—	—	—	—	○
—	—	—	—	—
—	—	—	—	—
—	—	—	—	—
—	—	○	○	—
○	—	○	○	—
○	—	△	○	○
—	—	—	—	—
○	○	○	○	○
▲	—	—	—	—
—	○	○	—	—
○	—	—	—	—
—	○	○	—	—
—	○	○	—	—
—	—	—	—	—
—	○	—	—	—
○	—	—	—	—
—	—	—	—	—
—	○	—	—	○

	後七日［正月］	祈年祭［2月］	釈奠［2月］	賀茂祭［4月］	月・神［6月］	釈奠［8月］
応安元年（1368）	○	▲	△	○	▲	▲
応安2年	△	—	—	○	—	▲
応安3年	○	—	—	○	—	▲
応安4年	○	●	▲	○	—	—
応安5年	○	—	—	○	—	▲
応安6年	○	—	—	○	—	▲
応安7年	○	—	—	○	—	▲
永和元年（1375）	○	—	△	○	—	—
永和2年	○	—	○	○	—	—
永和3年	○	—	●	○	○	—
永和4年	○	—	○	○	—	—
康暦元年（1379）	○	—	△	○	—	△
康暦2年	○	—	○	○	—	—
永徳元年（1381）	○	—	○	○	—	△
永徳2年	○	—	—	○	—	—
永徳3年	○	▲	○	○	△	▲
至徳元年（1384）	○	—	—	○	—	—
至徳2年	○	—	—	○	—	—
至徳3年	○	—	—	○	—	—
嘉慶元年（1387）	○	—	—	○	—	—
嘉慶2年	○	—	—	○	—	—
康応元年（1389）	○	—	△	○	—	—
明徳元年（1390）	○	—	—	○	—	—
明徳2年	○	—	—	○	—	—
明徳3年	△	—	—	○	—	—
明徳4年	○	—	—	○	—	●
応永元年（1394）	○	—	—	—	—	—
応永2年	○	—	—	○	▲	○
応永3年	○	—	—	○	△	○
応永4年	○	—	—	○	月次のみ	—
応永5年	○	○	△	○	—	○
応永6年	○	—	—	○	月次のみ	○
応永7年	○	—	—	○	○	○
応永8年	○	○	○	○	○	—
応永9年	○	○	△	○	▲	—
応永10年	○	○	○	○	—	—
応永11年	○	—	—	○	—	—
応永12年	○	—	—	○	—	—
応永13年	○	▲	○	○	○	—
応永14年	○	—	—	○	○	—
応永15年	○	—	—	○	—	○

表2

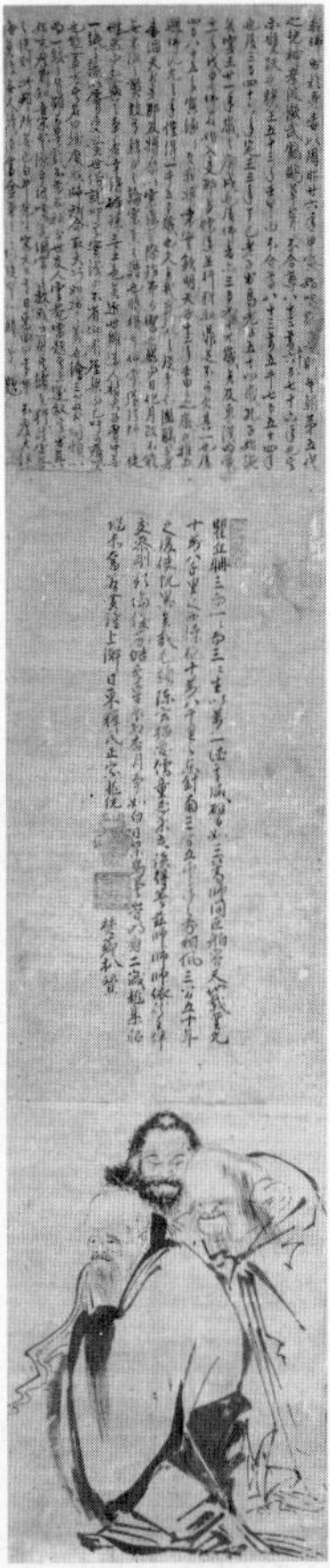
三教図（『道教の美術』展図録）

この点を考える上で、二〇〇九年に開催された『道教の美術』展はじつに有益であった。同展は道教の多様な側面を切り取った、本邦はじめての本格的展示というふれこみで行われたが、そのうたい文句通りに中世仏教の習合的側面が、一般に知られている神と仏の習合だけでなく、道教や陰陽道も含む多彩なものであることが明示されたじつに見応えのある展覧会だった。

このように多様な側面は、義満が深く傾倒していた中世後期の禅林においても同様であった。

先に足利尊氏が母の菩提供養のために、水陸大会を開催したことにふれたが、この法要は餓鬼の一切を救うために仏教・道教のあらゆる諸仏諸神を一堂に招いて行われるもので、禅宗にも道教の影響が内包されていたことをよく示している。

この点はまた三教一致の教えに顕著である。多くの文書や典籍を今に伝える建仁寺両足院には、如拙《じょせつ》筆と伝える「三教図《さんきょうず》」があり、これは道教、仏教、儒教三つの教えが、本来は同じであるとする三教一致の思想を表した絵画である。本絵画が、禅院建仁寺に伝来していることからわかるように、禅宗においても三教一致の教えが浸透していたのである。

以上のようにこの時期の禅宗には、さまざまな要素が含み込まれていたのである。同展覧会では言及が少なかったが、じつは足利義満もその例外ではなく、道教＝陰陽道にのめり込んでいた。

義満が北山第に移徙したばかりの応永六年の六月には三万六千神祭が行われ、また、七月二〇日には北斗《ほくと》法《ほう》と天曺地府《てんちゅうちふ》祭《さい》が行われていた。柳原敏昭氏は、義満の陰陽道への傾倒はそれ以前にさかのぼる可能性を指摘しており、柳原氏が指摘する通り、永徳四年に安倍有世《あべのあきよ》が非参議従三位と前例にない昇進をしているから（「室町政権と陰陽道」）、このころには陰陽道への関心も強まっていたのだろう。牧谿《もっけい》筆の老子像にも義満の所蔵であったことを示す「道有」印がおされており、彼が道教にも関心が深かったことがよくわかるのである。

牧谿筆老子像
（『道教の美術』展図録）

このように見ると、義満の驚くべき好奇心も、この時期に展開していた多様・多彩で芳醇な宗教文化を背景にしていたことは間違いない。先に彼の遅刻嫌いが、禅宗、特に元代に体系化されたそれの影響を受けた可能性があることを指摘したが、その奔放さもまた、同じくその影響を強く受けたものであったように思われる。元明交替の影響もあって、当初はなかなか義満が思うような通交はできなかったが、逆にその制限のためにかえって大陸の文物への欲求が深まったのだろうか、義満の人格形成には、大陸からの強い影響を看取できるのである。

足利義満の居所と行動

以上が宗教的動向から見た北山殿権力の中身であるが、さらに彼の行動様式から義満の権力を掘り下げていきたい。

歴代の室町幕府将軍のなかで、もっとも動きがあり、事績を追っていても楽しいのが足利義満である。

幕府草創期の尊氏や義詮は戦争に明け暮れていたし、義教も富士山見物などに足を伸ばすが、その行動は基本的に定型的である。義政に至っては、京都とその界隈を往復する程度で、物理的な移動に乏しい。歴代の将軍たちと比較して、義満は、後円融との蜜月時代には、出先から帰る途中にふらりと参内したりするなど、行動が読めないところにおもしろさがある。それがすなわち義満の奔放さなのであるが、義満という人物を知る上では、彼の動きに注目することがどうやら有効な作業であるようである。

そこで義満の人物像に迫るために、彼の動向を追うことにしたいが、なにしろ約六〇〇年ほど前の事でもあるので、現在、新聞に載せられる「首相動静」のような細密さは望むべくもない。しかし、それでも当時の記録や史料類から可能な限り復原できる義満の居所と行動は、義満という人間とその時代を知る重要な素材となるだろう。

次頁に示したのが、『大日本史料』などをもとに復原した応永一三年の彼の動きである。先述した通り、この年には遣明船が帰還していたこともあって、彼の行動はそれだけ多彩なものとなっている。

この表をもとに義満の動向を読み解いていこう。

まず注目できるのは、各月のはじめの月朔《つきはじめ》に、近臣を中心に北山第への出仕を求めていたことである。山科《やましな》家の日記である『教言卿記』には、毎月はじめに、子息山科教興《のりおき》が北山第へ向かっている記事が見られ、定例の行事であったと考えられる。

もう一つの月例行事は、月半ばに行われる修法である。

そこでは毎月、密教の修法が行われ、廻祈禱が行われていた。また同じ日程では陰陽頭だった安倍有世（応永一二年に彼が没してからは賀茂在弘《かもありひろ》）の邸宅で陰陽道祭を行っている。これらの祭祀・法要が、いずれも義満自身の身体護持を目的としたものであったことについては、大田壮一郎氏が明らかにしている（「室町殿権力の宗教政策」）。

なお、修法が行われている期間は、原則として禁足で、こもりきりになるはずなのだが、三月にも醍醐や石山で花見をし、また五月五日には坂本まで出向いて延暦寺の小五月会を見物していたから、禁足は必ずしも守られてはいなかったようである。花見にふらりと外出という行動からは、自身の衝動に素直だった義満の奔放さがうかがえるだろう。

ただし、奔放さの裏側にある義満の気配りについても読み取っておく必要がある。

	13～21	北山第にて御修法
10月	1 8～15 19～25 28	月朔拝賀 北山第にて御修法　8日に義持来訪 伊勢参宮 参内
11月	1 8 15～22 27	侍童御賀丸邸で湯治 修法延引 北山第にて御修法 安倍泰嗣邸に御成
12月	1 2～6 7 8～14 18～25 25～26	北山第惣社で神楽を奏す 父義詮命日に青蓮院にて法華八講 等持院 北野社参籠 北山第にて泰山府君祭 国母通陽門院（三条厳子）へ見舞い

表3　応永13年 足利義満の居所と行動

例えば、小五月会の見物については、中世の一大権門寺院であった延暦寺への政治的配慮があったと思われる。小五月会は、日吉社の祭礼であり、南北朝期以降、山徒たちが主体となって催されていたもので、彼らは土倉酒屋役の徴収を務めていた（下坂守《しもさかまもる》「延暦寺大衆と日吉小五月会（その一）」）。そのこともあって、義満はわざわざ足を運んでいたのである。

また、四月三日には躑躅《つつじ》の花見をしに、日野重光邸に向かっているが、彼は室日野康子の弟であり、以後、日《ひ》野《の》富子《とみこ》に至る歴代将軍の正室を輩出する家であった。義満は妻の実家にも気配りを怠っておらず、つかうべきところには、きちんと気遣いを忘れなかったのである。義満の公家に対する気遣いについては、桜井英治氏も指摘する通りであるが（『室町人の精神』）、ここから大胆さと繊細さを兼ね備えた義満の人柄が読み取れるだろう。

そして、この年の動静でもっとも目を引くのは遣明船の見物だろう。先にも述べた通り、応永一三年は遣明船が帰国した年であり、義満はしばしば船が帰港する兵庫

正月	16〜23 25 29〜	北山第で尊星王法、天曺地府祭 参内／禅僧を招いて物を贈る 後光厳院三十三回忌法華懺法
2月	1 4 9 15 19〜25 25	月朔拝賀 北山第で調声 相国寺、北野社参籠 石清水八幡宮参詣 北山第で修法 参内
3月	1 3 8 15 16 17 17〜24 18	月朔拝賀 参内 参内／北山第北御所立柱 徳大寺公俊邸で花見 石清水八幡宮参詣 石清水からの帰路に左女牛若宮八幡、北野社へ参詣 北山第で修法 醍醐・石山で花見
4月	1 3 5 14〜21 27	月朔拝賀 日野重光邸で躑躅花見 相国寺にて絶海中津周忌仏事 北山第にて修法 「御所」にて猿楽
5月	1〜7 5 9〜18 20〜27	北山第にて俄に御修法 坂本小五月会見物 兵庫 兵庫
6月	11 15〜17 19〜26	北山第にて明使謁見 尼崎 北山第にて五壇法
閏6月	1 3 19〜26	月朔拝賀 精進明 北山第にて八字文殊法
7月	1 2 5 7 11 23 29	月朔拝賀 寿塔創建のために等持院へ 北山第にて修法 七夕花合 室日野業子一周忌で等持院 参内 参内
8月	1 5〜12 12〜18 18〜21 23	八朔 兵庫 修法 西大寺光明真言講結縁のため南都下向 北野社参籠
9月	1 9 10	月朔拝賀 重陽の節句で諸人から参賀を受ける 東寺参詣　仏舎利を奉請

界隈に滞在している。

先の表でいえば、帰港に際して義満は五月九日から兵庫へ向かっているわけだが、この日程は本来ならば定例の祭祀が行われる予定の日であった。しかしそれを一日からに変更してまで、義満は兵庫に向かったのである。実際に船が到着したのは同月末の二九日のことで、義満は兵庫についても待ちぼうけをくわされるのだが、ここからも義満がいかに積み荷を楽しみにしていたかがよくわかるだろう。五月はそのために一〇日しか北山第にいないありさまで、大陸の文物に対する憧憬がここからもうかがえるのである。

そのほかは法事である。

正月二九日には後光厳院の三十三回忌法要として法華《ほっけ》懺法《せんぼう》が行われた。後光厳の命日の法要をめぐるさまざまな出来事については、これまで述べてきた通りであるが、三十三回忌にあたり、義満は資金の用立ても含めて、全面的にバックアップをしている。日程は七日間で、義満はそのうちの初日の二九日と三日目の二月一日、四日、五日の計四日に参加し、四日にはみずから声明の調声を行っている。先に大塔の落慶法要で証誠という大役を務めたことにふれたが、ここでも自身の声がよく通る、もっとも目立つ役を務めているのである。文字通り、金も出すが口も出すという義満の人柄が浮かび上がるだろう。

法事としてはそのほかに四月五日に禅僧絶海中津《ぜっかいちゅうしん》、七月一一日には前年に亡くなった正室日野《ひの》業子《なりこ》の一周忌のために等持寺へ訪れている。同所にて法要が営まれたのは、これまでふれてきた天龍寺などが国家的法要を営む場であったのに対して、等持寺が足利家の菩提寺であったからである。また一二月二日の父義詮の命日には青蓮院にて法華八講を開催している。今回、会場が青蓮院だったのは、先に述べたように、このとき、北山第寝殿が改築中だったからである。

法事に関連して、同年一二月二七日には後小松天皇の母通陽門院《つうようもんいん》が死去するが、その見舞いのために、義満は二五日と二六日に連日、同院へ訪れている。じつは正月の後光厳の法華懺法の途中にも一度、通陽門院のもとへ訪れていたから、このころから容態がすぐれなかったのだろう。じつはこの通陽門院は私たちもよく知っている人物である。彼女は後円融の室だった女性であり、かつて義満との密通を疑われて、後円融から折檻を受けた、あの三条厳子である。先に述べた通り、後円融と仲の良かったころの義満は、禁裏にふらりと立ち寄ることも多く、そのこともあって後円融から嫌疑を掛けられたのかもしれないが、最後までこの女性に配慮を見せていたのである。

以上が応永一三年の義満の動静であるが、ここに「政治」に関する項目がないことを不審がられる方も多いかもしれない。

立場的には、このとき、義満は出家していたのだが、北山第に守護や奉行人＝官僚層、さらには大寺院の僧侶の居宅があったことからもわかるように、政治の中心は北山第にあった。一〇月八日に息子である将軍義持が来訪しているが、その理由は三月に義持は父から叱責を受け、そのご機嫌うかがいのためであり、ここからも義満が実権を有していたことがわかるだろう。

ではいつ彼は政治を行っていたのだろうか。先に中世の政治として儀式・祭祀を挙げたが、義満の場合、それらはもっぱら自分の利益となるものが中心であり、従来、朝廷が行ってきたものについては冷淡だった。その意味で義満の行動から儀式・祭祀といった政治が見えにくいのは、確かに当然といえば当然である。

ただ、政治は儀式・祭祀のみではない。それ以外の所領安堵などの行為はいつ行っていたのだろうか。じつは義満のような独裁的な権力にあっては、安堵を行うにあたり特に会議などを設ける必要がなく、重要案件も、幕臣たちが北山第を訪問して、そこで個別に指示を受けるかたちで進められていた。義満の動静から政治が見えにくいのも、国家的祭祀を彼が積極的に行わなかったことに加えて、このような政治の進め方にも一因があったのである。

義満のモード

以上、宗教と行動様式から北山殿権力の内容について概観してきたが、そこからうかがえたのは、大胆さと細やかさを兼ね備え、行動も活発だった義満の姿である。そしてこの義満の動きの多彩さに、彼に従う人々は大いに翻弄されていた。

北山第での祭祀の日程が、遣明船帰港に立ち会うために急遽、変更されたことは先に述べた通りだが、このような突然の予定変更は、廷臣たちをやきもきさせた。義満は大の遅刻嫌いだったから、なおさらである。

そして気まぐれと時間厳守だけで話は終わりでなく、義満は廷臣たちの服装にもじつにうるさかった。
応永一三年五月二〇日に義満が兵庫へ下向してから、四日後に裏松重光《うらまつしげみつ》も兵庫に招集されたのだが、その装束は、当時、十徳《じっとく》と呼ばれた衣装であった。江戸時代には茶道の正装ともなる十徳であるが、当時は走衆《はしりしゅう》が着用した機動性に富んだ服装であり、当然のことながら裏松ほどの家柄の人間が着用する類のものではなかった。

十徳を着せられたのはひとり裏松だけではなかった。同年一〇月一九日には義満は伊勢神宮へ参詣に向かったが、それに付き従った山科教興も、十徳を着用していた。息子の十徳姿を見た父教言《のりとき》はさすがにあきれたらしく、「十徳の体、当世の風体」と慨嘆している。つまり、義満に付き従う廷臣が十徳の姿をするのは今の流行の服装だというのである。確かに遠出することが多かった義満に従うには十徳の姿が合理的であったのだろうが、衣冠束帯の殿上人たちからすれば、義満の命令とはいえ、十徳はあまりにも格下の装束だったのである。

衣装の問題はこれだけに止まらない。義満のこだわりがもっともよく発揮されていたのが、北山第での拝賀の場である。

定例の月朔の拝賀では、義満お気に入りの廷臣たちは直垂《ひたたれ》姿で出仕していた。一方で中旬に行われる廻祈禱では、束帯での出仕が求められていた。前者は武家の装束、後者は公家の装束である。このように衣装をかえさせた理由は明らかでないが、月朔の拝賀は主従制的性格の儀礼であり、すなわち武家的なも

十徳を着用した旅姿
(江戸時代)

のであって、一方の廻祈禱における個々の祈禱は朝廷で行われた法会であったから、朝廷式の衣装を選択したということなのかもしれない。

場に即した服装という意味では、義満自身も徹底していた。

応永一四年に明からの使節がやってきた際には、義満は唐人の装束で使節を歓待したという。このように義満は当時の規範から自由に、自分がふさわしいと思うかたちで衣装を選んでおり、周囲の人間にもそれを求めていたと考えられる。義満の動静を見てもわかるように、彼は日々多忙な生活を過ごしていたから、あるいはこまめに衣装をかえることで、過密日程にメリハリをつけていたのかもしれない。

このように衣装にうるさい義満に対して、側近たちの気の遣いようも相当だった。『教言卿記』をもとに、月朔拝賀で着用した直垂に関して詳細を見ると、そこでは毎月の服装は必ず新調された直垂であったことが記されている。さらには直垂のデザインや模様までが、例えば卯の花の紋に二重の紺色、という具合に事細かに記されており、これはおそらく服の意匠が重複しないように配慮したためと思われる。

義満も側近たちの気の遣いようには満足だったらしく、その日の服装に応じて、御目懸《おめかけ》をしたり、ほほえんだり、会釈をしたり、軽口をたたいたりしていた。どうやら義満は、側近の衣装の気に入り具合に応じて反応を変えていたらしいのである。

このように健気すぎる努力の成果が出たのだろうか、応永一三年一一月一日に教興が北山第に出仕した際に、義満から、以後、参内の際に必ず出仕せよとの言葉をかけてもらっている。実際に以後、義満が参内する際に、教興が出仕しているから、義満の発言が口約束でなかったことがわかる。

このように義満からの愛顧の度合いが増すにつれて、彼と行動をともにすることが増えるわけであるが、山科家にとって最大の名誉であったのが、応永一五年の後小松天皇の北山第行幸の場であった。山科家が本来、内蔵寮御服所を管掌していたこともあって、後小松天皇の北山第行幸の際には、上童装束の担当を高倉永助とともに命じられた。高倉家も義満の登用により、以後衣紋道の家としての地位を確立していくことになるが（池田《いけだ》美千子《みちこ》「衣紋にみる高倉家」）、山科家も御服所管掌という本来の役割に、日ごろの奉公ぶりが義満のお眼鏡にかなって、一代の晴れの儀式での衣装担当になったのである。山科親子はすこぶる満足であったに相違ない。

しかし、絶えず義満の意向に沿うように行動し、愛顧を受け続けることは、一方でじつに大変な作業であったことは想像に難くない。由緒ある公家にとって一連の義満の従者としての振る舞いが、相当なストレスであったことは確かだろう。

著名な事例であるが、嘉慶元年に近衛道嗣が死去した際に、「室町准后に昵近以来、財産を得ること、これ多しといえども、心労繁多、病の初まりなり」と世間で噂されており（『実冬公記』嘉慶元年三月一七日条）、摂関家クラスの人間でも気ままな義満に仕えることは大変であった。また、山科教興とともに北山第で脂燭役を務めていた西大路隆躬《にしおおじのたかみ》は応永一三年一二月二二日に突然、死去している（『大日史』）。理由の詳細は記されていないが、心労が原因だった可能性は十分にあるだろう。一般に足利義教の時代が、公家を取りつぶすなどの恐怖政治であり、薄氷を踏む時節と評されたことが知られるが、気ままな義満の意に沿うための緊張感も、人々に心理的緊張を強いていたことは確かだろう。要はいかなるタイプであっても、権力者に仕えることは大変だったのである。

3　財政史から見た義満の権力

義満期の幕府財政

以上のさまざまな観点から、義満という人物と権力について概観してきたが、最後に財政史の観点からも、検討を加えておきたい。

ここまで見たように、義満は造作や修法などに莫大な資金を投入していたわけだが、その資金はどのようなかたちで拠出されていたのだろうか。幕府も財政事情に恵まれていたわけではなかったことは、すでに何度か述べてきた通りであるが、それだけにこの時期の莫大な支出がどのようにして賄われていたかということは、大きな問題である。

まず、義満の父義詮のときの様子からうかがうと、『太平記』では、義詮の時期に管領斯波高経・義将親子が犯した失政として、次の三つが挙げられていた。

一つは従来、収穫の五〇分の一だった地頭御家人役を二〇分の一へと二倍半に増額したことであり、二点目は貞治四年に完成した義詮の三条坊門邸の造作の完成が遅れた赤松則祐《のりすけ》を罰して、荘園を没収したことである。さらに三点目として、五条大橋の修造に佐々木道誉をあたらせたが、完成が遅れたために、代わりに斯波氏に工事を担当させた結果、佐々木氏の面目を失わせ、斯波親子への反発を高めたというのである。

『太平記』では、以上のような斯波親子の振る舞いが、諸大名の反発を買い、失脚に至ったと説明するのであるが、その内容は、義詮期の幕府財政を考える上でも示唆的である。

それは幕府の造作が、有力守護らに賦課するかたちで賄われていたことが明記されているからである。じつは『太平記』には義詮の新邸造作全体が守護に「一殿一閣」ごとに割り振られて進められていたことも記されており、ここからは将軍に関わる事柄は、将軍と御家人とのあいだの主従制的な関係に基づき賦課されていたことが推察されるのである。

もっとも、『太平記』の記事だけに、このような制度的な事柄に関する記載をどこまで信用すべきかはむずかしいところであるが、義満の時代の至徳元年には赤松義則や六角満高らに相国寺の普請役が宛てられていたから、信憑性の高い記述といえるだろう（『空華日用工夫略集』至徳元年正月一八日、二月二一日条）。早く桑山浩然《くわやまこうねん》氏は一四世紀末までの幕府経済において、将軍と守護・地頭という主従関係が経済的にも重要であったと指摘しているが、義満の初期でも状況は変わっておらず、まさしくこの時期の幕府財政はこのような主従制的な財源により支えられていたのである（「室町幕府経済の構造」）。

なお、相国寺造営のときには、そのほかにも尊氏の妻赤橋氏領であった日向国三俣院《みまたのいん》、穆佐院《むかさいん》の年貢が徴収されており（「薩藩旧記」）、この時期までの幕府財政というものが、このように守護への賦課などの主従制的な課役と、足利家領を軸に構成されていたことがわかるだろう。

その後、明徳四年には年間六〇〇〇貫文の土倉酒屋役が創出されたが、後述するように、これはあくまで足利家の年中行事などに用いられた財源で、この時点では、あくまで補助的なものに過ぎなかった。以後もあいついで大規模造営事業を進めていた幕府にとって、重要だったのは守護以下への課役と家の所領であり、すなわち主従制的で家的なものに財政の軸足を置いていたのである。

南北朝合一を成した明徳三年に、義満は相国寺大塔造営を計画したことは先にふれた通りだが、その材木調達は、赤松義則が守護であった播磨国を中心に賦課されており（「東寺百合文書」ヲ函三五など）、守護へ普請役が賦課された様子がうかがえる。依然として主従制的財源に重きが置かれていたのである。

北山第造営事業においても、事情は同じだった。

応永六年に、義満は自身が寵愛した結城《ゆうき》満藤《みつふじ》という人物を政所奉行に任命した。政所奉行とは、足利家の家政機関であり、金庫番といえる役職である。じつは彼は応永元年に山城守護にも抜擢されており、義満側近の結城が、山城守護と政所奉行を兼任した財政的意味は大きいだろう。つまり、この時期の幕府財政が、依然として守護からの出資に大きく依存していた様子がうかがえるのである。それと同時に、この時期に結城が重用された理由も、応永初年に行われた相国寺大塔の造営や北山第の第一期工事に見合う額をひねり出さなければならなかったためと推測できる。

今回の造営に関しては、少し後の史料になるが、『臥雲日件録《がうんにっけんろく》』や『足利治乱記』といった史料では、北山第の第一期工事が「諸大名の士」や「大和・河内・和泉の御家人等」の負担であったと記されているから、このことも含めて、北山第の第一期工事までは、幕府は、従来通りに、主従制的な財源に依存し、それを強化するかたちで事業を進めていたことがわかるのである。

この状況が変化するのが遣明船の帰港にともなう貿易利潤の獲得である。そこで得た資金の後ろ盾を得て、北山第第二期工事が進められたことは先に述べた通りであり、北山殿権力の初期は、いまだ財政的には前代のあり方と規模から脱却できていなかったが、日明通交の開始にともなって財政が変化し、権力の規模を拡大させていた。北山第第一期工事までは、主従制的・武家的な財源である守護からの出資が中心であったが、明との国交開始に成功して以降は、貿易利潤を柱とするものに幕府財政は転成しており、ここにきてようやく幕府は武家政権的な財政構造から脱却しようとしはじめていたのである。

「金庫」の管理者たち

これまで義満期の財政が守護からの出資、土倉酒屋役、そして貿易利潤といった三つの柱で構成されていたことを確認してきたわけだが、ではこれらの財源はどのように管理されたのだろうか。じつはそれぞれの財源は異なる担当者によって取り扱われていた。

土倉酒屋役が山門配下の土倉により徴収されていたことはよく知られているが、守護からの拠出は、それぞれの家政機関の人間から出されていたと考えられる。先に赤松義則の家臣喜多野や上原が北山第に壮麗な邸宅を築いていたことにふれたが、彼らが北山第の側に屋敷を構えたのも赤松氏の金庫番としての役割を果たしていたからなのかもしれない。

貿易利潤については、阿弥姓を有する人物によって管理されていた。

応永一三年に帰国した遣明船には金阿弥《きんあみ》という阿弥姓の人物が乗船していたが、その弟である式阿弥《しきあみ》は「北山殿ノ御倉預」と呼ばれていた。ここから義満の金庫番に阿弥姓を有する遁世者がいたことが確認できる（『教言卿記』応永一三年閏六月一〇日条）。そして金阿弥と式阿弥の兄弟関係から、遁世者の倉が貿易船の到来物を管掌したことがわかるだろう。そもそも、最初の遣使が祖阿弥という遁世者であったことも想起すると、到来した唐物の選別と管理の必要から、目利きとしての役割で貿易利潤の巨大な倉を彼らが預かることになったと考えられる。応永一三年には春日社の神楽要脚を「公方銭奉行」一阿弥が支払っていたから（『大日史』七―八、八〇頁）、応永八年以降、幕府財政が貿易利潤に軸足を置くにしたがって、貿易品を管理していた彼ら遁世者たちが幕府財政の軸になったと見られるのである。

まとめると、この時期の幕府の財源とその管理者は次のようになる。

①守護らからの主従制的財源　　守護被官が担当
②土倉酒屋役　　山徒が担当

③遣明船　遁世者が担当

以上がこの時期の幕府の主要財源とその管理体制である。応永初期までは守護からの拠出が幕府財政の中心だったが、遣明船派遣の成功以降、それも貿易利潤に軸足をシフトしていくことになる。この変化は、室町幕府に莫大な財政の裏づけを与える結果となり、北山殿義満にさらなる奔放さを付け加えたのである。

北山大塔

応永一〇年（一四〇三）に焼亡した相国寺大塔は、その翌年から北山第に再建されることが決定し、このことが、北山第の第二期工事をもたらした可能性が高いことは先にふれたが、ここでは大塔再建に焦点を絞って、あらためてその造営過程を追っておきたい。

北山第における大塔造営に関して確認できる最初の動きは、応永一一年正月三〇日である。このとき、赤松氏の領国である播磨国から石引人夫が徴用され（「東寺百合文書」ヲ函五一）、その後、四月三日に立柱が行われ、再建費用として段銭が賦課されていた（『大日史』七—六、六八一頁）。

ここでは従来、内裏の造営や大嘗会など朝廷の主要財源として用いられていた段銭が、今回は義満の手になる大塔の造営費用に用いられていることに注意したい。応永元年の相国寺と大塔が炎上したときには朝廷から「相国寺御助成段銭」という名目で段銭が賦課されており、また応永五年には「相国寺塔婆供養段銭」が賦課されているが（市原陽子「室町時代の段銭について」）、その表現からもわかるように、これらの財源は直接、造営に宛てられたものではなかった。しかし、その後も応永一三年には義持の御所新造のために山城国に段銭がかけられるなど、この時期に義満は自身の必要のために朝廷の伝統的財源である段銭を賦課していたのである。明との貿易利潤が膨大であり、この資金が裏づけとなって義満の奔放さを加速させたことは先に述べた通りだが、義満の消費は巨大な貿易利潤ですら賄いきれずに、段銭までもが徴収されて、大塔の資金に投入されていたのである。

このような段銭の使い方は、この時期の公武関係を考える上でも重要である。先に貞治四年（一三六五）の内裏再建計画の際に見たように、従来、段銭は朝廷の専管事項であった。しかし、ここではもはやあっさりと北山殿義満の手に帰していたのである。北山殿義満の権力からすれば、もはや朝廷の縄張りうんぬんなどは問題にさえならなかったことがわかるだろう。義満は、まさしくすべてを投入して、天下を象徴する大塔の再建に没入していたのである。

北山大塔普請は、応永一一年三月二七日から二九日にかけて集中的に行われ、東寺では法印や病人などを除く僧侶全員と、近所の荘民を動員することが命じられており（『廿一口供僧方評定引付』）、またこのときに、赤松氏は播磨国から番匠・大工を京上させているから（『教王護国寺文書』八五六）、彼らも大塔造営にかり出されたのだろう。大規模な動員により、一気に普請を進めようとしていたのである。

ただし、これほどまでに物資を投入しても、大規模建造物のゆえか、なかなか完成を見なかった。

応永一二年には大塔の真柱が引かれるなど造営は進められていたが（『教言卿記』応永一二年六月六日条）、同年一〇月二五日には大塔再建用途の段銭が新たに播磨国に賦課されており（『教言卿記』）、おそらくは大規模化する工事で予算が足りなくなったのだろう。応永一四年三月にも大塔人夫が徴用されているから（「東寺百合文書」れ函一六など）、巨大な塔の建築にはさらなる時間と資金と人材が費やされていたのである。

このように時間と人と資金をかけて進められた再建事業であったが、再建開始から四年後の応永一五年には、ようやく建物の骨組は完成していたらしい。同年二月一二日には大塔の本尊を作成するために、仏師が東寺に遣わされ、東寺の八大菩薩像を模写させている（『廿一口供僧方評定引付』）。ここから外装には目途がたち、ようやく内装の整備に移ったものと考えられる。大塔の完成まで、あとわずかの時間を残すばかりだった。

しかし、大塔の造営事業は思わぬかたちで休止をむかえる。

『教言卿記』応永一五年四月二八日条には、山科教言が北山第へ出仕したところ、義満の咳が少し酷いので、本日の対面は中止である旨を知らされたことが記されている。義満の咳は翌日には少しおさまり周囲を安堵させたが、それから症状は一転、驚いたことに義満は五月六日にはあっさりと死去してしまうのである。自身の身体護持のために、あれほどまでに莫大な資本を投下して修法を繰り返していたにもかかわらず、その死はあまりに唐突だった。

このような義満の急死により、政治が再び混乱に陥るかに見えたが、幕閣斯波義将らの合議によって、後継者は迅速に足利義持に決定された。

第四代将軍となった義持は、当初は父が起居した北山第で執政するかにみえた。しかし、父の気配が濃厚に漂う空間が嫌だったのか、応永一六年二月一〇日には、北山第の一部を移築して三条坊門に将軍御所を新築、洛中へ戻ってしまう（『教言卿記』）。その結果、とりのこされた広大な北山第には、義満の室日野康子だけが住むばかりになってしまったのである。

義満最晩年まで続けられた北山大塔の造営も、当然のことながら、そこでいったん中止されてしまう。あたかも予算が凍結された土木工事のように、この巨大な塔は未完成なままに放置されたのであった。そして、冒頭でふれたように、とうとうそのまま、落雷をうけて焼失してしまうのである。

大塔や北山第の造営に見られるように、義満の権力というものは、まことにスケールの大きなものであった。しかし、完成間近だった大塔が放置されたことに象徴されるように、彼の築いた権力は、そのままのかたちでは次代に継承されなかった。義持は父があれほど夢中になっていた明との通交を停止し、また朝廷からの義満への謚号《しごう》を拒否するなど、政治方針を転換したことは、よく知られる通りである。

義満が輸入した時間厳守という「外来文化」も、彼の死去後には定着しなかった。義持以降の時期の日記などから、儀式への遅参記事を探し出すことはさほどむずかしくはなく、義満が導入しようとした新しい文化も、ここでいったん、消滅することになる。時間厳守がこのような権力者の嗜好や人格性を超えて、あたかも「国風文化」のように日本に定着するには、どうやらまだまだ時間が必要だったようである。

北山殿として過去のあらゆる院を超えた権力を手中にした義満であったが、その築き上げたものは、息子義持の手で、このようにばっさりと仕分けられてしまっていた。その結果、義満が築き上げた天下は、彼の突然の死と同様に、まことにあっけなく幕を閉じてしまい、北山殿の権勢を示した金閣という黄金色の抜け殻だけが、現在、私たちの前に残されるばかりなのである。

第四章　南北朝期の公武関係——研究史的考察

これまでの研究は、義満の時代に室町幕府の一つのピークを見てきた。しかし、大塔にせよ、北山第にせよ、義満の政治の多くが以後の時代には引き継がれていないことを踏まえると、室町時代の政治や社会を考えるにあたって、カリスマ義満の時代を見るだけでは不十分であることに気づく。

とすれば、次の課題として、ポスト・カリスマである義持の時代を論じることが浮上してくるわけだが、その作業をはじめる前に、なぜこれまでの研究で、義満ばかりに注目が集まったかという問題についてもしっかりと考えておかねばならないだろう。じつはそこには、義満の時代の華々しさへの注目だけではなく、室町幕府研究の枠組み自身にも問題があった。以下では義持論への導入として、少し専門的な内容になるが、研究史の考察から、この点を解き明かしてみたい。

1　「京都市政権」という罠

佐藤進一説

今日の室町幕府論の骨格を作ったのが、佐藤進一氏の「室町幕府論」と、それを通史的に展開した『南北朝の動乱』であることに異を唱える人はいないだろう。後者は二〇〇五年に改版が出され、その際に解説を付した森茂暁氏は、発表当時から同書が学界に与えた衝撃を丁寧に解説し、「南北朝史研究は『南北朝の動乱』によって初めて本格的な学問的骨格が与えられ、学問的研究の独立を勝ちとったといって過言ではない」と賛辞を惜しまない。私もこの評価に同感である。

このように南北朝期研究を一変させたと評価される佐藤説であるが、とりわけ独創的内容を有していたのが、公武関係に関する所説であり、その概要を示すと次の通りになる。

佐藤氏は室町幕府が京都に拠点を置くにあたり重視したのが、朝廷や寺社が有していた権限の吸収であったとして、その理由を、朝廷や寺社にとって京都の権益・権限が最後の牙城であったためと説明する。佐藤氏はこれらの諸権限を「京都市政権」と名づけた上で、そこに含まれる、警察、所領裁判、課税などの機能が、警察↓治安↓土地関係の行政・裁判（民事的裁判）の順に幕府に奪取され、最終的には幕府による土倉酒屋役の創出によって、朝廷・寺社の権限接収が完了したと結論づけたのである。

右の論拠として、挙げられるのは次の事例である。

①貞治二年（一三六三）までに関所の設置許可は幕府が行っていたこと
②応安二年（一三六九）に侍所がはじめて市中に制札《せいさつ》を出したこと

③応安三年に山門の公人が借金取り立てのために乱暴を働き、山門を統括する天台座主の命令にも服さないので幕府に取り締まらせたこと
④至徳元年（一三八四）に侍所が洛中の土地裁判係争地の引き渡しを行ったこと
⑤至徳三年に再び山門関係者による取り立てを禁止し、幕府の裁判に服することを命じたこと
⑥明徳四年（一三九三）土倉酒屋役の創出

①から③までの事例は軍事・警察権の強化を示すものとして説明され、④と⑤の事例をもとに義満期に幕府が検非違使や延暦寺が握っていた行政・民事裁判権を吸収したと述べられている。そしてその仕上げとして、⑥の土倉酒屋役の創出が位置づけられたのである。

「京都市政権」論への疑問点

右の佐藤氏の論は、佐藤氏の師である田中義成氏の戦前の研究の良質な部分を受け継ぎ、具体的な事例を挙げつつ精緻に論じたものであったために、今でも南北朝時代を理解する大きな土台となっている。

しかし、だからといってそれが確定した歴史事実ではなく、あくまで作業仮説に過ぎないことは当然であって、例えば、佐藤氏が展開した、もう一つの重要な説である日本国王説が、村井章介氏らによって再考を迫られていることは先述した通りである。

ところが、一方の大きな柱である、この「京都市政権」論については、これまでほとんど批判がなかったのだが、近年、松永和浩氏や私をはじめとして、佐藤「京都市政権」論に見られた権限吸収的理解の妥当性に対して批判が展開されはじめており、この時期の公武関係史について見直しの気運が高まりつつある（松永「南北朝・室町期における公家と武家」、早島「公武統一政権論」）。そこで以下では、この点をさらに深めるために、次の三つの点を糸口にして、佐藤「京都市政権」論の再検証を試みることにしたい。

（ア）「京都市政権」論における事例の空白期をどう評価すべきか。
（イ）警察や課税といった性格の異なる問題を「京都市政権」として一括して論じることは、そもそも妥当か。
（ウ）土倉酒屋役は従来の朝廷の課税の延長線上に位置づけることが可能か。

まず（ア）として挙げた、事例の空白期の問題から説明する。

「京都市政権」として挙げられた事例をもとに南北朝期の公武関係を見た場合、じつは肝心な時期が欠けていることに気づく。具体的には、警察・治安から民事裁判を担うに至るとされる応安三年（一三七〇）から至徳元年（一三八四）までの時期と、裁判権の吸収が進められた至徳元年から明徳四年（一三九三）の土倉酒屋役の創出に至るまでの二つの時期であり、いずれも約一〇年もの間隔があいているのである。

もちろん残された史料には限りがあるために、以上のような事例の隙間も歴史学においては十分にありうることではあるのだが、あえてこの点を問題視するのも、じつはこれら二つの空白期が、公武関係史上、重要な時期にあたっているからである。

すなわち、前者の一〇年余りの歳月は、義満が成長し、政権の骨格が固まりはじめて、義詮没後の新しい公武関係のあり方が見えはじめていた時期に相当する。本書でも永和から永徳年間（一三七五〜八四）にかけての義満と後円融の関係を述べてきたが、そこで明らかにしたように、義満の成長とともに、廷臣たちも義満の政治に対する期待と依存を高めるなど、この時期に義満政権の核が形成されていたことは間違いない。また、後者の空白期が義満が独自の権力を形成しはじめた時期であったことも先にふれた通りである。

以上のように、これら二つの空白期が、公武関係史上の転換点だったことがわかるわけだが、「京都市政権」論では、これらの重要な時期の分析が抜け落ちてしまっているのである。特に前者の空白期については、近年、小川剛生氏が精力的に研究を進めていることもあって（『二条良基研究』）、そこでの議論も踏まえた上で公武関係史を論じ直す作業が求められているのである。

第二点の（イ）は、「京都市政権」という、佐藤氏が設定した作業仮説そのものを見直す必要があるという問いかけである。

すでに説明した通り、佐藤氏は警察・治安の問題と、裁判の問題、さらには商業課税の問題も含めて、「京都市政権」に一括して論を展開しているわけだが、そもそも、これらの事象を同一のレベルで論じてよいのだろうか。

これはあまりに素朴な疑問だと思われるかもしれないが、あらためてよく考えてみると、京都の治安問題と課税は、本来、性格がまったく異なるものである。従ってそれぞれの背景を踏まえた上でまずは論を進める必要があり、そのためにこれらを一括して論じることに躊躇を覚えてしまうのである。

もっとも佐藤氏がこのようなまとめ方をしたのにも理由がある。研究史的にいえば、例えば課税と密接に関わる幕府財政の研究は、佐藤説が公表された後に進められており（桑山浩然『室町幕府の政治と経済』、早島大祐『首都の経済と室町幕府』など）、佐藤説で土倉酒屋役の問題に関して財政的側面からの言及がなく、「京都市政権」の一環でしかこの問題を論じていないのも当然でやむを得ないことであった。ただし、そうだとすれば、現在、この時期の公武関係を考えるにあたっては、幕府財政研究の進展なども踏まえた上で、佐藤説では論じられなかった、幕府が当初、商業課税に消極的だった理由や、土倉酒屋役創出の目的などの課税の問題を再検討する必要があるだろう。以上の作業を経てはじめて、この時期の公武関係についても見直しが可能になるのである。

さらに、そのほかの治安維持や警察の問題についても、武家による朝廷・寺社権限の吸収という視点からだけではなく、幕府が当初、軍事政権として出発したことの意味も踏まえた上で、吟味をし直す必要があるのではないだろうか。佐藤氏が「京都市政権」として一括せざるをえなかった警察、裁判、課税それぞれの内容を、当時の政治と社会の状況を視野に入れた上で見直す作業が、現在、強く求められているのである。

最後が第三点の（ウ）についてである。これは内容的には第二点とも重なる部分があるが、土倉酒屋役を従来の朝廷財源の延長線上に位置づけてよいのかという問題である。

このように述べるのは、じつは土倉酒屋役が創出された後も、従来の朝廷財源である酒麴役や酒鑪役も残されていたからである。つまり、土倉酒屋役と朝廷の商業課税は直接的な継承関係になく、あくまで別個の存在だった。この点は混同されることが多いので、まずはここでしっかりと確認しておく必要がある。

また、商業課税を幕府と朝廷・寺社の二者間の問題として論じることについても疑問がある。佐藤氏により、商業課税は朝廷・寺社側の最後の牙城として位置づけられたが、じつは朝廷・寺社側とひとくくりにされる朝廷と寺社は一枚岩ではなく、この点は、商業課税を試みた後光厳や後円融の動向が、常に現地の神人たちやその背後にいた延暦寺などにより、阻害されたことからも明らかである。

一般に公武関係といった場合、公＝朝廷・寺社、武＝幕府というように、二項対立的にとらえられがちであるが、むしろ商業課税を巡る動向は、右のような実態を踏まえ、少なくとも、幕府と朝廷、そして京都の酒屋の多くを配下に収めていた延暦寺の三者間の問題として把握すべきではないだろうか。後述するように、土倉酒屋役の問題も、幕府と延暦寺との関係で見たほうが理解しやすいのである。

酒麴役と土倉酒屋役が用途の上で大きく異なっていた点も見逃せない。

酒鑪役や酒麴役については、前者が大嘗会要脚を目的にした賦課であることは先に見た通りであり、後者は朝廷の一部局である造酒司の用途となるなど、公的、国家的用途を名目とした財源であった。一方、土倉酒屋役は足利家の政所、すなわち家政用途を目的に、当初は創出されたものであり、このように同じ商業課税といっても、両者は公的な財源と私的な財源という意味で性格が大きく異なっていたのである。

もっとも後に土倉酒屋役は朝廷の儀礼・祭祀を賄う公的な財源へと変化するのであるが、少なくとも当初は足利家の私的な財源であった土倉酒屋役を、酒鑪役・酒麴役などと同一の次元で論じるのはむずかしい。先に土倉酒屋役創出後にも酒麴役などは残存していたことを確認したが、用途の上でも土倉酒屋役の創出をもって権限吸収の完成とはいえないのである。

以上の点を踏まえた上で、むしろ佐藤説の視角を活かすならば、本来、将軍家の私的な財源であった土倉酒屋役が、いかなる契機で朝廷の祭祀・儀礼に用いられるようになったかについて論じるほうが重要である。つまりは義満以後の検討が課題として浮上してくるわけであるが、ただし、事はそう簡単には進まない。というのも土倉酒屋役の創出を、幕府による朝廷権限奪取の完成として位置づけた結果、その後の公武関係の研究が、いったん、義満で終わるながれができてしまっており、この点の検討がこれまでまったくなされてはこなかったからである。

これは、もちろん佐藤説の問題ではなく、以後の研究の問題であるわけだが、義満の諸事業が、そのまま次の義持の時代に受け継がれていないことを踏まえても、室町幕府論は、義満の時代で完結させるべきではないだろう。足利家の家の財源だった土倉酒屋役が後に国家財源化する過程からは、幕府が朝廷の祭祀・儀礼を重視するように変化した様子がうかがえるのであり、これはすなわち幕府の性格変化を示唆している。室町幕府について論じる本書が、義満の時代で終わらずに、次の義持の時期までを分析対象とするのも、これらの理由からなのである。

以上、（ア）から（ウ）の三点にわたり、佐藤「京都市政権」論の問題を指摘してきた。南北朝期の公武関係については、明徳三年の南北朝合一や、明徳の乱鎮圧などによる守護大名の制圧といった南北朝合一に至る政治過程の大枠はすでに戦前から出されていたが、佐藤説は、そこで不足していた公武関係を「京都市政権」をキーワードにさらに詳細に追究したものであった。

しかし、最近の公武関係史研究の進展を前にすると、佐藤氏が「京都市政権」という観点から描出した公武関係の図式からもれてしまう事象が多いことに気づかされる。だとすれば、この時期の公武関係史の理解を深めるためには、「京都市政権」という枠組みからいったん離れて、論を立て直す必要があるのではないだろうか。

そこでこの点を具体的に追究するために、以下では「京都市政権」の中身を個別的に検討してみることにしたい。

2　権限吸収論批判

警察・裁判権

まず朝廷の警察権、裁判権の内容から確認をはじめる。

幕府が早期から警察・治安の権限を握っていたという佐藤氏の説明については、草創期の幕府が軍事政権であることを強調してきた本書の行論からも首肯できる点である。

しかし、佐藤氏は幕府が吸収したとする朝廷の警察・裁判権を、検非違使の活動に代表させて論じているが、じつは佐藤説以降にこの時期の朝廷裁判に関する基礎的研究が大きく進んだ結果、右の理解に不十分な点が見られることになった。

一九八〇年代以降に公武関係の研究を進めた立役者の一人である森茂暁氏は、南北朝初期から検非違使庁の長官である別当が補任されていなかった実態を明らかにし、それが一因でこの時期の検非違使の裁判機能は低調で、住居や借金という民事的案件については検非違使のかわりに朝廷の文殿で裁判が行われていたことを明らかにしている（『増補改訂　南北朝期公武関係史の研究』）。森氏によると、別当未補による裁判機能の低下はすでに貞和年間（一三四五〜五〇）から確認できるといい、その一因として、南都興福寺からの強訴により、政治が停滞していたことが挙げられている。

森説ではほかにも、検非違使別当の座が、その後の永和二年（一三七六）七月から康暦元年（一三七九）六月までのあいだも空席であった点や、検非違使の活動全体が応安年間から至徳年間にかけて低調であったことなど、さまざまな重要な事実が指摘されている。これらの指摘からすると、南北朝期の検非違使庁が正常に機能していたかどうかが、そもそも疑わしいのである。

検非違使庁の警察機能の低下という事態は、そのトップである別当レベルだけでなく、その下級職員にまでおよんでいた。

貞和二年三月二七日、朝廷は検非違使の下部への俸禄として、日吉神輿修理目的で徴収した酒壺役を宛てようとした。しかし、これは酒屋の背後にいた延暦寺の反対にあって撤回された（『園太暦』）、朝廷は組織を維持するに必要な俸禄すら賄うことができなかった。延暦寺が反対したのは、先にふれた通り、酒屋のほとんどが日吉神人だったからであるが、朝廷による商業課税が、権門寺社の抵抗によって阻止されたことがここでもうかがえる。

この一件について、五味文彦《ごみふみひこ》氏は、幕府の警察組織である侍所の下級職員の給与が幕府から保護されていたことに言及しつつ、両者の待遇の差によって検非違使下級職員が侍所に吸収された可能性を指摘している（「使庁の構成と幕府」）。つまり、検非違使庁という組織が、トップである別当に加えて、下級職員のレベルに至るまで組織として著しく弱体化していた様子が示唆されているのである。

以上のような検非違使の活動実態を見ると、幕府にとって、実態が形骸化していた検非違使が吸収の対象であったとはまず考えにくい。幕府が「建武式目」の段階から京都の治安維持を政策課題として標榜していたことを想起しても、軍事政権であった幕府にとって、警察・治安の問題を解決するのに、わざわざ朝廷から権限などを分けてもらう必要などはなかったのではないか。幕府にとって検非違使の形骸化が問題になったのは、治安維持の側面ではなく、第二章で見たような参内警固《さんだいけいご》などの、あくまで伝統的で形式的な公武関係の体裁を整える側面に過ぎなかったと考えられる。

もちろん、佐藤氏もこのような検非違使庁の弱体化についても目配りをしなかったわけではない。具体的には、承久の乱以降、検非違使庁が京都の治安維持を鎌倉幕府の六波羅《ろくはら》探題《たんだい》の援助を受けつつ進めていたことを挙げている。にもかかわらず、佐藤氏が検非違使庁の役割を重視するのは、酒屋などの商工業者、ひいては京都の都市民一般に対する支配の根強い残存を想定していたからであった。

しかし、この支配の根強い残存という想定にも疑問がある。例えば先に後円融朝の事例で見た通り、大嘗会酒鑪役の徴収にあたったのは造酒正中原家であり、朝廷内部においても京都支配における検非違使たちの役目は絶対的に高いものではなかった。

また治安維持の問題についても、応安三年には、借金取り立ての際に乱暴を働く延暦寺の下級僧侶が、同寺のトップの命令にも服さないために、朝廷側は幕府に取り締まりを依頼していたことは先述の通りであり、このような事例などを見ると、幕府側が朝廷の権限を奪取したというよりも、朝廷の機能が低下したために、朝廷自身が幕府の警察である侍所に問題解決を依頼したと見るほうが正確だろう。朝廷では手に負えないときに幕府が手を貸す、という実態は、前代から見られたものであり、この点はその後も森茂暁氏により分析が深められているが(「六波羅探題と検非違使庁」)、南朝期の京都の検断について考える場合、このような前代以来の伝統的な公武関係のあり方をしっかりと押さえた上で議論をし直すべきではないだろうか。

以上、南北朝期の警察業務について考察を加えてきた結果、幕府と朝廷との関係でいえば、幕府による権限吸収的な動きが見出しにくいことが明らかになった。ではなぜ侍所にさまざまな権限が集まったかがあらためて問題となるが、その背景には、以上のような上部構造の問題だけではなく、じつは佐藤氏が検非違使庁の支配を根強く支えていた、と想定していた都市民たちの動向が大きく作用していたと考えられる。この点については続いて裁判の問題から検証することにしたい。

検非違使庁再建と裁判

南北朝期の検非違使と幕府の関係を考える上で、重要な出来事が二つある。一つは、康暦元年に義満の申請で、義理の兄弟である日野《ひの》資教《すけのり》を検非違使別当に任じたことであり、もう一つは、幕府侍所が京都の裁判を行いはじめたことである。

前者については、そこに一族である日野家の人間を厚遇したいという思惑があったのも確かだろうが、先述した永徳元年以降の朝廷改革の展開も踏まえれば、しばらくの間、空席であった検非違使別当の席を埋めて検非違使庁を再建することに本意があったと見るべきだろう。ここでは先に三条公忠に対して京都の地のことは朝廷の管轄であると義満が発言していたことも想起したい。義満にとって、自身が参内する際に警固もしない検非違使たちの存在は大きな問題であり、その解決のために、長らく空席であった別当を吹挙し、検非違使庁の立て直しを画策していたと見られるのである。

後者の侍所による裁判の開始は、一見すると朝廷改革を進めようとした義満の動きに矛盾するようにも見える。しかし、この問題を考えるにあたっては、まず中世裁判の実態と特質について押さえておく必要があるだろう。

検非違使庁と侍所という裁判機関が並立する状態は、現代の一元的な裁判制度からすれば理解しにくいものかもしれないが、じつは複数の並立する裁判組織の存在は、中世ではむしろ常態だった。

例えば、中世前期では院の裁判や、荘園領主の裁判など複数の裁許の場が存在しており、荘園領主の裁判で負けたものは、それより上位の院の裁判に訴訟を持ち込んで逆転勝訴を得ることが多くあった。このように領主が併存し、裁判権も含めた、それぞれに固有の支配領域を持っていたという政治的あり方は、学術的には「権門体制」と呼ばれており、それを反映するかたちで裁判の場も複数あり、中世裁判は重層的で一ヵ所では完結しない構造を有していたのである（大山喬平編『中世裁許状の研究』など）。

このような裁判のあり方は、一四世紀に入っても同様に見られ、朝廷を窓口に進められた裁許も、そこでの不利を悟った訴訟人が幕府を頼るなど、幕府からの口利きによって朝廷の裁判が容易に逆転する事態が常態化していた。森氏も指摘するように、自身の利益保護に敏感で忠実だった訴訟人の動きは朝廷裁判を形骸化させ、幕府へ口利きできたものが勝訴することにつながっていくのである。

以上のように、中世裁判の実態として、自己の権利保全をはかる訴訟人の動きをもとに、複数の権門が裁許を受けつけていたことが指摘できる。ここでは笠松宏至《かさまつひろし》氏が指摘した、領主層が裁判を行うことにそもそも積極的ではなかったという日本中世政治の特質も想起したい（「中世在地裁判権の一考察」）。このような権力側の受け身の姿勢も踏まえるならば、侍所が訴訟を取り扱いだした背景には、朝廷の権限を奪い取ろうといった義満の主体的動きがあったというよりも、それ以上に、自身に有利な判決を求める訴訟人たちの動向によって、以上の変化がもたらされたと見る余地は十分にあるのではないだろうか。

この点の傍証として挙げたいのが、本書でもたびたびふれてきた次の事例である。

後円融の義父三条公忠が、武家への口利きを依頼したために、娘厳子ともども後円融から酷い仕打ちを受け、所領獲得に失敗したことは先にふれた通りだが、後円融も義満の口利きである以上、公忠の申し出をそのまま放置するわけにはいかなかった。そのために、後円融はいったん、別の土地を義父公忠に与え、そのあとで、その土地を没収するという、じつに面倒くさい手続きをとることにしたのである。

後円融の悪意にまったく気づかなかった公忠は、それをうけて同地の管理を検非違使庁の役人である坂上明胤《さかのうえあきたね》という人物に依頼したのだが、この坂上という人物は管理を行うにあたり、リベートをしつこく請求し、なかなか事が前に進まない。これに嫌気がさした公忠は、こんどは、別の検非違使である中原章忠《なかはらのりただ》に依頼したのだが、この中原もなかなか仕事を進めない。あるいは坂上と中原の検非違使官人同士で申し合わせがあったのかもしれないが、このような検非違使官人たちのやり口にしびれをきらした公忠は、とうとう侍所に依頼先を切り替えたのである（『後愚昧記』永徳元年一〇月二日条）。

最終的には公忠は同地を後円融によって奪われるのであるが、右の経緯からわかるのは、検非違使官人の怠業が原因で、天皇の外戚である朝廷上層部の人間が、侍所へ依頼せざるをえなかった事実である。これは土地の管理に関する事柄であるが、侍所が裁判を扱いはじめるのも、朝廷の裁判の形骸化に嫌気がさした訴訟人たちの要請で進められたと見ても大過ないのではないか。

この推論をもう少し補強すると、中世の文書論では、文書や禁制などの発給が、発給する権力側ではなく、獲得する側からの主体的な働きかけをうけて進められる当事者主義であったことは常識に属している。これは訴訟手続きの進め方においても同様であり、裁判の場の問題を考える際には自身の権利保護のために、有利な裁判の場で安堵の文書を求める訴訟人たちの働きも想定しておかねばならない。

そもそも文書の発給、伝達、保管が当事者により行われることを明らかにしたのは佐藤氏であったが（『中世史料論』）、この時期の裁判のあり方について、佐藤氏のいう公武間の上部の権限吸収的理解と、同じく佐藤氏が発見した文書の当事者主義という下からの動きは十分に整合していない。この点にも注目すれば、裁許の場の移動の主要因はむしろ当事者主義的要素を重視すべきではないか。義満が京都の地の管轄に興味がなかったことは再三述べてきた通りであり、侍所が裁判に業務を拡大していったのは、幕府側からの主体的な動きがあったというよりも、むしろ朝廷の裁判にしびれを切らした、訴訟人たちから進められたと見るほうが適切なのである。

このように、従来、強調されてきた幕府と朝廷の関係に加えて、訴訟人たちの動きも視野に入れると、この時期の裁判のあり方が立体的に見えてくる。京都の地の管轄は朝廷に任せるとの義満の発言に象徴されるように、この時期の義満は、朝廷と幕府の管轄を分けて考えており、その立場から荒廃した朝廷社会の立て直しをはかっていた。ところが、後円融天皇の事実上の隠居もあって、当時の人々は幕府に期待するところが大きく、特に自身の利害に関わる訴訟に関して、訴訟人たちは、幕府からの裁許と安堵を受けることを強く求めていた。その結果として、幕府・侍所に訴訟が持ち込まれたというのが実情であったと見られるのである。

これまでの研究ではこの時期の裁判の実態を、幕府と朝廷という二者間の権限の問題として論じてきた。しかし、そこでは、もっとも自身の利益に敏感であった訴訟人たちの動きが視野に入れられていない点に問題があった。検非違使たちの怠業や、先に見てきた後円融朝自身の政務の停滞が、武家や侍所への依存をもたらした事実も踏まえると、侍所の裁判が開催されたのも、自身の利益保全を求める下からの動きを受けて進められたと考えられる。つまり、この時期の警察・裁判の問題からは、幕府がこれらの権限を奪取しようとした姿はうかがいにくいのである。

課税権

続いて課税の問題を取り上げたい。

これまでの研究では明徳四年の土倉酒屋役の創出をもって、幕府による朝廷権限吸収の完成と見てきた。しかし、朝廷の商業課税であった酒麹役は、土倉酒屋役創出後も徴収されており、両者の関係をいかに把握すべきかが課題として残されていた。そこで土倉酒屋役創出前後の両者の関係について検討を加える必要が生まれてくるわけだが、土倉酒屋役の創出をうたった明徳四年の幕府法には次のような条文が記されている。

洛中辺土、散在土倉ならびに酒屋役の条々

一、諸寺諸社神人ならびに諸権門扶持奉公人体の事、悉く勘落せらるの上は、平均の沙汰を致すべし。

(中略)

一、政所方年中行事要脚内、六千貫文支配事、毎月、月別の沙汰たる上は、たとえ御急用ありといえども、寺社ならびに公方臨時課役など、永くこれを免除せらるべし。

（中略）

一、造酒正申す酒麴役の事、

往古より限りある所課なり、此沙汰に依るべからず。

（後略）

冒頭の第一条には寺社や公家とつながりを持つ神人や奉公人らの関係を否定して、一律に土倉酒屋役を賦課することが明言されている。佐藤氏はおもにここから幕府が朝廷・寺社の有した課税権を奪ったと判断したのだが、じつは本法令の最後の条文で、酒麴役については例外と述べられている点に注意したい。ここから土倉酒屋役が、従来の朝廷の商業課税であった酒麴役を吸収するのではなく、それとは別に創出されたことが明らかである。

このことをわざわざ確認したのも、この基本的事実がこれまで見過ごされることが多かったためであるが、じつは佐藤氏の右の理解に対しては、早く豊田武《とよだたけし》氏が批判を提出しており、そこではこの条項に注目して次のように述べられていた（「延暦寺の山僧と日吉社神人の活動」）。

これについて、佐藤進一氏は、これらの土倉・酒屋に対する社寺・貴族の支配権、具体的にいえば、社寺・貴族の課役徴収権を否定して、社寺・貴族の支配外の土倉・酒屋と同等に課税するものであるとされる。社寺・貴族以外の土倉・酒屋と同等に課税することは確かであるが、社寺・貴族の支配権、すなわち徴収権まで否定するものではない。ただ幕府が諸寺諸社の神人や公家の奉公人にかける課役を、諸寺・諸社・公家が拒否する権利だけを勘落させて、一律に賦課しようというのである。

ここでは幕府が朝廷権限を奪取したという理解が、簡潔ながらもしっかりと批判されている点に注意したい。「社寺・貴族の支配権、すなわち徴収権まで否定するものではな」かった点は、本書でも見てきた酒鑪役についても同様であり、例えば、応永二二年（一四一五）の称光天皇の大嘗会において酒鑪役が徴収されていたことが確認できる（『大日史』七―二三、一五頁）。

もちろん、従来の朝廷の商業課税が、土倉酒屋役創出の影響をまったく受けなかったわけではない。

第六章で論じるように、応永末年までには幕府の財政機関である土倉が酒鑪役の徴収を代行しているのだが、土倉酒屋役創出後も酒鑪役、そして酒麴役といった朝廷の財源がそのまま残存していたことも確かである。だとすれば、事実関係からして、幕府が朝廷の「京都市政権」の中核であった都市課税権を吸収したという従来の説明が不十分であることは、間違いない事実なのである。

土倉酒屋役創出の背景

ここまでの分析により、土倉酒屋役の創出の意味をあらためて検討する必要が生まれてきたわけだが、この問題を考える上で示唆的なのが、下坂守氏の研究である（「延暦寺大衆と日吉小五月会（その二）」）。

下坂氏は幕府と山門延暦寺の関係を考える上で、至徳年間（一三八四〜八七）に幕府が山門の祭礼である小五月会を保護し、その財務機関として馬上方一衆という組織を創設した点を重視する。そしてこれにより、山門は小五月会を安定して運営することが可能になり、役銭徴収を巡る緊張関係も緩和された結果、明徳四年の土倉酒屋役創設に結びつき、幕府の税務に山門の土倉が組み込まれたと結論づけたのである。

小五月会という延暦寺にとって重要な祭礼の庇護と、その見返りとしての土倉酒屋役創設への同意という図式は、説得力がきわめて高く、最近では三枝暁子《みえだあきこ》氏も、北野社の祭礼である北野祭において、小五月会と同様の保護と課税の関係を見いだしている（「北野祭と室町幕府」）。これらの研究から浮き彫りになるのは、課税を行う前提として幕府の保護があり、その返礼として寺社側は課税を認めたということである。

ただし、至徳年間の小五月会の保護から、明徳四年の土倉酒屋役創出に至る一〇年以上のタイムラグについて、下坂氏は義満の山門保護を見極めるための時間であったと説明している。しかし、この部分の指摘は少し抽象的であり、ここはやはり、この時期の政治状況から考えてみる必要があるだろう。

明徳年間の政治史上の重要なトピックとして挙げるべきは、たびたびふれた、明徳の乱鎮圧と南北朝合一の達成である。明徳年中には、強大化した守護の抑制と、尊氏・義詮以来の懸案であった南朝勢力との講和がなしとげられており、土倉酒屋役が創出された明徳四年という時期は、新たな太平の世の到来が実感できる年であったわけである。

明徳三年に相国寺大塔造営の意図を公にし、権力の拡大をにらんでいた義満は、中世最大の宗教勢力であった延暦寺に布石を打つことを忘れてはいなかった。明徳三年八月二六日に、自身の息を延暦寺の門跡寺院である青蓮院に入室させており（『大日史』）、至徳年間の小五月会の保護が山門対策の第一手だったとすれば、第二手も忘れずに打っていたわけである。

とすれば、明徳四年の土倉酒屋役の創出が、義満の対山門政策の第三手だったことがわかるのであるが、かつて酒鑪役の賦課を強行した後円融が、寺社の権威を背景にした神人たちの猛烈な抵抗を前に立ち往生しており、賦課される土倉・酒屋の背後にいた延暦寺などの寺社勢力から了解を取りつけることは必須だった。義満も後円融の失敗を間近で見知っていたわけだから、土倉酒屋役を創出するにあたり、十分な事前交渉が必要ということがよくわかっていたのは間違いない。そのために至徳以来の長い時間をかけて山門に対する布石が打たれていたと考えられる。

このように義満が着実に対山門政策を進める一方で、対する延暦寺側も、朝廷のように強訴が通用しない幕府とどのように関係を結ぶべきかは大きな課題だった。

南都北嶺と並び称され、巨大宗教権門の一方の雄であった春日社・興福寺は、幕府の南朝政策の必要もあって、すでにたびたび義満の参詣を受けていたから、対幕府関係における南都と北嶺の差は歴然だった。後光厳朝には、あいつぐ強訴で朝廷を悩ましていた南都と北嶺であったが、南都の側がいち早く幕府と良好な関係を築き始めていたのに対して、一方の北嶺延暦寺は新しい時代への対応面で大きく出遅れていたのである。

実際、延暦寺側には幕府と良好な関係を結ばなければならない現実的な理由もあった。それは具体的には荘園経営の問題であって、例えば膝下《しっか》の荘園である近江国木津荘《こづのしょう》にすら、武家領が残されていたことが明らかにされており、荘園を円滑に経営するためには、幕府と協調して、荘園経営のアキレス腱を処理する必要があったのである（小原嘉記《こはらよしき》「木津荘の負田・公事・名」）。このような状況を踏まえると、土倉酒屋役賦課の承諾は、明徳年中に太平の世を到来させた義満政権との関係を深めるための進上物としての性格が強いといえるのではないだろうか。

この考えの傍証となるのが、土倉酒屋役創出の翌年応永元年九月一一日に、義満の日吉社参詣が行われていた事実である。

今回の義満の日吉社参詣に対して、迎える延暦寺が総力をあげてもてなしていたことが「日吉社室町殿御社参記」という記録から明らかになる。その様子を永原慶二《ながはらけいじ》氏の研究などを参照しつつ見ると次の通りである（「足利義満の日吉社参と大津土倉」）。

延暦寺のもてなしぶりがもっともよくわかるのは、投入された金額からであり、山門側は参詣受け入れの用途として、この年の五月に延暦寺が徴収した土倉、酒屋への課税を費用に宛て、具体的には坂本の土倉三〇ヵ所からの五〇貫文と新規の土倉九ヵ所からの三〇貫文と、酒屋からの壺別の二〇〇文が徴収された。酒屋分の壺数が記載されていないので酒屋分の総額は不明だが、土倉分だけで一七七〇貫文が計上されている。

しかし、これでは不足だとして、さらに下坂本の三津浜《みつはま》と六箇条の在家に間別一〇〇文が賦課されていた。また、延暦寺は膝下の荘園である日泉《にっせん》、木津、栗見荘《くりみのしょう》の年貢を担保に、坂本の高利貸から一二〇〇貫文を借りなければならなかった。

さらには山門領全体に、義満への進物用途として、一人あたま二二〇文が賦課されており、払わないものは厳罰に処すとされるほど徴収が徹底された結果、総額は七二五〇貫文にもおよんでいた。ここから近江国山門領の人口が約三万三〇〇〇人だったことがわかり、この時期の同国の人口を考える際の大きな手がかりになるわけだが、余談はさておき、そのほかにも、しつらえとして京都の土倉一二名と坂本の土倉三九名からそれぞれ、二九双と三九双の屛風が提供されていたのである。

これに加えて労働力の供出も相当な規模で行われた。

義満を迎えるにあたって、延暦寺側は社頭をはじめとする延暦寺全体の掃除を行ったが、その際、人夫として膝下の所領の住人や散所法師《さんじょほうし》らが毎日一〇〇人以上動員された。さらには道路や橋の修復も行われ、今道では馬借が動員され、さらには唐崎《からさき》などの住人までかり出されて整備が進められていた。その上、穴太《あのう》から白井作道《しらいつくりみち》までの家々には竹が植えられ、義満を迎える道は、これ以上ないほどにきちんと美しく整備されていたのである。

僧侶の衣装についても、指示は厳重だった。義満の参詣にあたり、山門僧侶のすべてが袈裟《けさ》を新調するように命じられており、違反した場合は追放するとまで厳命されていた。先に見た通り、義満は衣装に至るまでうるさい人間だったから、それに配慮して、このように厳格な衣装新調令が出されたのだろう。遅刻せずに、新しい衣服で迎えるというのが、義満の時代の社会風潮だったことがここからもうかがえるわけである。

以上のように、あたかも現代で外国の要人を迎えるときのように、延暦寺が気を遣っていたことがわかるのだが、このような最上級の歓待ぶりからは、やはり現代と同じく、義満との新しい関係構築に大きな期待をかけていたことがわかる。明徳の乱と南北朝合一によって、足利義満の時代になることはもはや明白であり、延暦寺にとって、政治の頂点に立った人物との関係構築が急を要する課題だったわけである。義満も、このような延暦寺の態度に満足したに相違ないだろう。

以上の点を踏まえれば、土倉酒屋役創出の意味も明瞭になるだろう。土倉酒屋役を賦課する前提には、山門の同意が不可欠であったが、一方の山門側も、四海静謐《しかいせいひつ》を実現した義満と融和をはかる作業は急務であった。つまり土倉酒屋役は山門延暦寺が義満と新しい関係を結ぶために用意した負担という側面が強いわけであり、土倉酒屋役の創出と、翌年に行われた義満の日吉社参詣は一体のものとして把握する必要があるのである。

このことは、次の点からもうかがえる。

義満は参詣時に延暦寺への引物として金三〇〇両と折紙銭三〇〇〇貫文を贈っているが、これは前年に創出された土倉酒屋役一年分六〇〇〇貫文の半分に相当している。三〇〇両分の金はこれに色をつけたものと判断でき、要はお礼の半分返しである。また、延暦寺がかき集めた義満への進物七二五〇貫文も、そのまま講堂造営料として寄進されており、以上のことからも本質は金銭の授受ではなく、まさしく義満と延暦寺の「外交問題」にあったことがわかるのである。

幕府にとって初めての都市・商業課税は、以上のような山門との間の、いわば正式な「国交開始」にともなって、義満と山門との個別的な関係をもとに創出されたものであった。土倉酒屋役創出の意義は、これまでいわれてきた「京都市政権」の延長線上にあるというよりも、有力守護の討伐と南北朝合一を果たし、新しく天下の主導権を握った義満の幕府と、中世最大の宗教権門の一つであった延暦寺とが新しい関係を構築する際の政治的産物の一つであったと見るべきなのである。

義満政権の時期区分

以上、南北朝期の公武関係について、「京都市政権」の見直しを中心に検討を加えてきた。そこで明らかになったのは、義満の権力の拡大を説明するには、武家が朝廷・寺社の権限をむりやり奪った、という二者間の理解だけでは不十分だということである。

まず押さえておく必要があるのは、後光厳、後円融朝における朝廷政治全般の衰退という状況である。従来の公武関係史研究では、朝廷と幕府を対置して論を展開してきたが、この時期の朝廷の内実を見ると、さまざまな点で朝廷政治は実質的な機能を停止しており、幕府と相対するだけの内容に乏しかった。本書で述べてきたのは中央における儀式・祭祀を中心とした朝廷政治の衰退についてであるが、地方行政についても、例えば鎌倉後期までには核となる国衙《こくが》の行政機能が著しく低下していたことが小原嘉記氏によって明らかにされるなど、朝廷の国家的機能全般が低下していた様子がうかがえる（「西国国衙における在庁官人制の解体」）。そもそも、延暦寺などを除けば、動乱の影響で所領の維持に奔走していた寺社や廷臣たちに、幕府と主導権争いを演じる余力があったのかは疑問であり、むしろ訴訟を起こし自己の権益を守ろうとした廷臣などの諸人の動向が主要因となって、武家への政治機能の集中をもたらしたと考えられる。つまり、朝廷政治の実質的な機能停止を背景に、廷臣や社会の側にも、義満を積極的に受け入れる素地が十分に整っていたわけであり、義満の権力の拡大を論じるには、武家が朝廷・寺社の権限をむりやり奪ったという二者間の理解だけでは不十分で、朝廷政治の衰退と家領保全に走る廷臣以下の人々の動向を視野に入れてはじめて、義満の権力形成を論じることが可能になるのである。

以上の点を押さえた上で、あらためて、この時期の公武関係史を整理しておくと次の通りになる。

①朝廷との関係

軍事政権として出発した室町幕府は、当初から京都の治安維持に積極的であったが、従来の朝廷の警察機関である検非違使庁と、武家の侍所の機能は併存し、鎌倉時代以来の棲み分けが維持されていた。しかし応安年中、一三七〇年前後には検非違使は弱体化し、暴力沙汰が手に負えなくなった朝廷は、警察面で武家への依存を強めていく。

永徳年間、一三八〇年代に入ると、後円融朝政の機能不全を背景に、義満の政治への期待が廷臣のなかからも高まる。一方の幕府も右大将拝賀などの朝廷儀礼に関与する必要から、朝廷改革を進め、儀礼への遅刻厳罰や全員参加、そして検非違使庁の再建などを進めていく。

その際、義満は、朝廷が行ってきた役割については、従来通りの朝廷の外護者という立場を望んだが、後円融朝の政治の機能不全を背景に、下からの要請を受けるかたちで、幕府は、従来、朝廷が管轄していた京都の裁判などの業務を、なし崩し的に扱うようになった。この時期に見られる幕府の権限・業務の拡大は、幕府の主体性という以上に、朝廷政治の衰退と南北朝動乱で疲弊した多くの人々の要望によってもたらされたわけであり、少なくとも朝廷との関係はこのときにすでにケリはついていたのである。

②北山殿権力の始期と完成

嘉慶元年（一三八七）以降に義満を教導した古老層があいついで死去し、また諸国遊覧が開始されるなど、義満の行動範囲が大きく広がる。義満は有力守護らの勢力の削減に成功し、明徳三年には南北朝合一もなしとげた。翌明徳四年には、軍事的な達成を背景に、中世最大の宗教権門であった延暦寺との関係も安定させて土倉酒屋役を創出し、ここに義満は南朝、寺社勢力、有力守護らの統制を達成したのである。

以上のような太平の世の現出を背景に、義満は相国寺大塔の造営を進めた。これは以後の北山第造営の先駆として位置づけられ、北山殿時代のはじまりと見ることができる。

ただし、財政面では、いまだ守護らからの供出を柱とする財政構造であり、これは尊氏・義詮以来の、主従制的で武家政権的なあり方だった。創出された土倉酒屋役もあくまでこの時点では、義満に対する個別的な奉仕に過ぎず、幕府財政上の比重は、いまだそれほど大きいものではなかった。義満政権が、有力守護の討伐などの武力行使を行う必要があった以上、守護らとの紐帯を基盤とする財政構造を維持することは当然であったともいえるのだが、それゆえに幕府の財政規模にも限界があったのである。

ところが応永八年以降は苦戦していた対明外交もようやく軌道に乗り、資金面での裏づけも十分になった。その貿易利潤は幕府の財政規模を一変させ、北山殿権力をいっそう、強大なものにしたのである。具体的には貿易船が帰還した応永九年以降に財政的な裏づけも得て北山殿権力は完成へ向かったと評価できる。

この間の朝廷については、義満に従う廷臣は見返りを受ける一方で、朝廷の祭祀や儀礼は等閑視されたままであった。その意味で朝廷社会全体は義満の政治の周縁に置かれており、祭祀・儀礼の位置づけが課題であった。

以上が本章で明らかにした内容であるが、章を終えるにあたり、ここでもう一度、佐藤説に言及しておきたい。

幕府が、朝廷の権限を奪取するという佐藤氏の説明は、戦前の政治状況とも親和するものであった。佐藤説の背景に、第二次世界大戦に至る軍部の台頭と、それにともなう皇室や議会の権限への侵食という構図がつねに念頭にあったと指摘しても、さほどの的外れではないだろう。

しかし、戦争へ至る道は、単に軍部の台頭だけで論じられるものではなく、そのほかにも政党政治の堕落や、軍部の台頭を歓迎した当時の世論も含めたものであった。このことも想起すれば、これまで述べてきた北朝政治の形骸化という事実や、これを背景に義満の権力に依存しようとした廷臣たちの動きも視野に入れて南北朝期の公武関係史を分析する必要があることも政治史研究一般の問題として理解しやすくなるのではないか。

室町幕府の成立を論じるにあたり、佐藤氏が設定した公武の対立という図式は、皇国史観の台頭など、戦前に研究の土台までもが崩壊していた、南北朝時代研究の基礎を、間違いなく固めなおすものであった。事実、戦後歴史学はその恩恵をうけて、ここまで大きく成長してきたといってよい。

しかし、それから半世紀が過ぎた今、室町時代の研究がさらに多くの分野で花開きつつあり、厚みを増してきている。これらの成果を受けて、新たに南北朝時代史を構築するにあたり、佐藤氏が提示した強固な枠組みをいったん外す必要が生まれてきている。本書で展開したのも、その一つの取り組みであり、佐藤説登場時には存在しなかった財政史的視点を導入しつつ、幕府と朝廷の二者間の問題ではなく、朝廷政治の形骸化に直面していた廷臣の動向なども含む三者間の動きとして、この間の政治史を再構築してきたわけである。

以上、南北朝期研究の現状と課題について説明してきたが、ここでの所論からは義持政権論の課題も浮き彫りになったと思う。それはすなわち、

(a) かつて天下を象徴していた朝廷の祭祀・儀礼が、次の時代にいかに位置づけられたか。

(b) 義持政権での対明外交の中止は、巨大財源の喪失を意味するが、以後、どのような財政構造が形成されたか。

という二点である。

後者について補足しておくと、貿易利潤に依存した義満期の財政は、巨大ではあるが、明からの下賜任せの不安定なものでもあった。事実、義教の時期に再開された遣明船の利益は、明の財政事情の悪化をうけて義満期の規模に遠くおよばなかったから、義持以降の幕府は、早晩にも財政問題に直面せざるをえなかったといえる。これらの課題を解く鍵は、すで

に指摘した土倉酒屋役の公的、国家的財源化にあると見られるわけだが、この問題は、ポスト義満政権における政策や財政問題、さらにはその前提となる社会状況も踏まえて、考えなければならない問題である。以上の点を念頭に置きつつ、いよいよ義持政権の分析に入ることにしよう。

第五章　復興期の社会——足利義持の時代①

義持の時代を考える際に、従来あまり重視されてこなかったのが、この時期がちょうど、南北朝動乱からの復興期にあたっていたという事実である。義満の時代における明徳の乱鎮圧や南北朝合一が政治史的に重要な画期であり、義満流の天下の再興であったことは間違いないが、一方で戦争からの復興が、これらの個別のエピソードだけで解決するものでないことも、また確かである。さらに復興といっても、混乱が底を打ち、社会が安定するに至るまでには長い時間が必要であった。義持の時代は、この復興した社会が安定を見せ始める時期に相当しており、じつは義満が達成した太平の世の果実を十分に享受したのが義持だった。そこで本章では、義持政権を論じる最初の階梯として、この復興期の社会がどのようなものだったかについて考えてみることにしたい。

1　復興ビジネス

暗躍する高利貸

建武新政崩壊後におとずれた戦乱と混乱は、主戦場の一つになった京都にどれほどの被害を与えたのだろうか。

「建武式目」などによると、建武四年（一三三七）に内裏が焼亡し、京都の住宅は半分以上が後醍醐方与同《よどう》などを理由に没収され、空き地化するなど、京都全体が南北朝の動乱により疲弊していたという。金融業者である土倉も大きな被害をうけ、課役のかけ過ぎや軍勢の討ち入りによって「無尽銭土倉」の多くが廃業しているありさまが記されていたことは第一章でもふれた通りである。

さらに戦争というものは、その最中以上に終了直後に混乱が激しく、例えば京では昼強盗や辻斬りが頻発していたことが知られている。その後も観応の擾乱により、動乱は泥沼化していくのだが、このような状況にあって、戦争からの復興の動きは、まずは土倉などの高利貸商人から進められていた。

これはたびたびふれてきた事例であるが、応安三年（一三七〇）には、山門＝延暦寺の下級僧侶が借金の督促と主張して洛中の各所で問題を起こし、延暦寺のトップである天台座主が統制してもまったく制止に従わず、そのために朝廷側はさじをなげて、幕府に彼らの取り締まりを命じたのである（追加法一〇五条）。

凶悪犯罪に関して幕府に対応を一任する、という後半の記載については、先に取り上げた通りであるが、今回は、前半の延暦寺の下級僧侶が借金の取り立てを行っていたというくだりに注目したい。なぜ延暦寺の下級僧侶である山門公人が借金の取り立てを行っていたのだろうか。

その答えは簡単である。彼ら自身が金貸しであったからである。

ただし、なぜ彼らが金貸しであったか、という点については説明が必要だろう。

一般に金融業を展開するにあたり欠かせないのは、借り主の要求に応えるだけの十分な資金のストックである。現代の銀行にも一般銀行から信用金庫に至るまでさまざまな形態があり、資金のストック方法も多様であるが、中世の代表的な資金源として挙げられるのが、延暦寺などの大規模寺社に蓄積されていた信仰に基づく寄進財であった。彼らはこの浄財を貸しつけていたのである。

このように書くと、寺社がせっかくの喜捨を勝手に運用していたかのように見えるかもしれないが、もちろんそうではない。これは寺社の経営と密接に関わるものだった。

人々が寺社に寄進する目的の多くは、一族の永代供養である。しかし寄進された浄財は、日々の法要で用いられるために目減りするばかりである。けれども供養は永代執り行われなければならない。ここに大きな矛盾があった。この矛盾を解消するためには、財を適切な手段で運用する必要があり、このことが寺社に寄進された浄財の運用を正当化させたのである。

延暦寺の場合、同寺は日吉神社と神仏習合しており、喜捨の多くは日吉神社に集められていた。そのために資金は日吉神社の神用銭と称されており、その名目で貸しつけが行われていた。だから延暦寺の下級僧侶である公人が借金の取り立てにあたっていたのである。

では、なぜ多くの寺社があるなかで、延暦寺だったのだろうか。

もちろん、延暦寺が南都北嶺と称された巨大な権力を有した寺社であったことは大きな要素であるが、それ以上に重要なのは、内裏までもが焼けた京都とは対照的に、南北朝動乱の被害が延暦寺にはほとんどおよばなかった事実である。

戦争の被害から復興に向かう京都の住人にとっては、まずは当座の資金が必要であった。しかし、先に見たように、京都の土倉も深刻な被害を受けて営業どころではなかった。このように戦争によって借銭需要が発生しており、それにいち早く応えられる位置に山門延暦寺はあったわけである。巨大な戦後復興ビジネスがここに発生していたといってよい。そのために多くの人々は、従来以上に山門から貸しつけを受ける必要に迫られており、その結果、応安三年という早い段階で、山門配下の下級僧侶は京都の住人に対して激しい取り立てを行っていたのである。

激しい取り立ての前提として、神用銭という名目で貸しつけが行われていた点も重要である。貸した金が神仏のものである以上、その取り立ても必然的に神仏の威力を背負ったものとなる。山門の下級僧侶といえば、日吉社の神輿を担いだ強訴が有名だが、それと同じ理屈と武威で、彼らが借金の取り立てにやってくるわけであるから、彼らは中世最強の取り立て人だったといっても過言でないだろう。

山門公人が取り立てを行っていた背景に関する説明は以上の通りだが、右の史料から読み取れるもう一つの重要なことは、このときに金融業が活性化していた事実である。「建武式目」では土倉があいついで廃業していたことが述べられていたが、それから三四年が経過した応安三年の本法令からは、金融業者である土倉がいち早く復活していた様子がうかがえる。戦乱から最初に立ち直っていたのは、以上のような乱後の借銭需要を背景にした金融業者たちだったのである。

中世人の家計事情

ここまで借金について述べてきたが、借金というと、どうしてもマイナスのイメージが強いことは否定できない。しかし、一方で借り入れのない経済というのも不自然であり、今でも家や車を購入する際にローンを組むことが多いことを思えば、このことは明瞭だろう。よくいわれるように、財務状況が健全か否かという問題と借金の存在は、いったん切り離して議論しなければならない。

この点は中世でも同様であり、上下貴賤を問わず、人々の生活に借金は不可欠であった。このことを土倉の廃業をなげいていた「建武式目」からみると次の通りになる。

貴賤急用忽ち欠如せしめ、貧乏活計いよいよ治術を失う。急ぎ興行の儀有らば、諸人安堵の基たるべきか。

土倉がなくなれば、公家も庶民も急な出費に対応できなくなり、やりくりがきかなくなる。早く業務を再開するなら、みな安心するだろう、とここには記されている。当時も生活をするにあたっては借銭が不可欠であったのである。

ただし、当然ながら、当時の人々と現代のわれわれとでは、生計のあり方は大きく異なっている。中世人たちの生活と借金について語るには、この時期の彼らの経済生活全体からも確認しておく必要があるだろう。

現在では多くの人々が月給で生活している。月ごとの給料日の前には懐事情が悪くなり、貯金を切り崩したり、ときには前借りをするなどして当座をしのぐのもよく見られる光景かもしれない。ところが当然のことながら、中世にサラリーマンはおらず、公家など都市の領主層は自身の所領からの年貢や公事によって生計を立てていた。

年貢というのは、米などの農作物を中心に構成され、早稲や二毛作などもあるが基本的には年に一度、一〇月上旬に大きな収穫時期を迎えるものである。したがって大枠の考え方として、当時の生活は年俸制であったといえば、イメージがしやすい。

彼らの収入源としては、そのほかに公事も存在している。年貢は米だけではない、という説明を聞くと、いっそう混同しやすくなる年貢と公事であるが、年貢との違いは使う目的が明確に決まっているところにあった。具体的には天皇・公家が行っていた儀礼・祭祀などの年中行事を遂行するために、所領から徴収されるのが公事で、例えば祭祀に使う供物などが現地に課されたりしている。その意味で公事とはまさしく「おおやけのこと」に用いられるものを指し、領主層の純粋な収入源としては、年貢の位置が大きかったのである。

当時の領主財政が以上のようなものであるならば、一〇月の年貢の収穫時期の直前の台所事情の厳しさが、月給制の今よりはるかに大変であったことは想像に難くない。そこで彼らがほぼ日常的に行っていたのが、一〇月に収納が予定されていた年貢を担保にした借銭であった。

もちろん、無事に借りた金を返せたら何の問題もないのだが、実際は飢饉や戦乱などで、なかなか思うように年貢は上がってこなかった。以上のような不確定要素もあって、借銭需要というものはある意味で今以上に高く、土倉などの高利貸しへの依存というものは日常化していたといってよい。それに加えて、南北朝の動乱からの復興にともなう資金需要や、廷臣の家が荘園からの年貢が上がらずに慢性的な赤字に見舞われていたことも土倉たちにとって追い風だった。南北朝動乱後の京都の復興が、まずは高利貸しから始められた背景には以上のような中世人の家計事情もあったのである。

大山崎離宮八幡宮

戦後復興が、借銭需要をいち早くつかんだ土倉たちから進められたことを述べてきたが、荘園領主層からの返済が滞ると、彼らは担保にしていた荘園の経営に介入していくことになる。その際には現地で年貢を徴収するための交渉力も必要だし、また、現地の年貢を京都まで運ぶ必要があったから、運送業者的な役割も果たさなければならなかった。貸しつけを契機に荘園経営にも介入する彼らの姿は、単に机のうえで帳簿を計算するといった近世以降の金貸しイメージとはまったく異なる姿であるが、では、荘園領主と同じく都市に居住してい

大山崎離宮八幡宮

た彼らが、なぜ現地の荘園を経営する能力を有していたのだろうか。

　延暦寺の下級僧侶たちがそこに集められた浄財をもとに金貸しをしていたことは先にふれた通りだが、じつはそれは彼らの活動のごく一部にしか過ぎず、さまざまな商品を地方から仕入れて販売するなど、金融業以外にもさまざまな商いを行うところに彼らの本質があった。

　京中で暴れ回っていた山門公人たちも、このような経営の一つである金融業の一端を担っていたわけであるが、じつは延暦寺をしのぐ勢いで商業活動を展開していた集団が存在していた。それが山崎の油売りとしてよく知られる、大山崎離宮《おおやまざきりきゅう》八幡宮《はちまんぐう》の神人集団である。以下、彼らの経営について「離宮八幡宮文書」という彼らが残した文書などをもとに述べていきたい。

　大山崎離宮八幡宮は京都の西郊に位置する神社であり、JR東海道本線山崎駅のすぐそばにあるというとわかりやすい。現在のたたずまいは、村の鎮守といってよい簡素なおもむきで、かつてこの神社に付属した神人たちが西日本一帯に勢威をふるったことをうかがわせるものは、そこに残された文書以外にはまったくないといってよい。

　同社が、「離宮」の二文字を冠して呼ばれた理由は、本宮が淀川の対岸にある石清水八幡宮《いわしみずはちまんぐう》であったからである。八幡宮自体は宇佐八幡宮《うさはちまんぐう》が本体にあたるわけだが、宇佐の八幡神を京都近くの石清水に勧請する際に、八幡神は一度、山崎の地に足を置いてから石清水に到着したとの伝承が残されており、そのために、石清水の対岸にも離宮というかたちで八幡宮が存在しているのである。

足利家が八幡神を手厚く崇拝していたことからすれば、山崎の神人たちにとって室町幕府の成立は追い風だったのだが、石清水の一段下の扱いをうけていた大山崎離宮八幡宮が、石清水八幡宮の神人たち以上、さらには延暦寺も超える活動を見せた要因は、じつはこの二番手という立ち位置も大きかった。

山崎神人はすでに鎌倉時代から神前の灯りに用いられた荏胡麻油《えごまあぶら》を交易していたが、このように特権的な交易を行えた理由は、それが八幡神の神前の灯明に用いられたからであり、そのために仏神に仕える神人の交易を時の権力者から認められたのであった。名目的にはその残りを商ったのである。

以上のような活動を繰り広げていた山崎神人が躍進するきっかけとなったのが、永和二年（一三七六）である。第二章で述べた通り、この永和年間は公武双方の長である義満と後円融の関係が蜜月で、政治に対する万人からの期待がもっとも高かった時期であったが、その最中の永和二年に山崎神人は新たに五五人の神人を住京神人として設置することを後円融天皇に申請し、それが認められていたのである。

住京神人とは、その名の通り、京都に拠点を置く神人であり、山崎などの神人の本拠である郊外から、京都へ移ってきた神人たちのことである。神人たちが神へのお供え名目で各地から山崎へ集めた大量の物資の一部を、京都で売りさばく拠点として、住京神人が設置されたのである。

山崎周辺地籍図
（福島克彦「戦国期畿内近国の都市と守護所」内堀信雄ほか編『守護所と戦国城下町』高志書院、2006年）

では彼らの活動範囲はどこまで広がっていたのだろうか。

彼らが幕府から商売を許可された国々を挙げると、伊予・阿波・備前・播磨・摂津・和泉・河内・丹波・山城・近江・美濃・尾張の一二ヵ国にもおよんでいる。近江国は延暦寺のお膝元なので、どこまで商売を行うことが可能だったかは不明だが、それでもほかの寺社と比べて、圧倒的な商圏を誇っていたことは間違いない。この商圏を背景に、室町時代には南都北嶺を差し置いて、山崎神人たちは

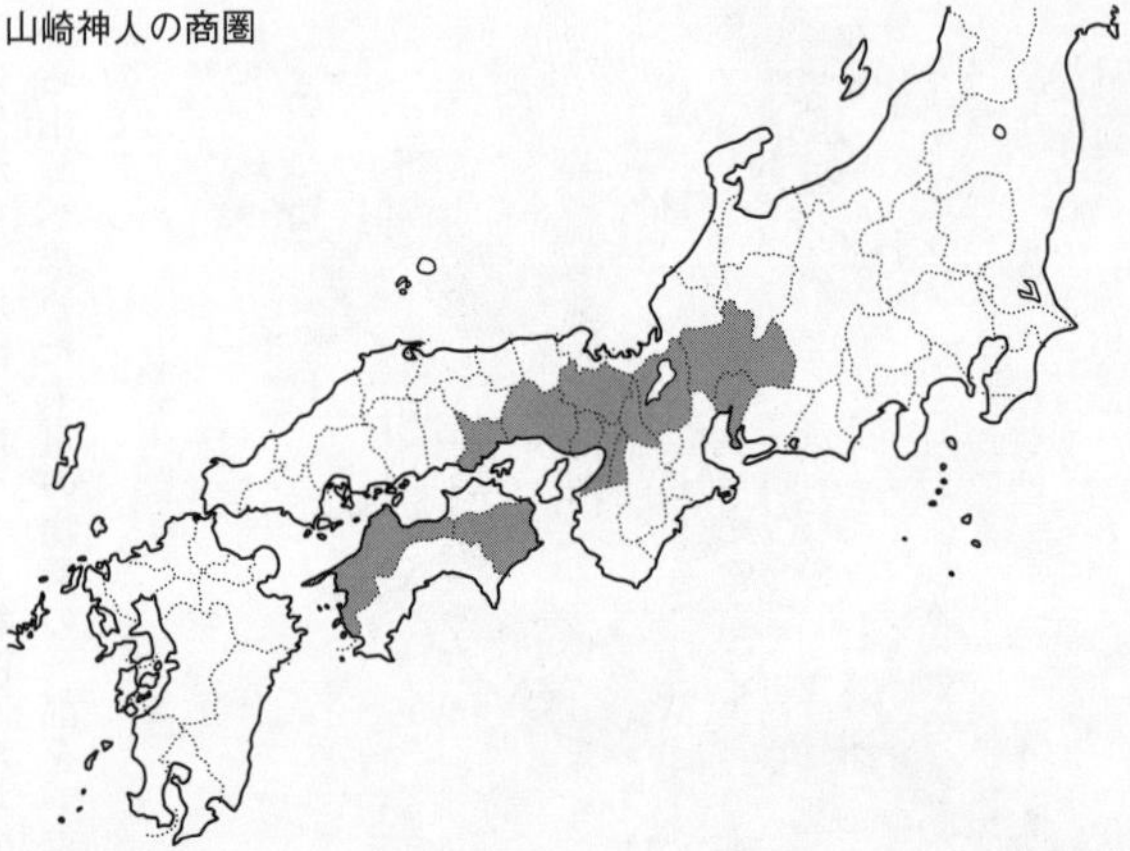

山崎神人の商圏

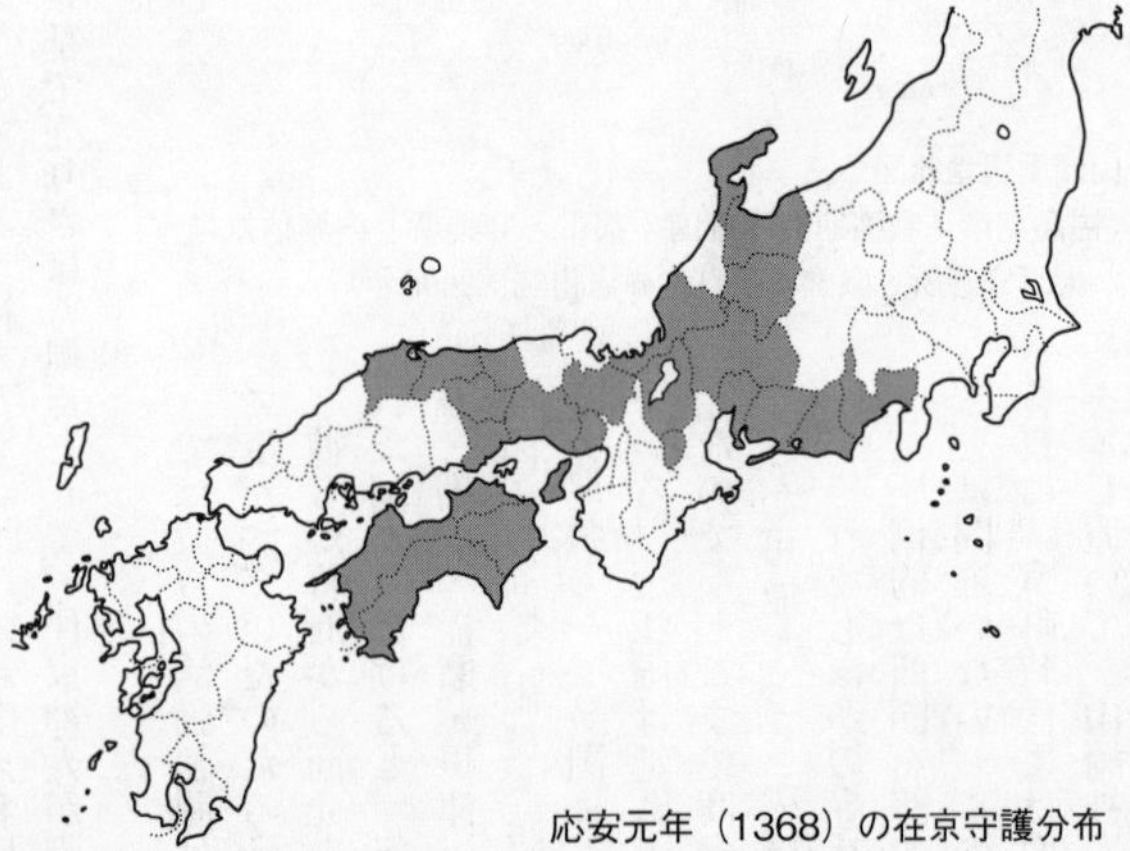

応安元年（1368）の在京守護分布

ともに山田論文をもとに作成。いずれも大和国以南が空いているのは南朝方が存在していたためである。

諸商売を展開していたのである。

山崎神人の活動からうかがえるように、このときの京都の物流は、石清水八幡宮や延暦寺、奈良の春日社・興福寺といった京外の寺社に物資が集積され、それがそれぞれの住京神人のもとへ運ばれて交易されていた。大山崎離宮八幡宮もそのなかの一つであったわけだが、永和二年に一挙に五五名もの住京神人を追加したことは、それだけ販売拠点の拡大につながったことを意味しており、以後の山崎神人の経済活動の展開に大いに資することになったのである。

諸商売の展開

山崎神人の活躍を考える上でもう一つ重要なのは、彼らが諸役免除の特権を受けていたことである。

住京神人の新加が認められた二年後の永和四年八月一三日、山崎住京神人たちは後円融天皇から「紺・紫・薄打・酒麴等諸業商売」への課税を永代免除する旨が認められていた。酒麴とは酒を醸造する際に用いられる麴のことで、酒屋に対して賦課される課税であることは先に見た通りである。さらに、少し時間が下った応永四年（一三九七）には幕府から「公事ならびに土倉役」が免除されているから、山崎神人は、ほとんどの課税から無縁になったといってよいだろう。京都での販売拠点の拡大と課税の免除は、一方の延暦寺・日吉神社の神人たちが、重い土倉酒屋役を賦課されていたことと比べると、経営上、きわめて大きな利点

なかった点である。

さらに注目したいのは、山崎神人の商売が、これまでいわれてきた油だけに限定されていなかった点である。

先に山崎神人がさまざまな品目への課税を免除されていたことにふれたが、そこから明らかなように彼らは油以外にも「紺・紫・薄打」などの衣料の商いや、酒屋、さらには金融業も営んでいた。一四世紀末に行われていた一連の課役免除からは、この時期に彼らが油売りだけでなく、多くの商売に手を広げていたことが読み取れるのである。

また、課税免除の対象とはなっていないが、山崎神人は米も売買していた。

応永一一年（一四〇四）に京都の南の出入り口に位置する東寺が関銭を徴収することを定めたが、そこでは「商売輩」への関銭を定めた条目の次に、わざわざ「山崎米商人」の項目が別に立てられていた（『廿一口供僧方評定引付』応永一一年四月三日条）。ここから、この時期に山崎の米商人が別格に扱われるほどの行き来をしていたことがわかるわけである。山崎神人が酒屋を営んでいたことも想起すれば、米は単に食用だけではなく、酒造の原料米としても転用されていた可能性は高いだろう。

以上のように、山崎神人は油だけではなく、多種多様な商品を販売しており、そこで得られた利益は、土倉業、すなわち高利貸によってさらに膨らまされていた。このように、さまざまな商品販売から高利貸しに至る諸商売を神人は展開しており、資本を好循環させる方程式の構築に成功していたといえるだろう。先の延暦寺の日吉神人たちの動向も踏まえれば、永代供養の喜捨だけでなく、商業活動を通じて得た利益が、彼ら神人たちの経営の柱となっていたのである。

一方、同じく交通の要衝に位置していた石清水八幡宮の神人たちの活動はどうだったのだろうか。

京都市立下京中学校建築の際に発掘された室町時代の酒屋跡（著者撮影）　この穴の上に酒壺がぎっしりと据えられていた

足利家からの信仰が格段に篤かった石清水八幡宮は、その崇敬を逆手にとって強訴をあいついで行っていたが、力がありすぎたのが裏目にでて、強訴に明け暮れた結果、石清水放生会《ほうじょうえ》などが連年のように行われず、国家的祭祀としての位置づけを低下させていた。この点に関して、桜井英治氏は、足利家の敬神につけこんで何十条もの無理な訴訟を起こした神人に対して、同時代人の共感が得られなかったと指摘しているが（『室町人の精神』）、このような過度の振る舞いが、足利家からの崇敬の篤さにもかかわらず、石清水八幡宮の政治的、経済的な位置を相対的に低下させることになったのだろう。延暦寺も室町幕府と正式な「国交樹立」までに時間がかかったことは先に見た通りであり、いずれも巨大な権門寺社であったが故に、新しい時代への対応が遅れたのかもしれない。その一方、同じ八幡宮である山崎の神人たちは、右で見たように交易の果実を着実につかみとり、広域な商圏を確保して、瀬戸内海流通の独占に成功していた。二番手としての小回りの利く立ち位置が、新しい時代への迅速な対応をもたらしたのである。

2　室町時代の首都圏

首都京都と首都圏

山崎神人の一連の活躍は、足利家の八幡信仰だけではなく、当時の社会・経済の変容からも追い風をうけるものであった。

室町時代の社会の最大の特色は、幕府が京都に拠点を置いたことにある。かつては鎌倉＝武家の都、京都＝公家の都として列島社会に二つあった極が一つになり、それによって列島社会に大きな核が生まれたのである（早島大祐「中世後期社会の展開と首都」）。

その核の形成が最初に具体化しはじめるのは、義詮の時代である。

義詮が執政した貞治年間（一三六二〜六八）以降に守護の在京が進み、貞治〜応安年間には、西は出雲・美作・備前まで、東は駿河・美濃・飛騨・越中、そして四国の守護のほとんどが在京していたことが明らかにされている（山田徹「南北朝期の守護在京」）。このような在京する守護は、時代ごとに推移するが、およそ畿内近国に領国を持つ守護が在京し、そうでない守護は在国するというかたちが一般化していたのである（二〇八頁地図参照）。
では、在国していた守護が幕府の枠組みから逸脱したかといえば、もちろんそうではない。在国していた守護に対しては、在京していた幕閣らが取り次ぎとなって幕府とのつながりが維持されており（吉田《よしだ》賢司《けんじ》「将軍足利義教期の諸大名」）、在京する守護から構成される内円部分と、在京しない守護の領国からなる外円部分に大別される社会構造が形成されていたのである。

このような首都を中心とした近国と遠国という区分は、時代を超えて見やすい構図であるが、室町時代の特色として、それが将軍を支える守護の在京を骨格として成立していた点を重視したい。在京する守護とその領国から構成される内円部分が、室町時代の首都圏として機能していたのである。

守護在京に基づく首都圏の形成は、この範囲の地域におけるものの動きを活性化させた。まず、義満が進めた造営事業が、これらの守護に割り振られていたことは先に述べた通りであり、相国寺大塔の柱が播磨国から「天下の大事」として運ばれるなど、造営事業を期に、領国の地方農民も作事に動員され、都鄙《とひ》を頻繁に往復することになった。

それに加えて在京守護と、それに吸引されて移動したさまざまな人々によって、首都の人口は増加し、商業の活性化に結びついた。佐々木銀弥《ささきぎんや》氏は、一四世紀以前の米の流通は京都の荘園領主の下へ届けられる年貢米が主であったが、守護在京が定着してからは彼らの消費に基づいた商品米としての流通が増加し、京都が巨大米市場と化したことを指摘している

（「荘園における代銭納制の成立と展開」）。

山崎神人が応永年間に米商人として別格の扱いを受けていたことは先に指摘した通りだが、彼らが米の輸送にまで手を伸ばしていたのも、以上のような首都の米市場の拡大を背景にしていたと考えられる。首都京都の形成は、政治の上からも、経済の上からも、山崎神人の商業活動を大きく後押ししていたのである。

京上夫の社会学

守護の領国から京上夫が上洛していたことは先に述べた通りだが、その実態はどのようなものだったのだろうか。この点を備中国と京都間の京上夫の実態を明らかにした徳永裕之《とくながひろし》氏の研究を参照しつつ、見ていこう（「中世後期の京上夫の活動」）。

徳永論文でも効果的に引用されるように、京上夫の実態をよく物語るのが次の「三人わらひ百しやう」という狂言である。

一、あわちの国の者御かゝみもちて出る。又おわりの国の者出る。又みのゝ国の者出る。道にて行合て、せれふ。都につきて、おそきとてしからるゝ。そふ者歌よまする。あわちよりたねまきそめて三葉さし、花さくおわり、みのなるはいね。酒のまする。此歌をまふてかえる。ひやうしとめ。

内容は、淡路国、尾張国、美濃国の百姓たちが京へ上る道で行き会って上洛した様子を活写したものであり、領主の奏者の前で即興で歌を詠まされ、上手く詠めた褒美として酒を与えられたことが記されている。「御かゝみ」とは鏡餅のことであり、淡路国の者が領主へ正月の祝いを持って行くために上洛していたことがわかる。年始の儀礼は「元三公事《がんさんくじ》」と呼ばれており、彼らは年末にこれらの公事を運上するための人夫だったわけである。そのために年末の風物詩的光景の一つとして、狂言の題材に取り上げられたのだろう。

ここで注目したいのは、地方から上洛する人夫が、単にそのまま領主のもとへ行って帰るという機械的な行動をとらずに、道中で他国からの人夫とも行き会い、交遊を深めていた点だろう。そこではおそらく地方の情報も交換されていたと見られ、単に京と鄙という縦糸の関係だけでなく、鄙同士の人々による横の交流も生まれていたのである。

もちろん、彼らが京上する際に、このように徒党を組んだ現実的な要請としては、道中の安全を目的にしたものであったに相違なく、このような交流を牧歌的に理想視するわけにもいかないし、また、現実には、このような京上夫が荘園側からすれば、やはり過大な負担であったことは見逃せない。荘園領主からの徴用に加えて課された守護による人夫動員は、現地での深刻な負担であったわけだが、しかし一方でこのような大きな代償の副作用として、都鄙の交通は活性化し、地方間の交流の契機ともなっていたのである。

また、「三人わらひ百しやう」で注目すべきは、百姓たちが和歌などに長じていた点である。さらに、彼らの力量が都の奏者によって褒められるという物語の構図にも注意したい。

地方で文芸の素養を涵養《かんよう》していた百姓は、都の奏者から褒められるかたちで、技量のお墨付きを与えられているのである。地方文化が都からの刺激を経て、さらに成熟する展開をここから読み取ることが可能だろう。

そして、最後にもう一つ注目したいのは、公事物進上の褒美として酒が与えられた点である。

中世の公事負担が、酒の下賜などによって有償で行われていたことはすでに知られているが(大山喬平「中世における灌漑と開発の労働編成」など)、領主と農民の支配関係においても酒が媒介されていたことは重要である。それは天皇と廷臣、あるいは将軍と守護などのあいだで催された酒宴においてもあてはまり、飲めば飲むほど一座の和が確認されたのだろう。

もちろん、今と同じく、飲み過ぎて時に関係にひびが入ることもあっただろうが、当然ながら、同じ階層同士のあいだでも酒は酌み交わされ、上下・水平を問わない社会関係全般において、酒は潤滑油の役割を果たしていた。都鄙交通が活性化するにつれて、人間のつながりがさらに密になり、その分、酒も消費されたのである。

このことは、そのまま酒屋業の活性化につながったと考えられる。土倉酒屋役という課税が登場する前提としては、以上のような京都における酒消費の増大という現象を押さえておく必要があり、それはこのような、人間関係の緊密化という社会の展開によって、もたらされたのである。

割符とは何か

都鄙の往復を考える際に考えておくべき重要なものの一つに、資金調達の問題がある。現代でも旅に出かけるには、ある程度の現金を持参する必要があるし、出先で足りなければ、銀行でおろしたり、カードで決済することになる。ところが当時は、銀行やカードのようなものはもちろんなかったわけであり、それ以上に意外と気づきにくい現代との相違として、中世では現金自体も重かった、という基本的な事実が挙げられる（早島大祐「割符と隔地間交通」など）。

なぜ現金が重たかったかといえば、その最大の理由は現代のように紙幣がなかったからである。

当時の日本の通貨はよく知られているように中国から輸入された銅銭で、銅銭一枚を一文といった。一文が一〇〇〇枚で一貫文になる。

一枚の重さはだいたい四グラム程度。したがって一貫文だと約四キログラムになる。一貫文が現代のお金でどの程度の額面に相当するかという話は、当時の米相場との関わりなどから考えると、一〇万円程度と見るのが一つの目安であるが、とすれば、約一〇万円をもっていくのに、この時代ではすでに四キログラムの荷物を背負わなければならなかったことになる。それに交易をするのであれば、相応の物資ももっていかなければならなかったから、身軽な旅、というのは今以上に困難だった。

それでは、商人たちはこのように重たく、かさばる現銭を携行して地方に向かっていたのか、といえば必ずしもそうではない。当時なりの便法《べんぽう》も、やはり存在していた。それが割符《さいふ》という手形の存在である。

割符は為替《かわせ》や替銭《かえぜに》とも呼ばれていたが、近世以降の為替との違いは、かわされる現銭の重さにあった。そのために現在想像する隔地間での便利な決済手段という以上に、輸送の重さの軽減という、より現実的な側面にも注意を払わなければならない。

現代の為替と同様に、中世の割符もさまざまな形態が存在していた。割符が隔地間移動の便宜として生み出されたのは先の通りだが、やはり出先での利用が予定されている場合、事前に割符を獲得して現地に向かっていたらしい。

ではだれが現地で割符を求めたのだろうか。

この点を考える際に押さえておく必要があるのは、都鄙の交通は都からの一方通行ではなく双方向であったという点である。山崎の神人たちのような京下りの商人がいる一方で、地方からは京都へ年貢などを進上しなければならず、京都からもたらされる割符は、年貢京上の便法として彼らからも歓迎されていたのである。

このことを備中国新見荘《にいみのしょう》という荘園の歴史から具体的に見ておきたい。

寛正《かんしょう》二年（一四六一）六月に日本の荘園史上、よく知られる大きな出来事が備中国、現在の岡山県西部にある新見荘で発生していた。新見荘の荘民たちは、長年にわたって続いていた備中国守護細川家の有力被官、安富智安《やすとみちあん》による代官支配に反抗して、領主であった東寺の直務支配を要求したのである。これが新見荘直務支配要求事件であるが、彼らが東寺直務支配を模索した際に、現実的な問題として立ちふさがったのが、年貢を京都の東寺までいかに輸送するかという問題であった。新見荘からの直務要求を受けた東寺側からすれば、新見荘側の要求が本当なのかどうかは、年貢が実際に届けられるか否かの一点に集約されていたし、一方では長きにわたる武家代官安富の支配下にあった新見荘では、年貢にせよ、公事にせよ、それらを京都へ運ぶという問題は武家に任せていたから（もっとも実際には安富はほとんど東寺に年貢を納めていなかったらしいのだが）、新見荘民からすればいかに年貢を運ぶかが重要な問題だったのである。

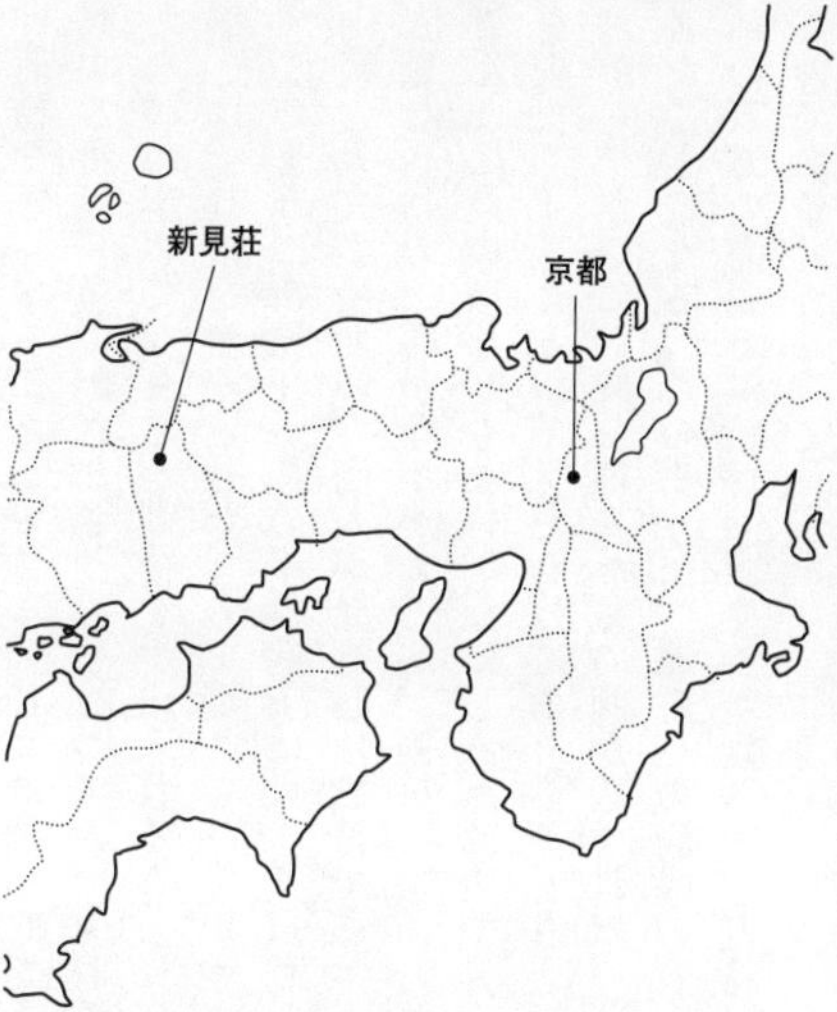

京都と新見荘　移動には時に10日以上を要した

このようななか、問題解決の秘策として浮上したのが、割符の活用である。

これだと直接、米やその代わりの銭といったかさばる重たいものを運ばなくても、手に入れた割符の数だけ荷物を軽くすることができる。じつに画期的である。ただし、当初は、高梁川《たかはしがわ》の上流に位置する新見荘までわざわざ割符を持ってきてくれる商人がいなかったのだが、彼らはあちこちを訪ね歩いてなんとか割符を手に入れることに成功した。その結果、以後、東寺への年貢輸送は、割符を組み込むかたちで進められていったのである。

このように新見荘からの年貢進上に大きく貢献した割符であったが、じつはこの割符は、山崎の大文字屋という商人が発行した割符であった。ここからも先に見た山崎の商人たちの広範な活動の一端がうかがえるが、割符を求められた山崎などの京下りの商人からしても、こんなにいいはなしもない。なにしろ、商用で備中国近辺まで出向くのに割符を用いて積荷を少なくすることができたわけであり、新見荘という安定した顧客から現銭を引き出せるのだから。さらに、彼ら神人たちの側からすれば、新しい取引ルートを棚ぼた的に新規開拓できたことになる。このように、地方への商品の買いつけと、京への年貢の進上といった都鄙の双方の需要と供給が一致するかたちで、割符は便利な輸送代替手段として用いられていたのである。

もちろん、出先でお金が足りない場合にも使える割符は存在していた。それは利息附替銭と呼ばれる手形であり(百瀬《ももせ》今朝雄《けさお》「利息附替銭に関する一考察」)、出先でお金を持っている人物と交渉して、京都での返済を約束して為替が出されたのである。そこには当然、契約を受けてくれる人探しの手間も大きかったのだが、現在の手形の運用形態が多様であるのと同様、中世にもさまざまなかたちの割符が存在しており、このように手形を駆使して、都鄙の行き来が行われていたのである。

座商人再考

ここまで、都鄙のネットワークを論じるなかで、神人の諸商売の展開について述べてきたが、読者には少し疑問を持つ方がおられるかもしれない。というのも、この時期の商人の代表としてつねに論じられてきたのは座商人だったからである。中世商人といえば教科書では座商人とされてきており、室町時代にはそう呼ばれたことのない山崎神人さえも、ときに「油座商人」と表記されることからも、このような考え方が根強く残っていることがうかがえる。

しかし、実際に史料をあたってみると、この時期に座商人の活動は、その著名度とはうらはらに驚くほど小さい。それはいったい、なぜだろうか。そこでその理由を当時の商人の動向からみておくことにしよう。

中世商人＝座商人というイメージを形成する材料の一つとなったのが、現在、八坂神社とも呼ばれる祇園社に付属していた綿商人たちの活動である。彼らは祇園社の綿座商人と呼ばれ、彼らの存在をもって、座商人の展開が論じられてきた。

しかし意外なことに、その後の祇園社の綿商人の台頭を示す史料は知られていない。じつは綿を扱う商人として、これまで祇園社の座商人ばかりに注目が集まっていたが、彼ら以外にも綿商人は存在しており、その一つが内裏に付属し、天皇の輿を担いでいた駕《か》輿丁《よちょう》と呼ばれる人々であった。

天皇の駕籠を担ぐ人々が商売を行うというのは、今では理解しにくいことかもしれない。しかし、彼らは天皇の役を務める対価として、それ以外の課税が免除され、商売を行うことが認められており、ここに大きなメリットがあった。

そもそも神人にしろ、座商人にしろ、なぜ彼らが寺社に付属したのかといえば、寺社の権威をかりて課税免除などを得て商売を潤滑に行うためであった。山崎神人が多くの課税を免除されていたことは先に述べた通りだが、駕輿丁の場合も同じことで、天皇家の権威をもとに、課税を免除されて円滑に商売を行っていたのである。駕輿丁の商売としては、綿以外にも米商いが有名であり、一五世紀には神人らを凌いで、京都市場の一大勢力となっていたことが知られている（瀬田勝哉《せたかつや》「荘園解体期の京の流通」）。

このような中世商人の身分的性格を考える上で注意しておきたいのが、駕輿丁や座商人が相互に完全に独立していたのではなく、身分を兼帯《けんたい》していたことが多かった点である。

例えば、康永二年（一三四三）には祇園社の綿座商人の一部が「内裏駕輿丁役人」でもあったことが知られている（「祇園執行日記」同年八月二八日条）。彼らがこのように身分を兼帯する理由は、当時の支配のあり方に原因があった。天皇家以下の公家や寺社は、自前の所領を有しており、そこでは独立した領主支配が形成されていたのである。

先にもふれたように、このような複数の領主による複合的な支配のあり方は、「権門体制」と呼ばれるが、これは商人の動向にも影響を与えていた。彼らは、自身の商売が有利になる権門に付属しようとしており、そのために時に身分を兼帯していたのである。

　では祇園社に付属するのと、天皇家に付属するのとではどちらが良かったのだろうか。それはやはり天皇家のほうが有利であった。この点を次の相論から見ておこう。

　応永一四年（一四〇七）に朝廷の内蔵寮《くらりょう》を管轄していた公家山科家は、魚鳥等の商売に関する訴訟を朝廷に提出した。山科家がこのような訴訟に踏み切ったのも、近年、鳥・魚商売を行う駕輿丁が倍増し、その動きに圧迫されて内蔵寮に属する供御人がいなくなってしまい、歳末の課役が納められなくなったからであった。供御人と駕輿丁とは同じく朝廷に仕える下級職員ではあるが、やはり天皇に直接仕えて商業特権を得るのと、中級公家である山科家に仕えるのとでは、裁判の際の後ろ盾の力量が違ったのだろう。

　このように駕輿丁たちは天皇家の後ろ盾もあって、綿、鳥、魚、米といった京都市場で勢力を拡大しており、このような駕輿丁の勢いに押された結果、祇園社の綿座神人は、一五世紀初頭にはわずか一人が存在するばかりになっていたのである（『八坂神社文書』一一三五）。

　ここから、この時期に商業を展開するには、商人の所属先の本所の政治的力量が大きく関わっていたことが明らかになるだろう。幕府が終始保護していた北朝の天皇家や、足利家の八幡信仰の恩恵をうけた大山崎離宮八幡宮に付属する商人が強くなるといった状況は、室町幕府の下で再編された新しい秩序に対応するものであったといえ、そのなかで寺社に付属する座商人は、頼んだ寺社が天皇家や幕府の崇拝の篤い寺社と比べて政治的力量が弱かったために勢力を後退させ、中世商人＝座商人というよく知られる教科書的な記述とはうらはらに、市場における存在感を減退させていたのである。

このように室町時代になると、座商人たちの勢力は後退していたのであるが、じつは彼らは後にもう一度、姿を現すことになる。

一六世紀初頭以降に、公方座や丹波座といった座が、商業の保全を主張していたことが瀬田勝哉氏により明らかにされている（「荘園解体期の京の流通」）。このように中世の最初と最後に商業の独占を主張する座が登場していたわけだから、これまで、中世商人といえば、座商人といわれてきたのも、確かに仕方がないことだったのかもしれない。

しかし、瀬田氏が指摘するように、公方座や丹波座といった、品名ではなく地名などを冠した座が、従来の座と同種のものであったかは、よく考えなければならない問題である。実際、公方座などの呼称に象徴されるように、彼らは寺社を本所に仰がない、それまでの座とは性格の異なる座であった可能性は高いだろう。その背景には、応仁の乱後の流通の混乱があり、自身の商売の正当性を主張するために、座の呼称を用いたものと考えられるが、そもそも中世という長い時間にわたり、座商人が経済を牛耳っていたという考え方自体が超歴史的な見方に過ぎたわけで、商業・経済も室町幕府の成立や応仁の乱以後の混乱といった政治・社会の変化をうけて、盛衰を繰り返していたのである（早島大祐「応仁の乱後の京都市場と摂津国商人」）。のちに、いわゆる楽市楽座令によって排除の対象となる座商人たちは、中世初期から変わらず存在していたのではなく、一六世紀に再び新たに登場した、戦国時代の産物だった可能性は高い。座商人たちは、時代の流れのなかで浮き沈みを繰り返しており、少なくとも中世のすべての時期に彼らが商業の中心に居たというのは、空想的に過ぎる考えであることをここでは押さえておく必要があるだろう。

都市・商業課税と国家のかたち

以上、商業の再編も含みつつ、京の復興が進んだことを見てきたわけだが、最後に、課税の問題を中心に権力と都市・商業の関係について見ておくことにしたい。

南北朝動乱からの復興の過程で増大した首都の経済力に対して、朝廷・幕府はいち早く課税を行うべきだ、というのが現代的な感覚であるかもしれない。しかし、土倉酒屋役創出に至る経緯でも見た通り、実際にはすぐにはそのようにはならなかった。

理由の一つは、賦課される側の激しい抵抗にあった。土倉、酒屋の背後には、延暦寺などの強訴も辞さない権門寺社が控えており、それを果たすには、南北朝合一などの政権基盤の安定がまずは不可欠だったことは先に見た通りである。

二つめの理由は、これはむしろ幕府に顕著だったのだが、都市課税が後醍醐政権の主軸となる政策だったために、幕府にとって採用しにくい事情があったからである。

後醍醐政権の都市課税について、網野善彦《あみのよしひこ》氏は後醍醐政権が神人に対する寺社からの公事徴収を停止して、元亨《げんこう》二年（一三二二）に酒鑪役を一元的に徴収したことを明らかにしている（「造酒司酒麴役の成立」）。また、「建武式目」にも、後醍醐政権が土倉へも課税したことが記されていた。紙幣発行計画なども含めた後醍醐の経済に対する積極性は周知の通りであり、後醍醐政権を否定して出発した幕府は、その都市的、商業的な課税に対して、ぬぐいがたい忌避感があったと思われる。

ここからは、都市・商業課税というものが必ずしも、肯定的な意味に取られていなかったことがわかるのだが、それではそもそも一方の後醍醐政権は、なぜ都市・商業課税へ財政の軸足を置いたのだろうか。

一つは従来型の地方課税の不調という事態が背景にあったからである。

例えば、たびたびふれている造酒正による酒屋課税開始の発端も、本来の財源であった諸国からの納物未進を契機とするものであり、地方課税が不調に陥った場合に、都市課税という方法が採用されていた。あの気の毒な三条公忠が自身の地方の所領から年貢があがらないことに業を煮やして、京都の所領を求めたことは先に述べた通りだが、これも地方課税の不調が都市課税への注目を集めた一例といえるだろう。

そして、もう一つの重要な要素として、後醍醐が属する大覚寺統固有の問題が挙げられる。

この点を考える上で参考にしたいのが、次の三氏の研究である。

横内裕人《よこうちひろと》氏は、密教界の頂点にあった仁和寺御室が持明院統に独占されていたために、それに対抗すべく大覚寺統の後宇多が大覚寺に宗教拠点を創出したことを指摘している(「仁和寺と大覚寺」)。また、藤田明良氏は、大覚寺統の亀山は、兄後深草《ごふかくさ》から奪いとるようなかたちで皇位を継承したために、自身の正統性を強く主張する必要があり、後嵯峨《ごさが》上皇以来の知行国であった讃岐国善通寺《ぜんつうじ》を修造しなければならなかったと述べている。さらに藤田氏はその大修造を行うために、亀山が大坂湾岸の津泊への入港税を創出したことを明らかにしており、このように積極的な港湾への課税は、鎌倉幕府や一方の持明院統では見られないものであったと結論づけている（「鎌倉後期の大阪湾岸」）。

また、森茂暁氏は持明院統と大覚寺統の相違として、幕府依存の前者とそれから独立した後者の性格の違いを挙げており（『南朝全史』）、以上の指摘を参照すると、大覚寺統は自身の権威づけのために独自の施設をもうけなければならず、そのための自前の財源を捻出する必要に迫られていたといえる。藤田氏によれば、同じく大覚寺統の後宇多《ごうだ》上皇も都市への課税には積極的であったというから、後醍醐による一連の商業・都市課税も、まずはこのような武家政権に依存しない、大覚寺統固有の性格に起因していたと見るべきではないだろうか。

つまり、大覚寺統は幕府の手を借りずに自身の正統性を主張する必要につねに迫られており、そのためにそれに必要な独自の施設を創出しなければならなかった。そして当然ながら、それには新たな財源の創出が不可欠であり、その過程で、都市・商業課税への注目が集まった、と考えられるのである。

この点に関連して想起されるのが、後醍醐政権の紙幣発行計画が、内裏再建という必要に迫られて進められたという桜井英治氏の指摘であり、このことも、わざわざ内裏を造って権力を荘厳しなければならなかった、大覚寺統固有の問題として理解できるだろう（「中世の貨幣・信用」）。

以上のように大覚寺統の天皇たちが都市・商業課税に積極的だった背景を見てきたが、ただし、それは一方で諸刃の剣でもあった。というのも、財政の問題は、じつは支配のあり方とも密接に関わっていたからである。

中世国家の財政は、国ごとの土地に一律に課税する段銭（一国平均役）を大きな柱としていた。院政期以降に成立した中世国家財政が、現地に直接、税をかける段銭を大きな柱にするものであり、このような支配と財政のあり方は、後白河法皇の「九州の地は一人の有つところなり、王命の外、何ぞ私威を施さん」という発言をもとに、「王土王民思想」として知られているが、これは、地方の把握が、王家による支配の貫徹であるという考え方と一体のものだったために、このような思想が生まれてきたのである。

このような支配のあり方からすれば、まず地方支配を再建することが本筋だったわけであり、それをせずに商業課税に依存する事態は、できればなしで済ませたいものであっただろう。少なくとも中世社会において都市・商業課税に比重を高めることは、不可避的に従来の支配のあり方にも変更を迫るものであった。商業課税に積極的だったのが、先に見た大覚寺統の後醍醐のほか、持明院統でも後光厳や後円融といった権力基盤が著しく弱い天皇であったことを想起すると、都市・商業課税の創出は、むしろ窮余の策であった可能性が高いわけである。

実際には、この国家支配の根幹に関わる問題は、政権を維持できなかった後醍醐政権や、独自の権力基盤に乏しかった後光厳朝や後円融朝では表面化しなかったわけだが、土倉酒屋役を創出し、それへの依存度を高めていくことになる義満以後の幕府は、この大きな問題に直面せざるをえなくなる。この点が次の義持政権論における問題の一つとなるのであるが、この点については、章をあらためて論じていくことにしたい。

第六章　守護創建禅院――足利義持の時代②

義持が父義満の政治の多くを否定したことは先にふれた通りだが、幕府主導による大規模寺院の造立がなくなった点も義満の時代とは異なる事柄である。父は相国寺から北山第に至る大規模造営の時代を現出させたが、子の義持は寺社の修造以外に、みずから新規の造営を進めることはなかった。遣明船廃止などと比べると気づきにくい点ではあるが、これもまた大きな政策転換だったといえるだろう。

では、この時期に、造営事業がまったくなくなったかといえばそうではない。その一方で、義満の末期から義持の時代にかけて、今度は京や自身の分国で守護らによる寺院造営が活発化しており、大規模造営の担い手が足利家から守護家へと変化していた。義持の政治が、彼らを中心にしたものであることはよく知られているが、この動きも以上の状況を反映したものといえるのである。そこで本章では、義持期の政治について論じるにあたり、その担い手となった守護らによる寺院創建の実態と意義から、まずは見ていくことにしたい。

1　守護による寺院創建

細川家の創建禅院

幕府が京都に拠点を置いたことにより、公武関係が新たな展開を見せたことはこれまで述べてきた通りだが、在京生活が長期化するにしたがって、衣食住以外の需要も高まっていた。

その一つが、小刹《しょうさつ》、別荘の建立である。

これには二つの目的があった。一つは武家の信仰や文化的活動の拠点としての役割であり、もう一つは在京生活が定着して代を重ねた帰結である京都における先祖供養の寺としての役割である。この点をまず、小川信《おがわまこと》氏や高浜州賀子《たかはますがこ》氏らの研究を参考に、幕閣の中心であった細川家の事例から見ていきたい（小川『細川頼之』、高浜「細川幽斎・三斎・忠利をめぐる禅宗文化（一）」）。

室町時代に細川家が台頭する契機を作ったのは、細川和氏《ほそかわかずうじ》である。和氏は北条時行《ほうじょうときゆき》が起こした中先代《なかせんだい》の乱《らん》鎮定のときから足利尊氏に従っており、幕府創立後も引付頭人や侍所頭人などを歴任した幕府草創期の重要人物であった。第一章でふれた天龍寺造営事業で、奉行として活躍したことをご記憶の方も多いだろうが、その和氏は暦応三年（一三四〇）に中央政界から引退して、分国の一つであった阿波国にもどり、守護所があった秋月《あきづき》の地に隠居所とし

秋月の地からのながめ（著者撮影）

て補陀寺《ふだじ》という禅院を創建したのである。

現在、秋月の地には緩やかな丘陵を擁した、のどかな田園風景が広がっており、同国の守護所跡に比定される場所は、周囲より一段高い位置にあり、秋月のなだらかな平野と、その先にある、やはり四国らしくなだらかな山稜を眺めることができる景勝の地である。

細川家中興の祖ともいえる和氏も、康永元年（一三四二）九月二三日に一期を終えて、隠居場であった補陀寺が和氏の菩提寺となった。補陀寺は、第一章で見た幕府の戦没者追悼政策の一環として、阿波国の安国寺として認定されるのだが、以上の事例から、隠居して分国に小刹を構え、没後は菩提寺になるという流れが確認できるだろう。菩提は領国で弔《とむら》うのが、この時期の基本であった。

この点は和氏の弟頼春《よりはる》の場合も同じであった。

頼春も、兄と同様に各地を転戦した歴戦の勇者であったが、観応三年（一三五二）閏二月二〇日に京都四条大宮にて南朝軍と交戦中、討ち死にしてしまう。正平の一統が瓦解し、後光厳天皇擁立のきっかけとなった、あの戦乱である。

この混戦のなかで戦死した頼春の菩提を弔ったのが、頼春の長男の細川頼之《ほそかわよりゆき》であった。じつは細川家嫡流和氏の息子清氏《きようじ》が、幕府での権力争いに敗れて没落したために、細川家嫡流の座が和氏の弟頼春の子である頼之に転がりこんでいたのだが、その頼之は貞治二年（一三六三）二月二〇日の頼春の命日に、自身の領国である阿波国の秋月に頼春追善のために光勝院《こうしょういん》という禅院を建立したのである（『鹿王院文書の研究』一〇五）。

このように守護所のあった秋月には和氏、頼春兄弟の菩提寺が建てられ、同地が阿波国における政治と宗教の中心地であったことがわかる。幕府草創期における細川家の菩提追善は、領国である阿波国で行われていたことが、右の事例から確認できるのである。

ところが、和氏・頼春らの次世代である頼之と頼有《よりあり》の兄弟の代になると、京都で生活を送ることが多くなり、そのために細川家も京都で菩提追善を行う必要が生じるようになった。その動きが最初に確認できるのは頼之の弟頼有のほうである。

じつは頼之・頼有の兄弟は、細川家内で役割を分担しており、兄は分国阿波での領国経営に勤しみ、弟は父頼春を補佐して京都での戦闘に明け暮れていた。このように弟の活動が京都を中心としていたこともあって、京都における菩提寺創建の動きは弟のほうから先に確認でき、延文三年（一三五八）に建仁寺永源庵《えいげんあん》に父頼春を納骨したことが知られている。

この永源庵に初代住持《じゅうじ》として迎えられたのが無涯仁浩《むがいにんこう》という禅僧である。

彼は元亨元年（一三二一）に入元して、二四年ものあいだ当地で修行を積んだ後、貞和元年（一三四五）に帰国した人物であり、天龍寺造営でも活躍した古先印元らと同じく、元の清新な空気にふれた、当時一級の知識人であった。ちょうどこの年は頼春の七回忌にあたっていたから、おそらく命日の二月二〇日に納骨が行われたに相違なく、頼春の納骨場所を求めていた頼有は、高僧無涯仁浩を迎えて永源庵を創建したと考えられるわけである。この時期の禅僧たちにとって官寺《かんじ》退任後の老後生活をいかに設計するかは大きな課題だったわけであるが（原田正俊《はらだまさとし》「京都五山禅林の景観と機能」）、同様の課題に直面していた無涯にとっても、これはまたとない申し入れであり、両者の思惑が一致して永源庵が創建されたのである。

しかし、翌延文四年にその無涯は早々に死去してしまい、無涯没後の永源庵の経営は上手くいかなかったらしい。もともと同庵が無涯の隠居所として創建されたこともあってか、次の住持がなかなか決まらなかったためである。

次の住持の存在がはっきりとわかるのは応永五年（一三九八）であり、そのときには惟忠《いちゅう》通恕《つうじょ》という禅僧が二世住持となっていた。この間、じつに三九年もの年月が経過しており、無涯没後の永源庵はこのあいだ、ずっと放置されたままだったと見られる。

そのためもあってか、今回の住持設置にともなって永源庵も場所をかえて再建が試みられた。では、これで永源庵の経営がめでたく軌道に乗ったかといえばそうではない。後世の記録ではあるが、『永源庵師檀紀年録』という寺誌によると、このときの移築は「寺産」が少なく落成されなかったと記されており、資産がなかったために落成も中途半端なままで終わっていたことがわかる。これは、檀那である頼有の家自体に十分な余裕がなかったことを意味している。弟頼有の家はのちに和泉守護家として確立するのだが、このときにはまだ、京都の永源庵を維持するだけの力を有していなかったのである。

京都での菩提寺創建に成功したのは、領国経営の基盤を固めていた兄の頼之のほうであった。

頼之は貞治三年に、洛西に景徳寺《けいとくじ》を建立し、このときには細川家の京都における菩提寺としての役割を果たしたらしい。残念ながらこの景徳寺という禅院は現在は同地に残されていないが、貞治三年の頼春の十三回忌法要を営むために、頼之は京都に菩提寺を創建したのである（『鹿王院文書の研究』一一四）。

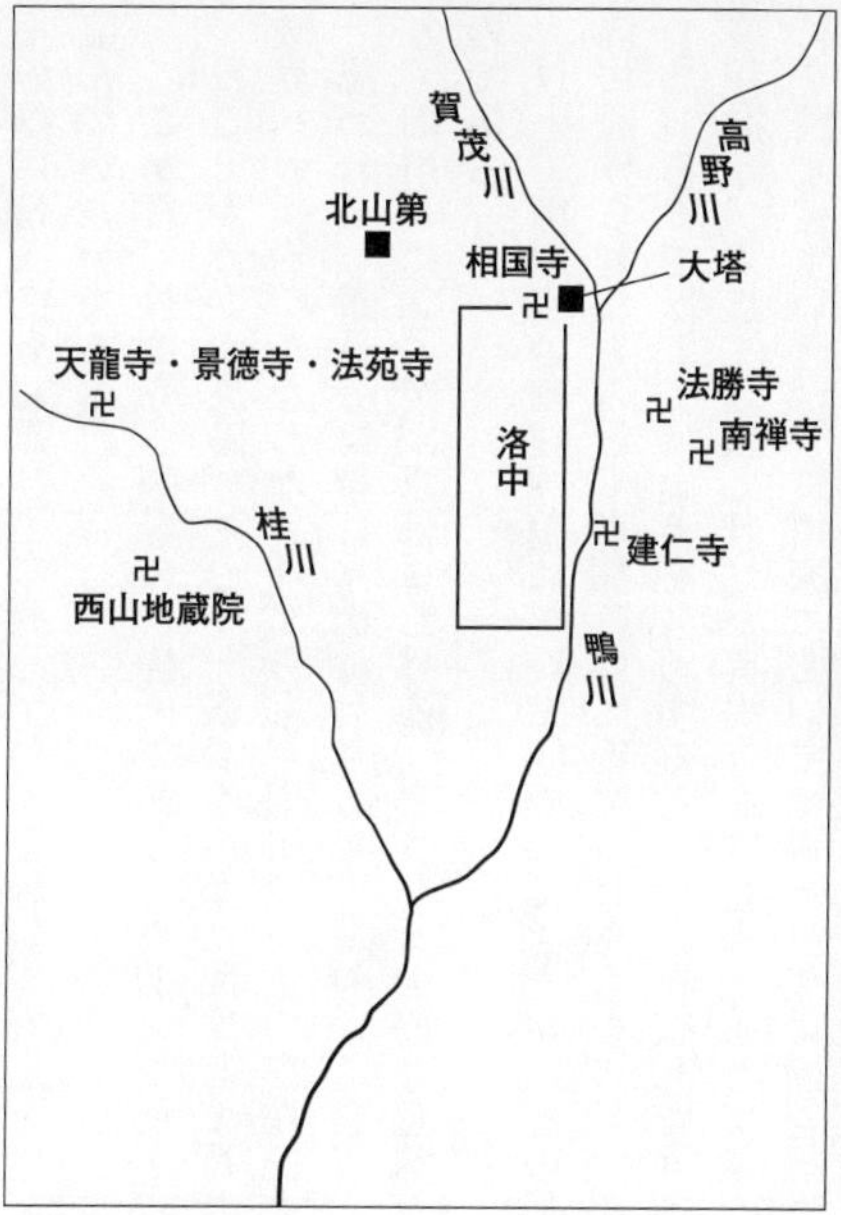

京菩提寺関係地図

その後、頼之は足利義詮が死去する貞治六年に京都へ呼び出され、いまだ幼少であった義満の初期の時代を支えることになるのだが、康暦の政変による阿波国への没落を経て、ほとぼりが冷めはじめた至徳元年（一三八四）には、同寺で頼春の三十三回忌が行われた。

その際には義満もお忍びで参列していたといい、春屋妙葩、義堂周信といった面々がこれに臨んでいたのである。

ここから、景徳寺が頼春の菩提所であり、幕閣の枢要を占めた細川家の中心的な寺院であったことがうかがえる。そして、義満も内々に臨席して行われた三十三回忌法要は、いまだ政界への復帰がかなわないながらも、細川家当主の存在感を誇示する格好の舞台にもなったと思われる。景徳寺は後に諸山に列されて、幕府から官寺としての位置づけを与えられており、細川家にとって、京都における、まさしく公的な意味合いを有した菩提寺となっていくのである。

以上、細川家の創建禅院について概観してきたが、その作業を通じては、菩提寺には分国内に設けられたものと、京都近郊に建てられたものの二つが存在していたことが明らかになった。そこで以下では両者を区別するために、在京した守護以下が京都に創建した菩提寺を京菩提寺、そして分国に設けた菩提寺を国菩提寺として論を進めることにしたい。以上の分析を踏まえていえば、細川家においては貞治三年に国菩提寺から京菩提寺への転換が成されたといえるだろう。もちろん京菩提寺が創建されたからといって国菩提寺が機能しなくなるわけではなく、細川頼春や後述する山名《やまな》時熙《ときひろ》のように京と国の双方に菩提寺が設けられる例も多く、両者はさまざまな意味で京と守護の分国にまたがり連携していくのだが、ここで重視したいのは京菩提寺の誕生であり、このことはその後に紆余曲折がありながらも、細川家の主要な活動の舞台が、分国から京都へ比重を移したことを計る、一つの指標になると考えられる。

西山地蔵院の創建

景徳寺が以上のような意味で、細川家の公的な京菩提寺となる一方で、頼之はそれからすれば少し私的な意味合いの強い小刹を建立していた。それが西山地蔵院《にしやまじぞういん》という禅院である。

現在も苔寺西芳寺《こけでらさいほうじ》のかたわらにたたずむ西山地蔵院が創建されたのは、応安元年（一三六八）のことであり、その前年の貞治六年に上洛して幕政を切り盛りしていた頼之は、多忙な公務のあいまをぬって地蔵院をつくりあげていたわけである。

西山地蔵院山門（著者撮影）

地蔵院という名前の通り、同寺は地蔵信仰に傾倒していた願主細川頼之の嗜好が強く反映された小刹であった。地蔵信仰は、このころ、武家を中心に大いに流行し、その影響を受けた足利尊氏も、地蔵信仰を反映した西芳寺を建てたことが知られているが（西山美香『武家政権と禅宗』）、頼之の地蔵院も、この時期の地蔵信仰の流行を受けて、西芳寺に近接して建てられたと思われる。

地蔵院の住持として頼之が招いたのは、夢窓疎石の弟子であった碧潭周皎《へきたんしゅうこう》である。彼は北条家の血を引く人物で、鎌倉末期には仁和寺で密教の修行をしていたが、鎌倉幕府の滅亡で北条氏が絶えた後には、夢窓疎石に参じて、禅僧へと鞍替えをした人物である。碧潭の人生の変遷は、この人物に独特の風合いを与え、彼に密教の要素を加味した禅、つまり禅密兼修の教えを形成させたのである。

このような兼修禅《けんしゅうぜん》というあり方は、かつては純粋禅との対比から一段低いものと見られてきたが、最近では元代での禅律教兼修のあり方を明らかにした宮氏の研究や、日本仏教における兼修禅的な性格を明らかにした諸研究が登場するなど（原田正俊『日本中世の禅宗と社会』、大塚紀弘《おおつかのりひろ》『中世禅律仏教論』、和田有希子《わだゆきこ》「鎌倉中期の臨済禅」など）、鎌倉時代末から室町時代までの仏教の実態が、兼修を基本とするものであったことが明らかにされている。これらの業績を踏まえると、碧潭周皎の経歴は、大陸の宗教状況とも合致した時宜にかなったものであったと言え、彼の住持招致へとつながったのである。

以上が地蔵院創建に至る概略であるが、他にもあまたある室町時代の禅院のなかで、じつは本寺院には、歴史研究上の大きな特徴がある。それは、創建当初からの文書が多く残されているという点である。

いうまでもなく、六〇〇年以上前の文書が今に残されているというのはそう簡単なことではない。このことは例えば、先に述べた細川家の公的な菩提寺であった景徳寺が今では寺自体が失われてしまっていることや、頼之の四代後、応仁の乱の一方の雄としても知られる細《ほそ》川勝元《かわかつもと》が建立し、現在でも石庭で有名な龍安寺《りょうあんじ》には創建当初の文書が残されていないことからも明らかだろう。そのために在京守護が南北朝期に創建した寺院について多くの情報を残

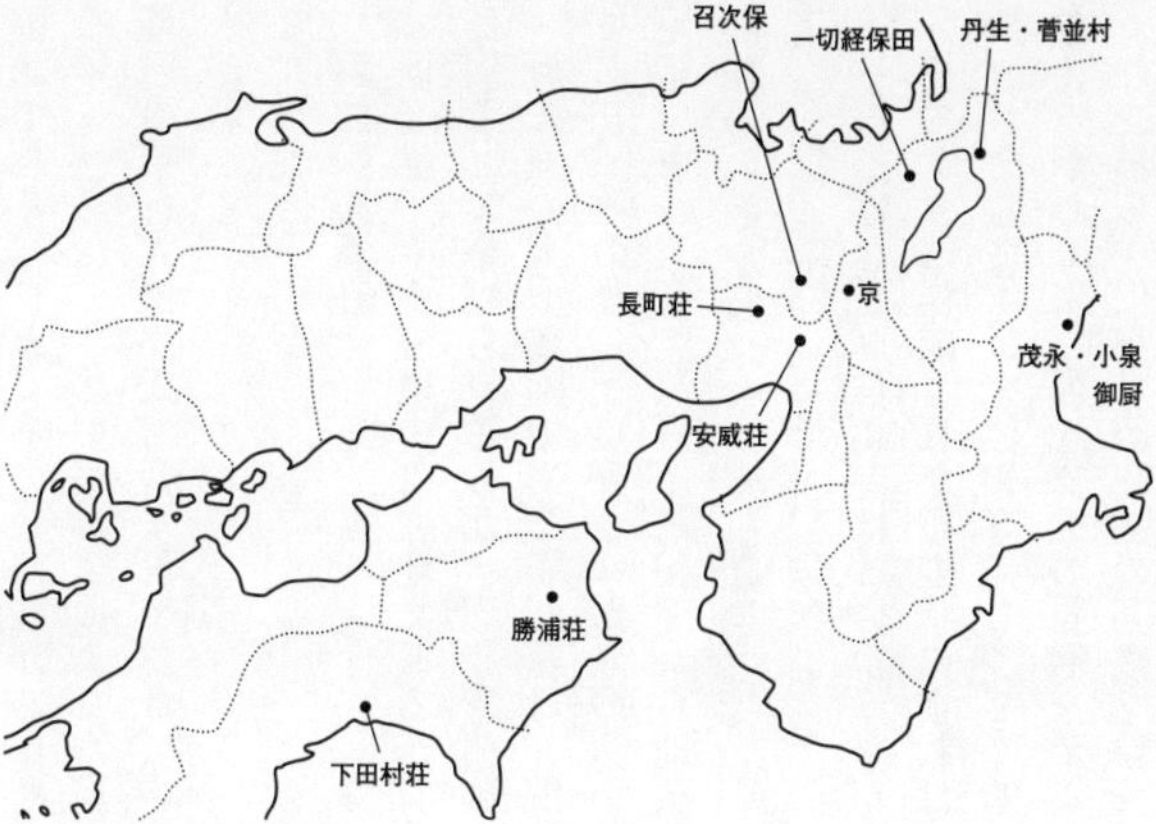

西山地蔵院主要所領

してくれている同寺の文書群は貴重なのである。

そこで、現在は京都大学総合博物館が所有する「西山地蔵院文書」を駆使して、創建時の地蔵院の様子を、寺領を中心にさらにくわしく見ることにしたい（大山喬平編『細川頼之と西山地蔵院文書』）。

まずは、地蔵院を建てる敷地の準備である。応永元年に細川頼之は地蔵院を建てるのに必要な敷地を買得し、その後、同院膝下の所領から寺領の形成が進められた。碧潭周皎への帰依《きえ》と、幕府最大の実力者であった細川頼之の威光の下、多くは寄進というかたちで寺領が形成されていたのである。

次が寺産の形成だが、摂津の山間部、現在の能勢町《のせちょう》に位置する長町荘《ながまちのしょう》も、寄進を受けた地の一つであった。同所は応安六年までには文章博士高辻長衡《たかつじながひら》から寄進を受けたことが確認できる。また、その長町荘から山を越え、現在の茨木市域にある安威荘《あいのしょう》の下司職も永徳二年（一三八二）に葉室長宗により寄進を受けている。さらに同院への寄進者には後述する幕府の奉行人摂津氏も含まれており、中級の廷臣や幕府官僚から同院が崇敬を集めていたことがわかる。

阿波国勝浦荘

以上は、中小規模の寄進地であるが、その中には大規模荘園も含まれていた。その代表的な例として挙げられるのが、円勝寺《えんしょうじ》領阿波国勝浦荘《かつうらのしょう》に関する事例である。阿波国の大型荘園である勝浦荘は、院政期に創建された六勝寺の一つである円勝寺の荘園であり、その後、天皇家とゆかりの深い仁和寺に管轄が委ねられていた。その勝浦荘が永和元年（一三七五）八月に仁和寺から地蔵院へと寄進されたのである。寄進の具体的な内容は同荘の「領家職半済所務職」を地蔵院へ与えるというもので、つまり、年貢の半分（「半済」）が地蔵院に寄進されたのである。

それではなぜ、仁和寺はこのようなかたちで地蔵院に寄進を行ったのだろうか。

そのときに作成された寄進状によれば、半分は地蔵院に与えるが、残りの半分は「興行の沙汰」をして年貢を仁和寺にもってくるべき旨が記されていた。勝浦荘からの年貢の半分を与えるかわりに、現地支配の貫徹を地蔵院に依頼したわけである。

ここから、仁和寺が荘園の回復を目論んで、細川家が外護していた地蔵院に寄進を行ったことがわかるのだが、仁和寺がこのような動きを見せたのは、この時期の幕府の荘園回復政策のもたつきに原因があった。

南北朝期以来、室町幕府は荘園回復を目指して、あいついで法令を出し、貞治五年の義詮による荘園知行の回復が断行された後、応安元年に応安の大法《たいほう》と呼ばれる法令を発令して、天皇家と寺社の所領の保護をうたっていた。しかし、前者は失脚した斯波氏の分国の一部に限定されたものであったし、後者は現地で押領していたのが守護以下の武士ということもあって、なかなかその命令が現地まで貫徹せず、荘園の回復は思うように進まなかった（村井章介「徳政としての応安半済令」、井原今朝男「室町期東国本所領荘園の成立過程」）。

では荘園の知行が回復できない間、荘園領主たちはどうしたかといえば、それは貧乏生活に耐えるばかりであった。三条公忠の窮状については先にふれた通りだが、この時期の寺社や公家たちの苦闘ぶりを語ると、枚挙にいとまがない。

私が検討したことのある事例でいえば、東大寺法華堂領長洲荘《ながすのしょう》（現在の尼崎近辺）の知行回復には、東大寺内部の金融関係者で、幕府や朝廷にも顔の利いた乾《いぬい》家のねばり強い交渉によってようやく知行を回復することができた（早島大祐「乾家と法華堂領荘園」）。この間、乾一族から借金を重ねていた法華堂側はその返済もあって以後の荘園経営を乾一族に委託することになるのだが、このように、幕府の荘園還付政策はあいついで出されたものの実効性に乏しく、いかに荘園から年貢を上げるかという問題は、実質的には荘園領主層の自助努力に任せられていたのである。

幕府の主導力もあてにならないなか、京都の荘園領主たちは、より効果の高い知行回復策を模索しており、そのうちの一つが、現地に顔の利く人物、具体的には守護とその関係者に荘園経営を委託するというものだったのである。

このような状況にあって、かつて仁和寺で修行した碧潭周皎が住持を務め、阿波守護である細川頼之が外護していた西山地蔵院は、阿波国勝浦荘の経営を正常化させるにあたってうってつけの存在だったといってよい。そのために以上のような条件つきで地蔵院に寄進がなされたのである。

それでは寄進を受けた地蔵院は、具体的にはどのようにして勝浦荘の興行を行ったのだろうか。

仁和寺との契約締結後、地蔵院は現地の禅院である補陀寺に又請けをさせた。先に述べた細川和氏の菩提所であり、かつ阿波国安国寺であったあの補陀寺である。ここからは、頼之の小刹である地蔵院と、阿波国における細川家の国菩提寺の一つである補陀寺とのあいだに、禅僧を通じた往来が維持されていたことがうかがえ、地蔵院はそのつながりをもとに、勝浦荘の知行回復を進めたのである。

京と阿波国のあいだには、在京守護細川家の往来に加えて、このような地蔵院と補陀寺のネットワークも形成されており、いわば守護の道と禅僧の道という二つのルートが補い合って存在していた。仁和寺の寄進も、このような地蔵院の阿波国とのパイプの太さを当て込んだものと考えられるのである。

同様の寄進としては、幕府奉行人摂津能秀《せっつよしひで》による土佐国下田村荘《しもたむらのしょう》の寄進も挙げられる。土佐国も、阿波国と同様に細川氏の領国であり、下田村荘自体が守護所に隣接する土地であったから、安定した知行実績を見込んでこのように寄進されたと考えられるだろう。

このように、阿波や土佐などの細川家の分国と京都を結ぶ都鄙《とひ》の回路は、守護の道と禅僧の道により構成されており、あたかも複数の糸をよりあわせた組紐のように強靱であった。これに加えて、阿波国は山崎神人の商圏に含まれていたから、守護の道、禅僧の道、そして商人の道という三つの都鄙を結ぶ回路で京都と密接に結びついていたのである。この地蔵院の事例は、細川家が京都に設けた私的な禅院の事例であるが、以下に言及する守護の禅院の経済基盤を考える上で、参考にすべきモデルケースといえるだろう。

斯波家の創建禅院

細川家の事例からうかがえたのは、文化的なたしなみとして自身の嗜好にかなった小刹を京に設け、父祖の菩提寺を創建するという在京守護の姿であったが、事情は他の守護たちにとっても同じであった。特に文化面で他の守護たちに比べて卓越していたのが、斯波家の人々である。

先に斯波《しば》高経《たかつね》・義将《よしまさ》親子が、貞治五年に佐々木道誉らとの対立から、分国に没落したことを見たが、義将は翌年には赦免され、義満の時代には幕政に復帰していた。義将は再び忙しく政務に勤しむかたわらで、嘉慶元年（一三八七）に絶海中津を開山として自邸を玉泉寺《ぎょくせんじ》に改め、さらに、明徳年中（一三九〇～九四）には春屋妙葩の甥である円鑑梵相《えんかんぼんそう》を迎えて嵯峨に法苑寺《ほうえんじ》を建立していたのである（今枝愛真「斯波義将の禅林に対する態度」）。

このように早期から二つの禅院を抱えていた斯波家であるが、京菩提寺になったことが確認できるのは、義将が没後に諡号された法苑寺のほうである。当初、義将の隠居所として建てられた法苑寺が、義将が没した応永一七年以降に菩提寺に改められたのだろう。斯波家における京菩提寺の成立は、ひとまず応永一七年と考えられる。

自邸を寺としたことからもうかがえる義将の禅宗への傾倒ぶりについては、早く今枝氏も指摘するところであり、別源円旨《べつげんえんし》、中巌円月《ちゅうがんえんげつ》といった、入元経験が長く、元代禅宗の新思潮を将来した曹洞宗宏智《こうち》派《は》の禅僧たちと深い交友関係を有していたことが知られている。細川家の事例では、その文化的素養については、地蔵信仰への傾倒や、補陀寺という寺号から大陸で流行していた補陀落渡海信仰の影響が垣間見られるに過ぎなかったが、以下では斯波義将が、右で挙げた禅僧以外に、ことのほかお気に入りだった中峰明本《ちゅうほうみょうほん》という禅僧との関わりから、在京守護の文化生活の一端をのぞいてみることにしたい。

中峰明本という人物は、きわめて個性的な禅僧であったことでよく知られている。彼は南宋の景定四年（一二六三）に生まれ、元朝の至治三年（一三二三）に亡くなった人物で、元においても優遇された禅僧である。現在残されている頂相《ちんぞう》（肖像画）を見ると有髪《ゆうはつ》であり、風貌からして異彩を放つ人物であった。その上、書体も独特で、その形象から柳葉体《りゅうようたい》と呼ばれる奔放な書体を駆使したことでも知られている。

たびたび述べてきた通り、この時期の元はアジアからヨーロッパ大陸にわたり領土を拡大しており、中峰の門下に集った人々も、モンゴル人、漢人、南人、西アジア人など異民族が混淆した多彩な顔ぶれであった。このような時期に入元した禅僧たちは、以上のような国際的な空気に直接ふれていたのである。

そして中峰は官寺に安住せず、林下として行動していたから、彼の個性に、人種混淆的な雰囲気があわさって、その門下にはいっそう、独特の気風が広がっていたと推測できる。彼の書は時代は下って戦国時代の茶会などで珍重されていたというが、確かに今の目から見ても、その風貌や書体は、日本林下の一休宗純《いっきゅうそうじゅん》などにも影響を与えたであろうことは一目瞭然であり、さらには近世の文人画の先駆も十分に感じさせてくれる。要は、数寄《すき》的な洒脱さの源流ともいえる人物が中峰明本だったわけだが、それを好んだ斯波義将という人物も、相当、好みがモダンだったといえるのではないだろうか。

中峰明本頂相（『道教の美術』展図録）

このような義将の大陸モダニズムは子孫にも影響を与えたようで、その息斯波義教は自身の作品が「新続古今和歌集」に入選し、また連歌師心敬《しんけい》により連歌の「大家」として細川《ほそかわ》満元《みつもと》、赤松義則《あかまつよしのり》とともに名前が挙げられるほどであった（『大日史』七—三二、四九頁）。

また、家臣も大陸文化に造詣が深かった。応永二七年に日本にやってきた朝鮮使節の応対一切を斯波家の宿老であった甲斐氏の部下、狩野氏が務めていたが、その所作振る舞いは「ほとんど倭風なく、我が国の謹厚の人と異なきなり」と絶賛されている（『老松堂日本行録』）。つまり言語に堪能で、文化に知悉《ちしつ》していたのである。ここからもわかるように、大陸文化と京の暮らしにもっとも深く適応していたのが斯波家だったのである。

斯波家の事例からは、当時の在京守護の文化度の一端がうかがえるのであるが、一方で、斯波家の禅をはじめとする文化への傾倒は、足許である領国経営の不徹底さにつながった可能性も高い。小川信氏は斯波氏の分国化や被官掌握のあり方が、細川氏と比較して不徹底であったことを指摘している（『足利一門守護発展史の研究』）。確かに斯波家においては、細川家と比べて、国菩提寺の徴証が乏しく、自邸を寺にするなど在京生活に軸足を置くのが早すぎたために、斯波家は一五世紀にはいって幕閣として十分に力を発揮できなかったのではないかとも考えられるのである。

山名家の創建禅院

続いて岡部恒《おかべひさし》氏、川岡勉《かわおかつとむ》氏の研究をもとに、山名家の創建禅院について見ていきたい（岡部「守護大名山名氏と禅宗」、川岡『山名宗全』）。

貞治二年に南朝方であった山名時氏が幕府に帰順したが、その時氏は応安四年（一三七一）に京都で病没した。彼が葬られたのは伯耆国の光孝寺《こうこうじ》で、光孝寺殿と諡号されたことから、先に見た細川和氏や頼春と同様に、分国で菩提が弔われたことがわかる。

時氏の没後に、伯耆、但馬両国の守護となった嫡子師義も、永和二年の没後には正受院と賜諡されている。同所は但馬国出石《いずし》の宗鏡寺《すきょうじ》の塔頭と推定される寺院であり、彼もやはり自身の分国に葬られたのである。

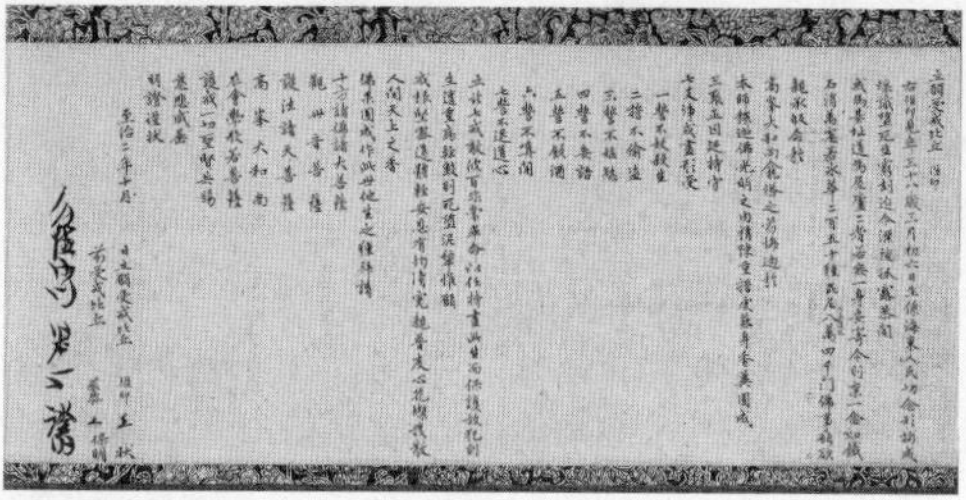

継印持戒立願文　奥の一行が明本の手になる柳葉体
（今日庵蔵。『わび茶の誕生』図録より）

師義の子時義《ときよし》は、康応元年（一三八九）に病没し、円通《えんつう》寺《じ》殿と賜諡されている。円通寺は現在も残る禅院で、これもやはり但馬国の寺である。このように南北朝期までは、山名家の菩提寺は領国内に置かれていたことが確認できるのである。

その後、山名氏は明徳の乱によりいったん、勢力を後退させたが、山名時熙の代には勢いを漸次回復させ、再び幕閣として存在感を見せ始めた。しかし、政界復帰が軌道に乗った応永二七年閏正月二一日に、嫡男満時《みつとき》が夭折するという不幸に見舞われてしまう。『康富記《やすとみき》』にはそのときの父時熙の悲嘆ぶりが記されているが、息子の菩提を弔うため、南禅寺《なんぜんじ》の一角に栖真院《せいしんいん》という院家を設けることになった。南禅寺栖真院の前身は栖真軒といい、そもそもは山名時熙が設けた小刹であったが、ここに、山名家で最初の京菩提寺が成立したのである。

円通寺（著者撮影）

栖真院で注目できるのは、その創建が、山名家が庇護していた林下の遠山派《えんざんは》寺院の再編にもつながっていた点である。

当初は南禅寺の一角におかれた一塔頭に過ぎなかった栖真院であるが、のちに山名氏が庇護した林下遠山派の本拠となり、遠山派の諸寺院を末寺化していた。時義の国菩提寺である但馬円通寺も南禅寺栖真院の末寺に再編され、さらには永《えい》享《きょう》七年（一四三五）七月四日に亡くなった山名時熙が供養された但馬大明寺《だいみょうじ》も栖真院の末寺になるなど、栖真院は山名家と遠山派にとっても京都の重要拠点になっていたのである。

寺院や文書を現在に伝えてはいない栖真院であるが、一五世紀半ばには山名氏の分国である因幡国大江郷《おおえごう》に寺領が存在するなど、先に見た西山地蔵院と同様に、寺領形成においても外護の守護の役割が大きかったと推測できる（川本慎自「室町期における将軍一門香火所と大徳寺養徳院」）。栖真院は時熙の代に隠居所として建てられた後、山名家の京菩提寺に転成し、山名分国と京を結ぶ守護の道と禅僧の道の拠点としての機能を果たしていたのである。

その後、山名持豊も南禅寺に塔頭真乗院《しんじょういん》を開創し、南禅寺には山名家所縁の二つの塔頭が存在することになったが、のちに述べる在京守護の京屋形の存在とともに、これらが有機的に複合しあって山名家の京都における核を形成していたのである。

細川家・山名家・赤松家の国菩提寺

赤松家の創建禅院

次に赤松家について、高坂好《こうさかこのむ》氏の研究をもとに見ておきたい（『赤松円心・満祐』）。

赤松氏も当初はほかの守護たちと同様に、領国に菩提寺を創建していた。

赤松家躍進の基をつくった円心赤松則村《えんしんあかまつのりむら》は、播磨守護に再任された次の年の建武四年（一三三七）、同国の苔縄《こけなわ》に雪村友梅《せっそんゆうばい》を請じて法雲寺《ほううんじ》を建立し、この寺が後に則村の菩提寺となった。則村の墓はほかに、雪村友梅のために京都に建立した建仁寺大竜《だいりゅう》庵《あん》に据えられ、京と播磨に分骨されていたわけだが、法雲寺殿という諡号から、中心的な菩提寺が法雲寺であったと見ることができる。

続く赤松則祐も、貞和元年（一三四五）に備前国新田荘中山《にったのしょうなかやま》に宝林寺《ほうりんじ》を創建した。

同寺は火災により文和四年（一三五五）に赤松村に移建され、同年に十刹《じっさつ》として官寺に認定された。則祐は、貞治六年（一三六七）に定めた条々に、赤松家の盛衰は、この宝林寺の興廃によるとしており、同寺が赤松分国の中心的寺院であったことがわかる。則祐は没後に宝林寺殿と諡号されているので、赤松家の信仰の核に位置づけられた同寺が、則祐の菩提寺となったのである。

このように赤松家の場合も、当初は分国に国菩提寺が造られていたことがわかるわけだが、赤松家において京菩提寺が誕生したのは、則祐の息義則《よしのり》のときである。義則は、応永二一年に建仁寺に龍徳寺《りょうとくじ》という禅院を創建していた。やはりこの寺も今日まったく残されてはいないのだが、さいわいなことに、同国の荘園を有していた東寺文書に関連史料が残されており、創建にあたり、守護赤松氏が分国の播磨国東寺領矢野荘《やののしょう》の荘民らを動員して作事を行わせた様子がわかる（「東寺百合文書」ら函一五）。すでに述べたように、義則は相国寺大塔や北山大塔の建築、北山第寝殿の建て直しなど義満の作事の多くを積極的に負担していたが、こんどは自身が閑居する禅院を創建するために、領国内の人々を駆使していたのである。応永三四年に義則が没した際に彼は龍徳寺殿と諡号され、ここに同寺は赤松家の京菩提寺としての役割を果たすようになるのである。

また義則は、応永一三年には京で進められていた北山大塔再建事業に呼応するかのように、播磨国宝林寺にも五重塔を建築しはじめていた。宝林寺が赤松家の盛衰と一体であるとされたことは先にふれた通りだが、京の大塔に倣うかのように、国菩提寺である宝林寺に五重塔を建てたことは、赤松家の興廃が京都の動向と一体であったことを端的に物語っている。このように義満に献身的に仕えた義則の基盤が京都に移るのは当然のこととい え、かくして義則は京にて菩提を弔われたのである。

和泉守護細川家の創建禅院

最後に取り上げるのは、細川家庶流で、和泉国守護を歴任した和泉細川家である。その様子を『細川家文書』から概観すると次のようになる。

応永五年の永源庵再建が失敗に終わったことは先に述べた通りであるが、それから一二年後の応永一七年に再度の再建が行われた。同年九月九日には、明徳二年に死去した細川頼有《ほそかわよりあり》の追善供養の資として、新たに和泉国日《ひ》根《ね》野荘《のしょう》入山田《いりやまだ》村《むら》の加造田三郎次郎知行分の半分を、子の頼長《よりなが》が寄進している。また、同日付でこれまでの寺領の寄進もあらためて確認され、これらの所領が建仁寺永源庵領として確定したのである。永源庵はここにようやくしっかりとした経済基盤を与えられることになった。

応永一八年には、当主頼長自身も早世し、その次男は遺言により永源庵に入寺する。また、応永二四年には時の当主細川持有《ほそかわもちあり》が永源庵式目を定めるなど、寺院の体裁は今回は挫折することなく着々と整えられていた。その背景には細川家の傍流であった頼有の血筋が在京守護の家として安定した事実があり、ここにようやく永源庵の経営が軌道に乗ったのである。

なお、ここで取り上げた在京守護以外にも、畠山家が建仁寺に西来院《さいらいいん》という院家を創建していたことが知られるが、手がかりに乏しく、隠遁の寺か菩提を弔う寺なのかは明らかではない（『応仁記』）。

京菩提寺の成立

以上、主立った守護たちの菩提寺創建について見てきた。京菩提寺には、当初から菩提寺として創建されたものと、当初は在京生活の閑居を目的に建てられた小刹が、当主の没後に菩提寺化したものの二つがあり、それによって京菩提寺の成立をどの時点におくかという点については若干の前後が見られるが、もっとも早いもので貞治三年の細川家の景徳寺、次いで応永一七年の和泉守護細川家の建仁寺永源庵、そして同じころに建てられた斯波家の法苑寺、応永二七年に菩提寺化した山名家の南禅寺栖真院、そして応永二一年に創建され応永三四年に菩提寺化した赤松家の建仁寺内龍徳寺という京菩提寺の存在が確認できた。創建の契機は、当主の死去や父祖の法要などさまざまであり、また、斯波家や山名家の事例のように、京菩提寺の前身である小刹の創建時期によっても多少の前後はあるが、一四世紀末から一五世紀初頭という時期が、在京守護による京菩提寺創建のラッシュであったということは、ひとまず結論づけてもよいだろう。

そのなかでも応永一〇年から二〇年代にかけての時期は重要である。なぜなら応仁の乱で一方の雄となる山名家や、その山名家としのぎを削ることになる赤松家、さらには細川家庶流の和泉守護家までもが含まれるなど、京菩提寺の創建が集中しているからであり、ここから応永中期に京菩提寺が一般的に成立していた状況が読み取れるのである。

右の点は、在京守護の家の成立という問題を考える上でも重要である。家の成立を考えるにあたっては、さまざまな定義の仕方があるが、歴史研究においてオーソドックスな定義の一つが家の墓の成立であり、京菩提寺の一般的成立からは、在京する守護の家の一般的成立も読み取れるのである。

山田徹氏が指摘するように、義満が国内を制覇した明徳年間以降、守護在京が確立していくが、彼らの多くが世代を重ね、京菩提寺の一般的成立が確認できる応永二〇年代ころには、守護在京制は、在京守護家の確立というかたちで、より安定したものとなっていた。すなわち、義持の時代までに在京するあり方が定着して、首都京都と地方とのあいだの都鄙の交通を縦糸にした社会構造がここに確立したと評価できるのである。

このことは、地域の経済と社会にも大きな影響を与えていた。

細川家の事例で見たように、京菩提寺の寺院財政の柱の一つは、それを庇護した守護の領国内の所領であり、守護の領国での支配力に依存していた。さらにはそれを当て込んで、京都の荘園領主たちから荘園経営の寄進や委託が行われるなど、京菩提寺と分国とのあいだに、守護の権力を背景にした安定した人・ものの交流がうかがえる。これまでこのような禅僧たちの活動は、公家の日記に登場する相国寺僧の動向などから断片的に指摘されるにとどまっていたが（新田《にった》英治《ひではる》「室町時代の公家領における代官請負に関する一考察」）、彼らの動きがそれだけでなく、守護創建禅院の僧たちも含んだ、広範なものだったことが明らかになるのである。

また山名家の事例で見たように、南禅寺栖真院を頂点に本寺―末寺関係が再編され、山名分国と連動するかたちで、禅宗寺院のネットワークが整備されていた。当然のことながら、山名の京菩提寺である栖真院の経営も、山名の分国から所領を寄進するかたちで行われたと考えられるから、山名家の京菩提寺とその分国のあいだにも、細川家と同様の展開があったことを想定してよいだろう。

さらに赤松氏の事例からうかがえるように、京菩提寺は領国から人員を動員してつくられていたから、そのほかの守護創建禅院においても事情は同じであったと考えられる。京菩提寺の創建は、荘園経営や分国からの人夫の動員といったかたちで、都鄙の行き来を活性化させていたのである。

京屋形・京菩提寺と「三つの道」

以上のように、京の東西の郊外で創建されていた京菩提寺が、在京守護の信仰と文化の拠点であり、かつ、この時期の都鄙交通の拠点の一つとなっていたことを述べてきた。都鄙交通の拠点という点では、京菩提寺のほかに在京守護の京屋形も重要であり、これらの京の拠点と分国の守護所や禅院とのあいだで室町時代の都鄙交通が進展していくのである。それぞれ、守護の道、禅僧の道と表現できる都鄙の行き来である。

さらに第五章で述べたように、それに先行するかたちで大山崎離宮八幡宮や延暦寺の神人たちが都鄙を往復して、諸商売を展開するなど商人の道を形成しており、室町時代の都鄙交通が、守護の道、禅僧の道、商人の道という三つの道により構成されていたことが明らかになる。あらためて、これら三つの道の形成過程についてまとめると、次の通りである。

①応安～永和年間（一三六八～七九）山崎神人を筆頭とする商人の台頭：商人の道
②明徳年間（一三九〇～九四）守護在京の定着：守護の道
③応永二〇年代（一四一三～）京菩提寺の一般的成立：禅僧の道

この一覧を見ると、これら三本の道のすべてがかたちになり、都鄙の交通が活性化していたのが義持の時代であったことがよくわかるだろう。そして当然のことながら、これら三つの道は相互に独立していたわけではなく、守護の道と禅僧の道は相互に関連しており、また年貢の京上に、商人がもたらした割符が用いられるなど、三つの道は密接に絡み合っていた。さらには守護が雇ったさまざまな国からの京上夫たちが道中をともにする様子は前章で確認した通りであり、これらの道は相互に関連し、横にも広がりを見せていた。首都京都における京屋形と京菩提寺という核を一方の起点とする、これら三つの道は、よりあわさり、時に横へも広がりを見せつつ、都鄙に張り巡らされており、一五世紀初頭までに首都京都を核とした都鄙間交通は、以上のようなしかるべき厚みと中身をもって再編されていたのである。

緊密に結びつく都と鄙

右で見た都鄙関係は、室町時代に特有なものであったが、その一つの結果として、都鄙の動向がきわめて敏感に相互作用することになった。

その一端は京都で行われた経典の書写事業からうかがえる。

応永一九年三月、讃岐国出身の覚蔵坊増範《かくぞうぼうぞうはん》という僧侶が、北野天満宮の天神法楽のために一切経《いっさいきょう》書写を企画した。一切経とはその名の通り、仏教の典籍をすべて集成したもので、その書写に結縁《けちえん》することは、仏教の大きな功徳が得られると考えられていたのである。

今回の書写事業は同年の三月から八月までの五ヵ月をかけて行われ、その結果、四八一六帖もの経典が書写された（『大日史』七―一六、一頁、梅澤亜希子《うめざわあきこ》「室町時代の北野覚蔵坊」）。今回の書写事業に結縁した人々は経典の奥書に名前と出身地を記しており、ここから讃岐、摂津という近国を中心に、北は越後、東は尾張、西は日向・薩摩の九州にまでの二〇〇人以上におよんでいたことがわかる。のちに増範は今回の事業の功績を評価されて、東寺の造営事業にも深く参画していくのだが（太田直之《おおたなおゆき》『中世の社寺と信仰』）、ここで注目したいのは、五ヵ月という短期間に、このように広範囲の地域から多くの人々が集まって一切経事業が結願した点である。書写そのものは北野社で行われていたから、これに参加した多くの国の人々は、このときに京に上洛していたわけであり、今回の書写事業は、この時期に多くの人々が都へ訪れていた事実を証明してくれるのである。

　これは京都における事例であるが、都鄙間交通の活性化は、一方の端である地方の寺社にも影響を与えていた。

　大田壮一郎氏は、近年、地方寺社の復興が応永二〇年以降、活性化することを指摘している（「室町殿権力の宗教政策」）。具体的には応永二一年の讃岐頓証寺《とんしょうじ》、応永二三年にはやはり讃岐の琴弾八幡宮《ことひきはちまんぐう》、応永二五年の豊前の宇佐八幡宮、応永二七年の出雲の日御碕神社《ひのみさきじんじゃ》である。それらのいずれにも足利義持が関与しており、それぞれの国の守護が介在するかたちで復興が行われていた。つまり、地方寺社の再建は、京都とも関わりを有すかたちで進められており、守護からすれば将軍権力を背景に、自身の権威を分国に見せつけることができたわけである。守護たちは、このように分国でも有力な地方寺社の修繕を積極的に進めていた。この章のはじめに、義持は父のような大規模造営は行わなかったと述べたが、その代わりに、守護を担い手として京菩提寺が創建され、さらには地方にも寺社修造というかたちで造営事業が展開していたのである。

　ここから都と鄙が連動した社会の様子をうかがうことができるのだが、それを可能にしたのが、たびたび述べてきた都鄙を結ぶ人の行き来の頻繁さと多様さであった。そして、このような社会がはっきりと姿を現すのが、応永二〇年前後であることに注意したい。先にも述べた通り、この時期に、商人の道、守護の道、禅僧の道という三つの道により都鄙がつながっており、その一つの帰結として、都鄙関係が緊密で、都鄙間の感度や反応といったものが前代と比べて大きく上昇した社会が形成されていた。足利義持の政治は、このような社会の再編を前提にして展開していくわけである。

2　足利義持の政治

義持初政の基調

以上の守護創建禅院に関する分析を土台にして、いよいよ義持の政治を論じる段取りとなったわけだが、義持が北山殿義満の例の多くを否定したことが知られる一方で、それではそもそも彼は、どのような政治を志向していたのだろうか。

最近の研究では、義持が範としたのが、義満政権の初期にあたる、「室町殿」義満の例であることが強調されている。これは主に朝廷儀礼との関わりに注目した論点であり、本書の時期区分でいうと、永徳年間から明徳三年までの朝廷改革と内乱の時期がそれに相当する。

確かに第二章でふれたように、義満が行った右大将拝賀儀式が、以後の幕府の先例と位置づけられたことからも、義満初政期の朝廷政策が以後の幕府の範となったことは間違いない。しかし、それはあくまで儀礼との関わりから見た幕府政治の一側面に過ぎず、義持の政治を論じるにあたっては、政治体制や財政の問題も視野に入れて議論を進めなければならないだろう。

また、先に述べた通り、義詮は自身の描いた政権構想を具体化する前に早世し、その構想をもとに細川頼之らの補佐を得つつ進められたのが義満の初期の政治であった。そのために両者を厳密に区別することはじつはむずかしい問題であり、北山殿義満以前の政治への回帰を考える際には、それ以前の幕府草創期の政治基調についても視野に入れておく必要があるだろう。

以上の点を考慮に入れた上で、実際に義持初期の朝廷政策を概観してみると、南北朝動乱期の幕府の基本路線を踏襲し、それを増補するかたちで進められた様子がうかがえる。

応永二〇年正月一一日に義持の御前で武家の評定始が行われた。参加者は斯波義教、細川満元、畠山満家《はたけやまみついえ》に近習を含めた十数名である。斯波と細川は連歌の「大家」と評された文化人であることをご記憶の方も多いだろう。これら錚々たる幕閣が集った年明け最初の閣議である評定始であるが、年始の行事だけに基本的には儀礼的、形式的な集いであることが多かった。このような場所での議案として、斯波義教は真言院《しんごんいん》を再建し、その費用として幕閣の大名が一人一〇〇貫文を供出する旨を発言したわけである（『満済准后日記《まんさいじゅごうにっき》』）。

真言院とは、内裏に設けられた建物であり、そこでは後七日御修法《ごしちにちみしほ》が行われていた。同祭祀が天皇の玉体安穏を目的とした修法で、そのために観応の擾乱期にも遂行が死守されたことについては、第一章で述べた通りだが、本来、それが行われていた真言院は、じつは文和二年（一三五三）に倒壊しており、それ以降、かわりに紫宸殿で御修法は行われていた。つまりは約六〇年もの長きにわたり、後七日御修法は代替施設で行われていたのであるが、このような状況を踏まえて、今回、幕閣のあいだで再建が議論されたわけである。

後の永享四年（一四三二）正月に義教政権において「真言院は近来、仮屋」であるとして再び再建が議題にのぼっているから（『看聞御記』）、今回の再建もあくまで「仮屋」に止まるものであったようだが、真言院の再建が提案された理由を考えると、それは本来のあるべき姿を取り戻すことを目的にしていたことが想定できるだろう。

そしてその再建が朝廷や義持からではなく、幕閣から提案されたことは重要である。というのもここから幕府が草創期から助成していた祭祀を、きちんとした本来のかたちに戻す動きが幕府全体の総意、政策基調であったと考えられるからである。

このような幕閣たちの動向は、財政史からも裏づけられる。

応永二五年の後七日御修法では、土岐持益《ときもちます》、京極持高《きょうごくもちたか》、赤松義則といった幕閣と関東管領上杉憲基《うえすぎのりもと》から各二〇貫文、土倉の禅住坊から八〇貫文を拠出するかたちで行われ、幕閣も含めた全員でこの祭祀が維持されていたことがわかる（『大日史』七―二九、四二一頁）。そのほかにも応永二二年には山名時熙、斯波義教に大嘗会行幸の供奉人への資金供出も求めているから（『大日史』七―二三、一九頁）、従来、補助してきた儀礼・祭祀に対して資金を提供するというのが、このときの義持政権の政策基調であったといえるのである。

即位式への出資

即位式についても、義持以下幕閣が積極的に資金を提供している。

応永二一年一二月一九日に称光天皇の即位式が行われた。そこで必要だった用途に関しては、現在、宮内庁書陵部が蔵する「即位調進物下行等」という記録から、ある程度までは復原することが可能であり、この記録を用いて支出の状況を見ると次の通りになる。

　これによるとまず、伊勢神宮に即位した旨を報告する由奉幣《よしのほうべい》と御方違行幸料《おかたがえぎょうこうりょう》として、二七一二貫六〇〇文が計上され、次に出席する院以下への助成金として、一〇三二貫八〇〇文、女房らの礼服などの即位調進物として三八五貫五〇〇文、即位装束などの費用として一一三三貫一〇〇文が挙げられている。さらに、砂金・銀・熊皮などの調度品の費用として八〇五貫七〇〇文が計上されており、これらを合計すると、支出は合計で六〇六九貫七〇〇文にものぼっていた。現在の金額に換算すると、一貫文＝一〇万円として、約六億円もの支出が見込まれていたわけである。

　それではこれだけの巨額の用途はどのようにして賄われたのだろうか。

一つはやはり武家からの助成金である。

　由奉幣と御方違行幸料のうち、一九二九貫六二〇文分は武家からの助成で賄われ、具体的には義持以下、管領細川満元、斯波義教、畠山満家、山名時熙、一色義範《いっしきよしのり》、京極持高、赤松義則、大内盛見《おおうちもりみ》、細川満久、細川頼重《ほそかわよりしげ》、山名氏之《やまなうじゆき》、山名煕高《ひろたか》、細川基之《もとゆき》、細川持有、上杉房《うえすぎふさ》方《かた》、土岐持益、畠山満慶《はたけやまみつのり》、細川満俊《みつとし》、富樫満春《とがしみつはる》、富樫満成《みつなり》といった面々により拠出されていた。

　もう一つは朝廷の伝統的な財源からであり、残る一八一二貫文については段銭から支払われていた。公武双方からの支出額はほとんど同じ配分となっているのである。

しかし、支出はこれだけではない。即位調進物については、関東の鎌倉府からの御訪として二〇〇貫文が提供され、また天台座主から一〇〇貫文、さらには天皇家領である長講堂領《ちょうこうどうりょう》巨勢荘《こせのしょう》から二〇貫文、和泉国国衙から五五貫文と合計三七五貫文が拠出されている。

残る即位装束料の一一三三貫文余と砂金代などの八〇五貫文余については、残念ながら史料に財源が記されておらず不明である。ただし、即位調進物用途で不足していた四〇貫文に関して、装束六具分を省略し、それでも足りない場合は、成功を用いようかとの注記が右の記録に付されていることを踏まえると、朝廷からのこれ以上の出資は期待できなかったと見るべきだろう。おそらくは一部を省略しつつ、幕府が補塡した可能性が高いのではないだろうか。

以上が称光天皇即位式に関する資金の出し入れであるが、ここから、管領以下の幕閣が用途を出資していたことがうかがえる。従来も幕府から御訪というかたちで助成が出されていたが、今回の即位式においては、有力守護以下が目に見えるかたちで、朝廷儀礼に出資していたことが確認できるのである。

幕閣たちの成熟と「古典復興」

右の検討からは、天皇家や朝廷の儀礼・祭祀に対して、守護以下の幕閣が、目に見えるかたちで費用を分担していたことが明らかになったが、これは従来のあり方からすれば大きな変化だった。

義満の時代までには守護が資金を拠出するのは、将軍の邸宅造営など、武家の長に対するものであった。相国寺や北山第の創建に対して、守護層が「一殿一閣」の造作を負担したことは先に見た通りであり、これは主従制的原理に基づく、武家らしい資金拠出のあり方であった。

しかし、真言院の再建が在京守護たちの提案で行われ、資金が提供された事実は、守護たちからの資金拠出の対象が足利家だけではなく、朝廷の祭祀・儀礼にまで拡大したことを意味している。もちろん、それ以前の幕府から朝廷への資金提供の元資も、実際には守護以下から提出されていたわけだが、守護らが資金を拠出することを明記するかたちへと変化している点がここでは重要であり、守護たちの独自性、さらには義持と彼らが一体となって政治を行っていた実態がうかがえるのである。

では、なぜこのような変化が生まれたのだろうか。

政治体制が以上のように変化した原因としては、まず義持政権の政治形態を挙げるべきだろう。義満が晩年に寵愛した義嗣《よしつぐ》ではなく、義持が将軍に擁立された最大の要因には、幕閣層、特に斯波義将の後押しがあった。義持が彼らを重用したのも、このときの経緯が大きく作用していたと考えられ、義持政権は発足当初から、在京守護ら幕閣の力によるところが大きかったために、以上のような守護と一体となった政治形態をとったと見られるのである。

以上は一般的に知られる事柄であるが、ここで注目したいもう一つの要因は在京守護層の政治・文化力の拡大である。

朝廷儀礼・祭祀を本来の姿に戻そうという守護たちの動きからは、儀礼・祭祀への理解の深まりがうかがえる。じつは今回の称光天皇の即位式でも、貞和五年（一三四九）以来、絶えていた伊勢神宮への奉幣行幸が復活しており、その背景に幕府側の資金援助と儀式への理解があったことを読み取るのは容易である（「荒暦」応永二一年一二月一三日条）。

このような理解の深まりの背景については、守護在京の定着と京菩提寺の成立をキーワードにして先に見た通りであるが、この点に関連して、足利家の先祖追善目的で作成された『融通念仏縁起《ゆうずうねんぶつえんぎ》絵《え》巻《まき》』の制作参加者の分析から、応永二一年開版本には守護層の文化事業への関与が広範に見られることや、その動向が明徳二年開版本にまで遡る可能性の高いことを指摘した高岸《たかぎし》輝《あきら》氏の研究が注目される（「絵巻転写と追善供養」）。この指摘も参考にすれば、義満期以降の守護在京の定着によって守護たちが京の水になじみ、政治や文化への理解が深まった様子が推測できる。そしてこれは今までいわれてきた禅宗的な教養だけに限定されず、従来の朝廷文化をも吸収したものであり、その意味で在京守護たちによる朝廷の儀式・祭祀を本来の姿に戻そうという動きは、「古典復興」的要素を多分に含んだものだったと評価できるのである。

このように、政治力の変化に加えて、禅宗を通じて大陸の最先端の文化を吸収し、かつ「古典復興」的関心を高めていたというのが、この時期の幕閣たちの教養レベルだった。このことを背景にして、右で見たような守護らが主体的に朝廷儀礼を庇護し、資金を提供するあり方につながったと考えられるのである。

義持の朝廷政策

義持期の政治は以上のような幕閣の政治的・文化的成熟を背景に、朝廷の儀礼・祭祀に対する理解を深めていたことが明らかになるのだが、しかし、少し意外なことに、実際の儀式・祭祀の遂行状況を見ると、じつは義満期と同様に低調であることがわかる。

次頁に掲げる表をもとに、義持執政の最初の五年間にあたる応永一六年から二〇年までの儀礼・祭祀を見ると、二月の祈年祭、六月の月次祭・神今食、九月の伊勢例幣は行われたことが確認できない。また釈奠《せきてん》、鎮魂祭にしても、応永二〇年に一度開催されたことが確認できる程度であり、新嘗祭も応永二二年の代始めの大嘗会を除けば行われていないのである。

その一方で後七日御修法や賀茂祭は、従来通りに連年開催されており、右の遂行状況からは、少なくとも初期の義持政権での儀式・祭祀の遂行状況は、従来通りに、幕府草創期以来、幕府が挙行を守ってきた祭祀・儀礼については手厚く保護をする一方、それ以外は基本的に放置していたことがわかるのである。

とすれば、この時期にうかがえる朝儀の再興の動きについては、評価を限定しておく必要があるだろう。つまり、義持初政の朝廷政策は幕府草創期以来の枠組みからは逸脱しない、限定されたものであり、右で見た「古典復興」の動きも、あくまで旧来のあり方を重点化したものに過ぎず、幕府草創期以来の伝統的な朝廷政策を踏襲していたものだったのである。

もちろん、尊氏・義詮の時代には、資金の出し方にせよ、官位にせよ、朝廷とどのような

釈奠［8月］	例幣［9月］	鎮魂祭［11月］	新嘗祭［11月］	月・神［12月］	追儺［12月］
—	—	—	—	—	—
—	—	—	—	—	—
—	—	—	—	—	—
—	—	—	—	—	—
—	—	○	—	—	○
—	—	—	—	—	○
—	—	—	○	—	—
—	—	—	—	—	—
—	○	—	—	—	—
○	—	—	—	△	—
—	—	—	—	—	—
○	○	—	—	○	—
—	○	○	—	—	—
—	—	○	○	△	○
○	—	○	○	○	○
○	○	○	○	○	—
—	▲	○	○	▲	○
△	○	○	○	○	○
△	—	○	○	○	○

かたちで向かい合うかは、はっきりとは定まっていなかったから、義持は草創期のあり方をそのまま踏襲したわけではない。義持は父義満のやり方に対しても否定的だったから、朝廷の儀礼や祭祀とどのようなかたちで向かい合うかを独自に決定しなければならなかった。だとすれば、内大臣という官位の選択にせよ、最近の研究で指摘される朝廷儀礼における摂関家に準じた振る舞いなども（石原《いしはら》比伊呂《ひいろ》「准摂関家としての足利将軍

	後七日［正月］	祈年祭［2月］	釈奠［2月］	賀茂祭［4月］	月・神［6月］
応永16年(1409)	○	—	—	○	—
応永17年	○	—	—	○	—
応永18年	○	—	—	○	—
応永19年	○	—	—	○	—
応永20年	○	—	○	○	—
応永21年	○	—	—	○	—
応永22年	○	—	—	○	—
応永23年	○	—	—	○	—
応永24年	○	—	—	○	—
応永25年	○	—	—	○	—
応永26年	○	○	△	○	—
応永27年	○	△	—	○	—
応永28年	○	—	—	○	—
応永29年	○	○	○	○	○
応永30年	○	○	○	○	○
応永31年	○	—	○	○	—
応永32年	○	○	▲	○	○
応永33年	○	○	△	○	○
応永34年	○	○	△	○	○

表4

家」など)、このような伝統的朝廷政策を踏襲する上で、これまでの経緯も考慮しつつ、義持が採用した形式であったと見るのが穏当な考え方ではないだろうか。

その意味で義持の初政は、父の政策の仕分けと、幕府草創期以来の朝廷政策の遵守を基調としたものであったといえる。義持といえば、伊勢神宮参拝などに見られる信仰への傾斜や、禅宗・唐物への心酔ぶりが知られているが、少なくとも初政期における彼の政策の具体的内容は、自身の嗜好を除けば、さほどの新味が見られぬものであったのである。

3　公武統一政権

以上のような在京守護層との協調を背景に、幕府草創期からの朝廷政策を踏襲するかたちで進められた義持初政の政治であったが、この状況は思わぬかたちで転換を迫られることになった。

応永の外寇

そのきっかけとなったのが、対外関係の問題である。

応永二六年（一四一九）六月二〇日、朝鮮王朝の武官李《り》従茂《じゅうも》《イジョンム》は一万七二八五人の大軍を率いて、対馬《つしま》へと上陸した。朝鮮側がこのような軍事行動を起こしたのにはもちろん理由があり、前月の五月に倭寇の一団が朝鮮半島沿岸部を襲撃しており、倭寇の本拠地と目された対馬に、被虜人の救出を一つの目的に今回の大軍派兵が行われたのだった。応永《おうえい》の外寇《がいこう》、韓国では己《き》亥《がい》東征と呼ばれる事件がこれであり、以後、半島を襲う倭寇が消滅、いわゆる「前期倭寇」の時代の終わりを象徴する事件として知られている（佐伯弘次《さえきこうじ》『対馬と海峡の中世史』など）。

このように大規模な軍事行動が展開されたのであるが、一月後には島主宗貞盛《そうさだもり》との交渉もあって、朝鮮からの軍団は撤兵していた。これだけを取ってみれば、倭寇を巡る現地での小競り合いであったといえるのであるが、今回の一件はこの事件にまったく関与しなかった中央にも意外な影響を与えていた。

それは幕府や朝廷に対して、多くの寺社からさまざまな異変が報告、あるいは喧伝されたことである。

『看聞御記』応永二六年六月二五日条には、出雲大社で震動と流血があり、西宮荒戎宮《にしのみやあらえびすのみや》でも震動があったとの記事が見える。また、北野社からも「御霊」が西方へ向かって飛んでいったといわれ、さらに二四日には石清水八幡宮の鳥居が義持参籠中に風もないのに転倒したことも記されている。また、『満済准后日記』では熱田社や石清水八幡宮の神々が、伊勢へ向かい、評定を行っているとの噂が記されるなど、神々の戦いが、このように噂として京中に流布しており、今回の応永の外寇を契機とする一連の騒動が、各地の寺社にとって、神々の戦功を幕府に誇示する格好の材料になり、思わぬかたちでの騒動を中央で生みだしていたのである。

祈年穀奉幣の再興

このように騒々しい雰囲気のなか、幕府はある決断を行った。応永二六年（一四一九）七月五日、義持は祈年穀奉幣《きねんこくほうべい》という祭祀を再興するように廷臣に命じたのである（『兼宣公記』）。

連年行われていた後七日御修法と賀茂祭を例外として、南北朝動乱以降、ほとんどの祭祀・儀礼は断続的に行われるに過ぎなかったが、この祈年穀奉幣は、延文元年に中止されて以降、まったく行われていなかった祭祀であった。それが今回、幕府の令によってじつに六三年ぶりに再興することが決定されたのである。

では、なぜ今回、祈年穀奉幣が再興されたのだろうか。

『看聞御記』によれば、今回の再興は「諸社、諸国怪異もってのほか」であったためであると記されている。応永の外寇を背景に、諸国の神社から異変が報告されていたことは先に述べた通りであり、それを受けるかたちで、今回、祈年穀奉幣が再興されたと考えられる。南北朝動乱で途絶えた儀礼・祭祀には冷淡だった義持政権も、対外問題の緊張を契機に、諸社が功績を喧伝した甲斐あって、長く途絶えていた祭礼の復活に動いたわけである。

それではなぜ、復興されたのが祈年穀奉幣だったのだろうか。その答えの鍵は、この祭礼が伊勢神宮の祭礼だった点にある。

足利義持の伊勢信仰の篤さはよく知られており、歴代の将軍のなかでも最多の二〇回もの参宮を行うなど、群を抜いたものであったことが知られている（山田《やまだ》雄司《ゆうじ》「足利義持の伊勢参宮」）。このような義持の篤い信仰を背景として、応永の外寇を契機に多くの寺社が神々の戦功を喧伝するなかで伊勢社への奉幣の一つが再興されたと考えられるのである。

ただそれでも疑問は残る。それは、祈年穀奉幣という本来は豊作を祈る目的で行われていた祭祀が今回、復活させられた理由である。じつはその背景には、対外関係の緊張だけではない、この時期の別の社会不安も存在しており、この点についても注意を向けておく必要がある。

別の社会不安とは飢饉の存在である。当時の日記類を繙《ひもと》くと、応永二五年はなかなか雨が降らず、四月二一日には相国寺、天龍寺、南禅寺などで祈雨の祈禱が行われた。しかし、それでも雨には恵まれず、六月一九日には東寺や三井寺《みいでら》に対しても祈禱が命じられるほどであった（『看聞御記』『満済准后日記』）。農作物の成長期だったにもかかわらず、水不足はこれほどまでに深刻であり、外交の問題に加えて、飢饉への不安が祈年穀奉幣再興の背景にあったと考えられるのである。

祈年穀奉幣の財源

このように、幕府は応永の外寇と飢饉の発生を契機として、祈年穀奉幣という祭祀を復活させたわけであるが、二六六〜二六七頁の【表4】からは、この前後には祈年穀奉幣だけに限らず、そのほかの祭祀・儀礼も復活していたことが明らかになる。これらの祭祀・儀礼が挙行された理由としては、やはり祈年穀奉幣と同様に、この時期の社会不安への対処があったと考えられるわけだが、南北朝動乱以降、不安定な遂行状況にあった朝廷の祭祀・儀礼が、ここにようやく幕府からの資金援助を得て、安定して遂行されるようになっていたのである。

ただし、当然ながらそれには資金が必要であったが、義持が明と断交した結果、北山殿義満期の財政を潤していた貿易利潤も見込めない状態であり、幕府はこのようにして生まれた新たな財政要求に対して、いかに資金を調達すべきかが、次の問題として浮上していた。

では、幕府はどのようにして財源を確保したのだろうか。この点を先の祈年穀奉幣から見ると、今回、同祭祀が再興されるにあたり、費用として二八一貫七〇〇文もの額が計上されており、一一〇貫八〇〇文を土倉酒屋役、残りの一七〇貫九〇〇文を国役《くにやく》から拠出するように指示が出されていた。つまり、土倉酒屋役と国役が財源の二つの柱となっていたのである。

ここでまず注目すべきは、土倉酒屋役の活用である。祈年穀奉幣という祭祀は、これまでは朝廷が執り行ってきた祭祀であり、その資金として、足利家の私的な財源であった土倉酒屋役が、今回、明確に財源として組み込まれているのである。先に述べたように、このときまでには、守護在京を軸に首都圏が形成され、首都に富が集中する状況が生まれてきていたが、その富を効率良く吸収できる土倉酒屋役の存在が、貿易利潤の途絶にともなう新たな財源要求を契機として、ここでようやく大きな注目を集めることになったのである。

次にもう一つの財源として挙げられた国役について見ておきたい。これは守護自身が管領する分国の数に比例して負担していた役である。守護が幕府の長に対して資金や労力を供出することは、幕府草創期から見られたあり方であり、国役もその系譜を引くものといえるのだが、ここではその拠出が、一種の税のようなかたちで行われていた点に注意したい。

このように述べるのも、国役から支出される資金に端数が見られるからである。

今回の祈年穀奉幣では、一七〇貫九〇〇文という額が国役から出されたが、これは、守護が主体的に出す額としてはいかにも中途半端である。すでに端数の出資金の存在は応永二一年の称光天皇即位式でも見られ、そこでの拠出額は一九二九貫六二〇文であった。

なぜここで端数の存在にわざわざ注目するのかというと、ここからは、守護らが自主的に拠出するものというよりも、むしろ必要な額を頭割りにして、機械的に賦課された様子がうかがえるからである。真言院再建の資金が、守護からの申し出を受けるかたちで自主的に進上されたことを想起すれば、この差は歴然といえるのではないだろうか。守護からの申し出という手続きすらも踏まなくなった分、それだけ国役は税として純化していたといえるのである。

このように祈年穀奉幣という朝廷の祭祀を復活させるにあたり、幕府は土倉酒屋役と国役の二つの財源から資金を捻出していたことがわかるわけだが、その先蹤は応永二五年の後七日御修法に求められる。このときには土倉の禅住房から八〇貫文、一色義範、土岐持益、京極持高、赤松義則、上杉憲基の五名から二〇貫文が徴収されており、このころから、土倉酒屋役と国役を柱とする財政構造が生まれつつあったことが確認できるのである（『大日史』七—二九、四一一頁）。貿易利潤という大きな財源を欠いた幕府は、以上のようなかたちで財政のあり方を変化させており、その一つの結果として、当初は足利家の私的な財源だった土倉酒屋役が公的用途に用いられるようになったのである。

以上のような幕府財政の変化は、当然のことながら、資金管理のあり方にも変化をおよぼしたと考えられる。

この点をまず公的用途に用いられた土倉酒屋役の管理者であった山徒の蔵から見ておくと、先にもふれたように、応永二一年の称光天皇即位の際に課された段銭を管理していたのは、禅住房という山徒であり、朝廷の財源であった段銭への関与が進んでいたことがわかる。応永末年までには彼らが役夫工米という段銭の徴収にまで関わっていたことがすでに明らかにされており（百瀬今朝雄「段銭考」）、その傾向は拡大する一方であった。

また、応永二一年の大嘗会酒鑪役では山徒定蔵坊が料足を管理しており（「押小路家文書」）、後円融の代に酒鑪役が造酒正中原家によって徴収されていたことを想起すれば、ここからも山徒の蔵の業務拡大は明瞭である。

たびたび述べてきたように、土倉酒屋役が足利家の私的財源であった以上、その管理を行ってきた山徒の蔵も、その意味であくまで足利家内部の存在に過ぎなかった。しかし、応永二〇年代から、彼らは朝廷の課税にも関与しはじめ、また、その資金が朝廷の祭祀にも用いられたことから、彼らが足利家の蔵という立場から、朝廷の祭祀・儀礼にも関わる公的な蔵へと転成していたことがわかる。のちに彼らは公方御倉と称されるが、以上のような土倉酒屋役の国家財源化を背景に、公方御倉への転成が進められたと考えられるのである。

国役の管理についても同様の変化が見られた。

先に見た通り、守護の蔵は、それぞれの守護の下級武士たちが管理するものであったが、国役も、土倉酒屋役と同様に国家財源化した以上、資金の管理も個々の守護から離れて、幕府が統括的に管理する必要が出てきたと考えられる。

この推測の傍証となるのが、籾井《もみい》氏という公方御倉の存在である。

じつは彼は山徒中心に構成される公方御倉のなかで唯一の俗人であることがこれまで知られてきたのだが、その活動は、応永二二年七月に山門社参の際に用いる手輿の修理費用の支払いや（『兼宣公記』）、応永二五年一二月には法身院天神堂《ほっしんいんてんじんどう》の修理用途の拠出の際に見え（『満済准后日記』）、応永二〇年代からその動向を確認することができる。この時期の籾井の実名についてはわからないが、のちの文明《ぶんめい》年中（一四六九〜八七）には籾井久俊《ひさとし》、久次《ひさつぐ》という人物の存在が確認できるから（「政所賦銘引付」一四三、五一二）、応永年間に活動した籾井某もおそらくは久の字を通字としていたと考えられる。

籾井の人物像については、公方御倉唯一の俗人という以外に、これまで研究の蓄積がなく、幕府財政の中枢にいたわりには、今ひとつよくわからない人物であった。その一因はもちろん、彼に関する情報の少なさにあるのだが、このような史料状況のなかで、彼の出自を考える上で注目したいのは、義満の側近であった結城《ゆうき》満藤《みつふじ》の家臣のなかに籾井久基《ひさもと》という人物がいた点である。じつは彼も久の字を名乗りにしており、結城被官の籾井氏と、義持以降に公方御倉を務めた籾井氏とが、同一の家である可能性はきわめて高いのである。

先にも推定した通り、応永元年に結城満藤が山城国守護に抜擢された理由には、この時期に進められた北山第造営事業の財源を獲得する目的があった。つまりは、あいつぐ造営を賄うために、義満は側近結城満藤を山城国守護に任命し、そこからの資金をあてにしたのである。

とすれば結城の下にいた籾井久基が、結城の蔵の実務的な管理者であった可能性は高いだろう。そしてその流れをくんだ籾井姓の人物が公方御倉に組み込まれていたのだから、その役割も同様であったと見るべきではないだろうか。つまり、結城家の一家臣に過ぎなかった籾井某が、その実務能力を買われ、国役の管理をするために、幕府の公方御倉に抜擢されたと考えられるのである。

以上、公方御倉籾井の出自と性格変化について推測を加えてきたわけだが、この推論が妥当だとすれば、応永二〇年代に幕府財政の柱が土倉酒屋役と国役へ変化するにともない、土倉酒屋役を管理していた山徒と、国役を管理していた籾井が公方御倉に転成していく様子が明らかになるのである。

なお、このように役割を拡大していった公方御倉とは対照的に北山殿権力を支えた貿易利潤を扱う倉であった阿弥姓の遁世者の蔵は、幕府財政の以上のような変化のあおりを受けて役割を縮小させることになる。対明貿易は、次の義教の時代には復活するものの、財政規模においては義満の時代とは比べるべくもなかったから、彼らは財源の管理者としての役割を失い、以後、唐物の管理などの目利きに特化した役割を果たすことになるのである。

都市依存型財政への転換

以上のように、応永二〇年代に幕府財政が大きく変化したことを明らかにしてきたわけだが、それではこのような財政上の変化をどのように評価すべきだろうか。

国役は在京する守護たちから拠出されるものであり、領国からの徴収方法は、守護に一任したままであった。実際には、守護代さえも領国を離れて京にいることが多かったから、又守護代以下の階層が現地の維持と管理を任されることになる。これは同じく国単位にして賦課された段銭が一国の土地そのものに直接賦課されたことと比較すれば、大きく異なる点であり、幕府は、守護の領国統治機構に依存するかたちで国役を徴収していたのである。

もう一つの土倉酒屋役が首都京都へ集中した富を吸い取る財源であったことを想起すると、義持期に財政構造が転換した結果、幕府は直接、在地に関与せずに富を吸収することが可能になったことになる。つまりは、首都京都という都市に大きく依存した財政構造がここに生まれたわけであり、これは都市依存型財政の誕生と表現すべき出来事なのである。

都市依存型財政への転換は、単に幕府財政上の変化だけに止まらず、社会全体にも大きな変化を与えるものであった。

院政期以降に成立した中世国家財政が、現地に直接、税をかける段銭を大きな柱にするものであり、「王土王民思想」の実質的な根拠であったことは先にふれた通りである。この点を踏まえると、都市依存型財政への転換は、今度は逆に、国家支配のあり方さえも変えるものであったと考えられるのではないだろうか。

これは具体的には、在地支配の間接化という変化として現れる。

国役の徴収が、守護の領国統治機構に依存していたことは右で述べた通りだが、室町時代の段銭制度について明らかにした田沼睦《たぬまむつみ》氏は、義持の後の義教の時代に、一国全体に課税を賦課する段銭が守護の請負となり、また守護が自身の財政目的で段銭を賦課する事例が増加していくことを指摘している（『中世後期社会と公田体制』）。これは、地方支配の実務を担っていた守護代、あるいはさらに下の又守護代といった階層の権限を大きく拡大させることへとつながり、このような地方支配の間接化の淵源に都市依存型財政への転換があったと考えられる。

また土倉酒屋役が、商人の道を経由して首都に集められた富を、居ながらにして吸収できる財源であったことは、これまでたびたびふれてきた通りである。このようにして幕府による地方支配・在地支配は間接的なものへと変化していたのである。

室町幕府の財政に関しては、応永の外寇後の日朝関係を修復するために来日していた朝鮮使節による「国に府庫なし、ただ富人をして支待《ママ》せしむ」（『世宗実録』）という指摘がよく知られているが、以上のように義持期に財政構造の転換が進められたことを踏まえると、朝鮮使節の右の証言は、方針転換をしたばかりの幕府財政の本質をいち早く的確に言い当てたものだといえるのである。

「下剋上」の歴史的前提

以上のようにして、多くの業務や権限が、現地の人間に実質上、委任されることになったのだが、よく知られる、「下剋上」の問題も、ここまで本書で考察してきた、首都圏の形成や都市依存型財政の成立といった、義持期の政治・社会構造の変化と密接に関わっていたと考えられる。

一般に、この時期の社会状況を指す言葉として「下剋上」という言葉がよく用いられ、この言葉に象徴される民衆たちの活躍が、中世後期の一つの大きな時代基調を成すと把握されていることは周知の通りである。私も中世後期の社会相の一端がこのようなものであることに異論はないが、けれども一方で彼らの力が何もないところから生まれたと見るだけならば、それはいささか空想的に過ぎる考えである。彼らの力の源の一つとしては、以上のような、在地支配の間接化という社会構造の変化があったことについても押さえておく必要があるのではないだろうか。

さらに、この時期に多くの中間層の人々の活動が顕著になる背景としては、義持期以降に幕府が執り行う仕事が増えた結果、それらの職務を、中間層以下が担いだしたという事実も見逃せない。

応永二〇年代後半以降に朝廷の祭祀・儀礼の多くが再興されたことは先に述べた通りだが、このことは費用の負担だけでなく、在京守護以下の武家層の仕事の負担も増加させた。そのためには、相応の人員が必要であり、彼らは自前の家臣を在京させて事にあたらせる一方で、京郊荘園の住民たちを被官にして、彼らを駆使することで職務をまっとうしようとしていたのである。

以上のような在京守護たちの動向は、京都近郊の社会にも大きな影響を与えていた。

従来の都鄙の支配関係は京の荘園領主と地方の荘民という関係を基調としていたが、それに武家との被官関係が加わり、都鄙の関係をいっそう複雑かつ濃密にしていた。在地社会の側からすれば、荘園領主と武家の双方から負担がかけられて、生活を圧迫するものであったが、その一方で、荘民で武家被官という立場は、従来の支配関係を相対化する役割も果たしたと考えられる。

この点に関わって注目すべきは、このころから荘園の荘官たちが、在京守護たちから役を負担されるにあたり、「国人」と表現されはじめることである。伊藤俊一氏はこの変化を沙汰人層の国人化と適切に表現している（「中世後期における『荘家』と地域権力」）。この時期に「国」とは一国を表すだけでなく、地域を表現する言葉としても用いられており、ここから、彼らが「国」＝地域を担う存在としてクローズアップされはじめていた様子がうかがえるだろう。

在地支配の間接化による権限委任の展開と、守護在京を背景とする沙汰人層の国人化。以上の変化が、「下剋上」と評されるような、中間層以下を主体とする社会反動を準備したと考えられる。つまりは、「下剋上」も、この時期の社会変化がもたらした一つの帰結であったわけである。

首都の矛盾

義持期の政治・社会的変化は、「下剋上」の素地をつくっただけに止まらず、他にもさまざまな変化をもたらしていた。首都を核とした社会構造の形成は、首都に人やもの、そして富を集積させる一方で、じつは負の側面ともいうべきさまざまな社会問題を首都京都に顕在化させており、この点を次の有名な記事から見ておくことにしたい。

本書でもたびたび引用してきた『看聞御記』の応永二八年二月一八日条には、次の記事が載せられている。

そもそも去年炎旱飢饉の間、諸国貧人上洛、乞食充満す。餓死者数を知らず路頭に臥すと云々。よって公方より諸大名に仰せられ、五条河原に仮屋を立て施行を引く。食を受くる酔死者又千万と云々。今春また疫病興盛万人死去すと云々。天龍寺・相国寺施行を引く。貧人群衆すと云々。

内容は次の通りである。

前年の応永二七年の飢饉で、収穫が激減したために、応永二八年早々に諸国から貧人が上洛して、多くが路頭で餓死した。その対策として幕府も五条河原で食の施しを行ったが、こんどは急に食べ物を口にしたショックで、死者が出る始末であった。さらに年明けから疫病が発生して多くの人が死に、天龍寺や相国寺でも施しが行われ、貧人が群衆しているという噂が右の史料に記されているのである。

このように大量の死者が発生した今回の飢饉であるが、単に一度の日照りだけで、このように凄惨な状況が生まれたわけではない。先にも述べたように、応永二五年以来続いた気候不順が地域の疲弊を蓄積させ、このように一気に問題を噴出させたと考えられる。

先に朝鮮使節が国交回復のために日本へ訪れていたことについてふれたが、その見聞録である『老松堂日本行録』応永二七年四月二〇日のくだりには、京都への道中記として西宮界隈の様子が、「耕鑿(作)に余事なしと云うと雖《いえど》も、毎(つね)に聴く飢民の食を乞うる声」と記されている。おそらくこれはこの地域の核であった西宮神社周辺の様子を述べたものと思われるが、応永二五年から続いた日照りは、すでにこのように地域の寺社に飢民を滞留させており、もの乞いでなんとか命をつなぐありさまだったことがうかがえる。

けれども、飢饉は応永二七年の夏も続き、最終的には地域での物乞いすらかなわなくなって、翌応永二八年二月に、飢民たちが一気に京都へ上洛する顚末《てんまつ》になったのだろう。

今回の飢饉は、応永の飢饉として知られており、棄民が大挙して首都に流入するありさまが顕著なことから、研究史上、都市型飢饉の初例に位置づけられている。飢饉や干ばつといった自然災害は、歴史上、頻繁に見られたものであるが、今回の飢饉には、飢えた人々が都市に流入した点に大きな特徴があり（西尾《にしお》和美《かずみ》「室町中期京都における飢饉と民衆」、東島《ひがしじま》誠《まこと》『公共圏の歴史的創造』など）、日本飢饉史研究で注目されてきたのである。

ではなぜ彼らは首都をめざしたのだろうか。

その答えは簡単で、都市に食べるものがあったからである。これまでに見た通り、このころには、米や酒などが首都京都へ集中する状況が生まれており、そのために、飢えた棄民が食料を求めて都市へとなだれ込んだのである。

しかし、これはあくまで表面的な解答に過ぎない。本当に重要なのは、なぜ京都にものがあると考えられていたかという点であり、都市型飢饉が発生した背景に、首都圏の形成に見られる室町期における社会の再編があった点は見逃してはならないだろう。つまりは、首都京都を核とする社会構造の形成が、飢饉のあり方までも変化させたと考えられるのである。

さらにこのときには疫病が発生しており、事態はさらに悲惨な様相を呈していくが、その理由も餓死した死者の亡骸が、そのまま放置されていたことによるものと考えられる。以上のような室町期の社会構造の変化が、飢えた民や疫病を、大規模に首都に招き寄せたのである。

また、富の集中は、それにまつわる相論《そうろん》も頻発させていた。

義持政権の最末期にあたる応永三二年に出された幕府法には、近年、借金の取り立てに関わるトラブルが繁多である状況が述べられ、今後、借金相論は幕府が取り締まることが明言されている（追加法一七九条）。南北朝動乱からの復興が、まずは金融業者から進められたことは第一章で言及した通りだが、このような金融業の盛況が、一方でこのような負の側面も生みだしていたのである。そしてその一つの帰結といえるのが、よく知られる徳政一揆の勃発であった。

京都における金融業の盛況は、結果として地方の富を貪欲に吸収した。先に京都近郊の村落に京都の土倉が進出して、彼らに金を貸し付けていたことを指摘したが、その結果、債権者の京都と債務者の京郊村落という構図が生まれ、都鄙に格差をもたらし、都市に徳政一揆がなだれ込んだのである。

また、金を借りる必要があったのは、京郊の住人たちだけではない。在京していた武家たちの都市生活はやはり借金に依存することが多く、彼らにも徳政要求をもたらすことになる。このように幕府は都市を基盤として得た大きな代価として、飢民の流入や、借銭の相論、さらには徳政一揆の勃発といった首都のさまざまな矛盾の噴出にも直面しなければならなかったのである。

このような社会不安の勃発は、相互作用的に幕府に従来の朝廷の祭祀・儀礼に対する関心を引き起こし、以後、これらの多くは幕府が出資することで運営されていくことになる。瀬田勝哉氏が適切に指摘したように、応永二八年の疫病の原因として、応永の外寇の死者が怨霊となって疫病をもたらしたとの噂が流布していた。その噂は伊勢神宮から発せられており、以後、伊勢神宮は国主神から、疫病などから身を守ってくれる身近な神になったことが明らかにされている（「伊勢の神をめぐる病と信仰」）。応永二六年に再興された祈年穀奉幣も以後、連年、開催されており、朝廷社会や寺社全体がこれらの儀礼・祭祀を遂行する主体として、幕府から位置づけを与えられることになる。

以上のように、応永中期の社会不安を背景に、朝廷の祭祀・儀礼があいついで復活していたわけだが、その結果、ようやく幕府の長との個別的関係を超えて、朝廷社会全体が幕府政治のなかに定位されることになった。

この点に関連しては、最近あいついで研究成果が出されている。

例えば、安堵の実態から、義持期以降に、天皇による廷臣の家門安堵が復活することを明らかにした水野智之氏の研究（「室町将軍による公家衆への家門安堵」）や、路頭儀礼の変遷をもとに、この時期に朝廷の家格秩序が再編されたことを解明した桃崎有一郎氏の考察（「『裏築地』に見る室町期公家社会の身分秩序」）、さらには足利家が主催していた武家八講の運営に、廷臣たちが携わりはじめたことを指摘した大田壮一郎氏の論文などである（「室町幕府の追善仏事に関する一考察」）。ここまでで述べてきた一連の社会問題が、幕府と朝廷という在京する領主層の結集を果たしており、室町幕府の政治体制は、ここにこのように外側から固められたといってよいだろう。

このことは逆にいえば、義持の権力が、家や寺社との個別的な関係を超えて、朝廷と幕府という二つの集団を統括する存在になったことを意味する。

朝廷の祭祀・儀礼に対する全面的な出資の開始と、土倉酒屋役と国役を柱とする都市依存型財政の採用に義持政権の政治の特質があり、故実や先例といった形式面では義満初政の故実が称揚される一方で、以後の幕府の実質的性格を決定したのは義持政権であった。形式と実質にずれのある、いささか奇妙なかたちではあるが、ここに制度的な意味で公武を統《す》べる権力が確立したのである。

けれども、復興がなった社会は、この時期にあいついだ社会不安を背景に、政治権力と社会が、首都京都のみを接点に結びつくという、きわめて不安定なかたちで外側から固められたものでもあった。この不安定さは、右で見たような都市型飢饉の発生や、疫病、さらには徳政一揆の勃発といった社会の矛盾を首都に顕在化させる社会構造的な問題も含み込んでおり、そのために幕府は、首都京都の光だけではなく、一方で、このような影の部分ともつきあい続けることを宿命づけられたのである。

おわりに——虚空を突く大塔

室町時代の天下と政治

室町時代の政治・社会体制は、このように均衡を欠いた、不安定なかたちで固められたわけだが、本書で明らかにしてきた内容を、これまで取り上げてきた史料にしばしば見えていた「天下」という語句をもとにまとめておきたい。

先に述べたように、『太平記』では康永元年（一三四二）の法勝寺の塔の焼亡が、これまで朝廷が担ってきた天下の消失を象徴するものとして語られ、また、南北朝動乱のなか、朝廷の祭祀・儀礼の多くが途絶えたことも天下の失墜を表すものとして、当時の人々から認識されていた。中世の天下とは、少なくとも院権力の象徴である巨大な塔と朝廷の祭祀・儀礼から構成されていたことは間違いない。

とすれば、南北朝動乱により失墜した天下が、どのようなかたちで立ち上がるかが次の時代の大きな関心事だったわけだが、南北朝の動乱を収束させ、南北朝の合一を果たすなどの四海静謐をもたらした義満は、相国寺大塔を新たに創建して、この大きな課題に応えていた。相国寺大塔は法勝寺の塔にかわる新しい天下を象徴する、シンボルタワーとなったのである。

新たに再建された天下は北山殿義満を中心に構成され、応永八年の日明国交回復後に獲得した莫大な貿易利潤は、北山殿の権力に財政的な裏づけを与え、それをいっそう強大なものにしていく。当時の人々は相国寺大塔を見上げ、また北山第の意匠に驚かされつつ、新たな天下の到来を実感していたのである。

しかし、その過程では従来、天下を担っていた朝廷の祭祀・儀礼の多くは途絶えがちであり、行われたとしても、義満自身のために行われた祭祀と比べれば、規模の上でも大きく見劣りしていた。義満が構築した天下においては、朝廷の祭祀・儀礼は、あくまで添え物的な扱いをされるに過ぎなかったのである。

けれども義満がつくりあげた天下も、そのままのかたちで義持の時代には継承されなかった。

義持の時代には在京守護たちの政治的・文化的成熟と、義持擁立の際に彼らが果たした役割もあって、幕府政治は、彼らが表に出るかたちで進められた。そのなかで朝廷の祭祀・儀礼にも関心が集まり、それへの出資も進んで行う「古典復興」的な様子が見られるのである。

ただし、義持初政期の朝廷の祭祀・儀礼の遂行状況は、幕府草創期以来の状況とはかわりがなかったが、応永二〇年代には対外関係の緊張や飢饉・疫病の頻発により社会不安が引き起こされ、これに伊勢神宮などの寺社や朝廷からの働きかけもあって、南北朝動乱以来、停滞・途絶していた祭祀・儀礼の多くが、幕府からの資金的援助を受けて再興されていくのである。

草創期の幕府の政治とは、戦争と戦没者供養を中心とする軍事政権のそれであったが、義詮末期の政治への萌芽と、義満の奔放さを経て、義持の代になって、ようやく幕府も、中世の政治の主体として確立することになったのである。

その結果、かつて天下を象徴していた朝廷の祭祀・儀礼が国家的に位置づけられることになり、朝廷社会もその存在意義をここにあらためて獲得することになった。義持期の天下は在京守護層を含んだ幕府と朝廷・寺社によって構成され、このようなあり方は以後の幕府に継承されていくのである。その過程では、都市依存型財政への転換が成された結果、在地支配は間接化していき、「下剋上」の素地をも作り出していったわけだが、室町時代の天下のかたちは、ここに、このようなかたちで定まったといってよい。そして、公武双方が居を構えた京都を中心に社会は編成され、首都京都を大きな核として、この時期の政治・経済・文化は動いていくことになるのである。

なお、余談ではあるが、義持政権による以上の選択により失われた、室町時代のもう一つの可能性についてもふれておきたい。

義持による、父義満の事業仕分けの結果、時間厳守の政治基調が失われたことは先にふれた通りだが、そのほかにも「古典復興」路線が選択された結果、大塔や金閣に象徴される、先鋭な文化的嗜好も影をひそめることになった。室町時代に造られた地方寺社や仏像を見ると、穏当な造型ながらも、美術史的には目新しさに乏しく、高い評価を与えられていないことが多い。これも「古典復興」の道を選び、鋭角的で独特の嗜好が排された一つの帰結と見るべきかもしれず、義持期の選択はこのような文化史的な意味でも、よくも悪くも次の時代を規定したと考えられるのである。

ふたたび大塔へ

以上、天下という語を中心に本書の内容をまとめてきたが、義持期の再編の過程で、朝廷の祭祀・儀礼が天下を構成するものとして位置づけられた反面、かつて天下を象徴していた大塔は、その存在意義を著しく低下させていくことになる。稿を終えるにあたり、この大塔の行方について記しておこう。

冒頭でふれたように、応永二三年正月に大塔が焼亡すると、義持はそれまでの放置が嘘であったかのように、いち早く再建の指示を出した。応永二五年九月九日には管領細川満元が柱を鳥羽から北山へ引く様子を義持も見物しており、焼けた北山大塔は、再び北山の地に再建されようとしていたのである（『康富記』）。

ただし、最終的に大塔が建てられたのは、相国寺の寺域であった。今回の二度目の再建の事情を語る史料は残念なことに残されてはいないが、義満没後の北山第解体の過程で、大塔も、本来の場所に移築するほうがふさわしいと考えられたのかもしれない。

しかし、文明二年（一四七〇）一〇月三日の夜の一〇時ごろ、相国寺に再建されたこの塔は雷火により三度目の焼亡を遂げてしまう。奈良の寺僧が残した『経覚私要鈔《きょうかくしようしょう》』という日記によれば、雷は塔の五重目に落ちたといい、また相国寺の歴代の住持を記した「相国寺前住籍」という史料には、大塔を焼き尽くした火は明け方まで消えずに、多くの野次馬たちがその様子を見ていたことが述べられている。

応仁の乱について記した軍記物語『応仁記』にも、大塔焼亡の件は言及されており、そこでは、焼亡の前に「櫓番衆《やぐらばんしゅう》」が猿のようなものが塔に火を付けたのを見たと記されている。敵方の動向を見張るなかで大塔焼亡を目撃した「櫓番衆」は、その間際に、やはり塔の上にあやかしを見ていたわけであり、大塔は最後の最後まで、あやかしと縁が深かったようである。

塔焼亡の際、塔上にあやかしを見るという怪異譚の一類型は、当時の人々の心性を考える上で興味深い素材であると思われるが、その怪異譚以上に異様に思えるのは、応仁の乱の勃発で相国寺のほとんどが焼けてしまったにもかかわらず、この大塔だけが、ぽつんと焼け残っていた事実である。

あたり一面が焼け野原のなか、大塔だけが残されているという光景。その姿は、戦争で灰燼に帰した花の都の荒廃感をいっそう際立たせたに相違ない。かつては義満の権力を象徴する建造物の一つであった大塔は、焦土の上で、ただ虚しく空を突くだけであったのである。

以上が相国寺大塔焼亡について記したものの概略であるが、率直にいえば、これほどの大塔であったにもかかわらず、今回の焼亡について言及したものは、あまりに少ないといわざるをえない。確かに、記録の残し手である廷臣たちが応仁の乱により疎開していたという事情もあるだろうが、かつて法勝寺の塔が失われた際に多くの人々を悲嘆させていたことや、また、この大塔自身が造営されたときに、義満による歴代の院権力の超克が過剰なまでに語られていたことなどを想起すれば、焼亡したときの言及の少なさ、不十分さといったものは、いっそう際立つのである。

ただし、それもゆえのないことではない。

ここまでに見た大塔の数奇な運命に思いを致すと、それもむしろ当然であったように思える。義満の権力を荘厳する目的で建てられた塔は再建の途中でその主を失い、子義持の代になって、義満の室日野康子の広大な隠居場所と化していた北山第に放置されたまま、二度目の焼亡を迎えた。そしてその後、相国寺に再建されたが、その再建の様子すら記録に残されていない。最初の創建時には濃厚に付されていた政治性はこのときにはすでにまったく見られず、そのことを反映してなのか、当時の人々は大塔の焼亡に際して何の寂寥も感じなかったようなのである。

以上、大塔の行く末についてふれてきたが、本書で述べてきたのは、室町幕府の政治・社会体制の確立が、これまでいわれてきた義満の時代ではなく、義持の時代にあったということである。義満というカリスマは間違いなく光をまとった存在であり、現在に至るまで多くの人々がその光に注目し、時に魅せられてきた。けれども室町幕府とその時代は、実際にはそのまばゆい光のなかには見えにくい。それよりもむしろ、光が失われた後に、はじめて室町時代の政治と社会が見えてきた。

このことを裏づけるかのように、義満がつくった大塔は、その没後には室町幕府を象徴するものではなくなっていた。室町幕府は、みずからの権力を巨大な造営物で誇示する必要はもはやなく、都鄙の交流を通じて肥大化した京の都に軸足を置き、根をはっていたのである。文化の嗜好も「古典復興」から室町中期のわび・さびへと変化するにしたがって大塔や金閣といった豪華で絢爛な建物は時代にあわなくなっており、中世社会の富と矛盾を飲み込み、このとき、すでに爛熟していた京にあって大塔という存在は、単なる時代遅れの大きな飾り物の一つに過ぎなくなっていたのだろう。

花の都にそびえ立つ七重の大塔は、このとき、もはや語られるべき存在ですらなかったのである。

参考文献一覧

はじめに
伊藤喜良『足利義持』吉川弘文館、二〇〇八年
今谷明『室町幕府解体過程の研究』岩波書店、一九八五年
上島享「財政史よりみた中世国家の成立」『歴史評論』五二五号、一九九四年
上島享「大規模造営の時代」『日本中世社会の形成と王権』名古屋大学出版会、二〇一〇年、初出は二〇〇六年
川端新『荘園制成立史の研究』思文閣出版、二〇〇〇年
佐藤進一『日本中世史論集』岩波書店、一九九〇年
吉村貞司『足利義満』三彩社、一九六九年
吉村貞司『黄金の塔』思索社、一九七七年

第一章
市原陽子「室町時代の段銭について」『歴史学研究』四〇四、四〇五号、一九七四年
伊藤俊一「武家政権の再生と太平記」市沢哲編『太平記を読む』吉川弘文館、二〇〇八年
上島享「成功制の展開」『史林』七五―四、一九九二年
榎本渉「元朝の倭船対策と日元貿易」『東アジア海域と日中交流』吉川弘文館、二〇〇七年
榎本渉「元末内乱期の日元交通」同前、初出は二〇〇二年
小川剛生『南北朝の宮廷誌』臨川書店、二〇〇三年（新版、二〇二一年）
小川剛生「藤原有範伝の考察」長谷川端編『論集　太平記の時代』新典社、二〇〇四年

金子拓「初期室町幕府・御家人と官位」『中世武家政権と政治秩序』吉川弘文館、一九九八年、初出は一九九四年
川上貢「南北朝時代の内裏土御門殿とその小御所」『日本中世住宅の研究　新訂』中央公論美術出版、二〇〇二年、初出は一九五六年
白根陽子「承久の乱後の王家と後鳥羽追善仏事」『中世の地域と宗教』吉川弘文館、二〇〇五年
杉山正明『モンゴル帝国の興亡』講談社現代新書、一九九六年
曽根原理「室町時代の御八講論義」『南都仏教』七七号、一九九九年
田中浩司「寺社と初期室町政権の関係について」今谷明他編『中近世の宗教と国家』岩田書院、一九九八年
玉村竹二『五山禅僧伝記集成』思文閣出版、二〇〇三年
中村栄孝『日鮮関係史の研究（上）』吉川弘文館、一九六五年
藤田明良「東アジア世界のなかの太平記」市沢哲編『太平記を読む』吉川弘文館、二〇〇八年
藤田勝也「南北朝時代の土御門東洞院内裏について」『日本建築学会計画系論文集』五四〇、二〇〇一年
松尾剛次「諸国安国寺考」『日本中世の禅と律』吉川弘文館、二〇〇三年、初出は二〇〇二年
松永和浩「室町期における公事用途調達方式の成立過程」『室町期公武関係と南北朝内乱』吉川弘文館、二〇一三年、初出は二〇〇六年
丸山裕美子「平安時代の国家と賀茂祭」『日本史研究』三三九号、一九九〇年
宮紀子『モンゴル時代の出版文化』名古屋大学出版会、二〇〇六年
村井章介「日元交通と禅律文化」『南北朝の動乱』吉川弘文館、二〇〇三年
森茂暁『後醍醐天皇』中公新書、二〇〇〇年

森幸夫「六波羅探題職員の検出とその職制」『六波羅探題の研究』続群書類従完成会、二〇〇五年
山田徹「南北朝期の守護在京」『日本史研究』五三四、二〇〇七年

第二章

今枝愛真「足利義満の相国寺創建」『中世禅宗史の研究』東京大学出版会、一九七〇年、初出は一九六六年
小川剛生『南北朝の宮廷誌』（前掲）
川本慎自「禅僧の荘園経営をめぐる知識形成と儒学学習」『中世禅宗の儒学学習と科学知識』思文閣出版、二〇二一年、初出は二〇〇三年
古松崇志「附属図書館谷村文庫蔵『勅修百丈清規』元刊本・五山版」『静脩』四〇―三、二〇〇四年
三島暁子「御懺法講の定着過程にみる公武権威の主導権争いについて」『藝能史研究』一六二号、二〇〇三年
水野智之「室町将軍による公家衆への家門安堵」『室町時代公武関係の研究』吉川弘文館、二〇〇五年、初出は一九九七年
宮紀子『モンゴル時代の出版文化』（前掲）
村井章介「徳政としての応安半済令」『中世の国家と在地社会』校倉書房、二〇〇五年、初出は一九八九年
森茂暁『増補改訂　南北朝期公武関係史の研究』思文閣出版、二〇〇八年、初版は一九八四年

第三章

池田美千子「衣紋にみる高倉家」『史学雑誌』一一一―一二、二〇〇二年

市原陽子「室町時代の段銭について」（前掲）
伊藤俊一「中世後期における『荘家』と地域権力」『日本史研究』三六八、一九九三年
今谷明『室町の王権』中公新書、一九九〇年
臼井信義『足利義満』吉川弘文館、一九六〇年
榎本渉「元末内乱期の日元交通」（前掲）
大田壮一郎「足利義満の宗教空間」『室町幕府の政治と宗教』塙書房、二〇一四年、初出は二〇〇七年
大田壮一郎「室町殿権力の宗教政策」『歴史学研究』二、二〇〇九年
桑山浩然「室町幕府経済の構造」『室町幕府の政治と経済』吉川弘文館、二〇〇六年、初出は一九六五年
佐久間重男「明初の日中関係をめぐる二、三の問題」『日明関係史の研究』吉川弘文館、一九九二年、初出は一九六六年
桜井英治『室町人の精神』講談社、二〇〇一年（のち、講談社学術文庫、二〇〇九年）
佐藤進一「室町幕府論」佐藤前掲書、初出は一九六三年
下坂守「延暦寺大衆と日吉小五月会（その一）」『中世寺院社会の研究』思文閣出版、二〇〇一年
田坂泰之「室町期京都の都市空間と幕府」『日本史研究』四三六、一九九八年
田中義成『南北朝時代史』講談社学術文庫、一九七九年、初版は一九二二年
冨島義幸「相国寺七重塔」『日本宗教文化史研究』五―一、二〇〇一年
橋本雄「室町幕府外交の成立と中世王権」『歴史評論』五八三号、一九九八年
細川武稔「足利義満の北山新都心構想」中世都市研究会編『中世都市研究15』山川出版社、二〇一〇年

三島暁子「笙の家『豊原』の両流について」『武蔵大学総合研究所紀要』一六、二〇〇六年
宮紀子『モンゴル帝国が生んだ世界図』日本経済新聞出版社、二〇〇七年
村井章介「易姓革命の思想と天皇制」『中世の国家と在地社会』村井前掲書、初出は一九九五年
桃崎有一郎「足利義持の室町殿第二次確立過程に関する試論」『歴史学研究』八五二、二〇〇九年
柳原敏昭「室町政権と陰陽道」『歴史』七一、一九八八年

第四章

大山喬平編『中世裁許状の研究』塙書房、二〇〇八年
小川剛生『二条良基研究』笠間書院、二〇〇五年
笠松宏至「中世在地裁判権の一考察」『日本中世法史論』東京大学出版会、一九七九年、初出は一九六七年
桑山浩然『室町幕府の政治と経済』吉川弘文館、二〇〇六年
小原嘉記「木津荘の負田・公事・名」水野章二編『中世村落の景観と環境』思文閣出版、二〇〇四年
小原嘉記「西国国衙における在庁官人制の解体」『史林』八九—二、二〇〇六年
五味文彦「使庁の構成と幕府」『歴史学研究』三九二、一九七三年
佐藤進一「中世史料論」佐藤前掲書、初出は一九七六年
佐藤進一『南北朝の動乱（改版）』中公文庫、二〇〇五年、初版は一九六五年
下坂守「延暦寺大衆と日吉小五月会（その二）」下坂前掲書
豊田武「延暦寺の山僧と日吉社神人の活動」『豊田武著作集』三、吉川弘文館、一九八三年、初出は一九七四・七五年
永原慶二「足利義満の日吉社参と大津土倉」『永原慶二著作選集』五、吉川弘文館、二〇〇七年、初

出は一九七九年
早島大祐『首都の経済と室町幕府』吉川弘文館、二〇〇六年
早島大祐「公武統一政権論」同前
松永和浩「南北朝・室町期における公家と武家」『室町戦国期研究を読みなおす』思文閣出版、二〇〇七年
三枝暁子「北野祭と室町幕府」『比叡山と室町幕府』東京大学出版会、二〇一一年、初出は二〇〇七年
森茂暁「六波羅探題と検非違使庁」『鎌倉時代の朝幕関係』思文閣出版、一九九一年
森茂暁『増補改訂　南北朝期公武関係史の研究』（前掲）

第五章

網野善彦「造酒司酒麹役の成立」『網野善彦著作集』一三巻、岩波書店、二〇〇七年、初出は一九七八年
大山喬平「中世における灌漑と開発の労働編成」『日本中世農村史の研究』岩波書店、一九七八年、初出は一九六一年
桜井英治『室町人の精神』（前掲）
桜井英治「中世の貨幣・信用」桜井英治・中西聡編『新体系日本史12　流通経済史』山川出版社、二〇〇二年
佐々木銀弥「荘園における代銭納制の成立と展開」『中世商品流通史の研究』法政大学出版局、一九七二年、初出は一九六二年
瀬田勝哉「荘園解体期の京の流通」『増補　洛中洛外の群像』平凡社、二〇〇九年、初出は一九九三

年
徳永裕之「中世後期の京上夫の活動」遠藤ゆり子・蔵持重裕・田村憲美編『再考中世荘園制』岩田書院、二〇〇七年
早島大祐「中世後期社会の展開と首都」早島前掲書、初出は二〇〇三年
早島大祐「割符と隔地間交通」同前
早島大祐「応仁の乱後の京都市場と摂津国商人」『立命館文學』六〇五号、二〇〇八年
藤田明良「鎌倉後期の大阪湾岸」『ヒストリア』一六二、一九九八年
百瀬今朝雄「利息附替銭に関する一考察」『歴史学研究』二一一、一九五七年
森茂暁『南朝全史』講談社選書メチエ、二〇〇五年（のち、講談社学術文庫、二〇二〇年）
山田徹「南北朝期の守護在京」（前掲）
横内裕人「仁和寺と大覚寺」『日本中世の仏教と東アジア』塙書房、二〇〇八年、初出は一九九八年
吉田賢司「将軍足利義教期の諸大名」『室町幕府軍制の構造と展開』吉川弘文館、二〇一〇年、初出は二〇〇一年

第六章

石原比伊呂「准摂関家としての足利将軍家」『史学雑誌』一一五—二、二〇〇六年
伊藤俊一「中世後期における『荘家』と地域権力」（前掲）
井原今朝男「室町期東国本所領荘園の成立過程」『国立歴史民俗博物館研究報告』一〇四号、二〇〇三年
今枝愛真「斯波義将の禅林に対する態度」『中世禅宗史の研究』東京大学出版会、一九七〇年、初出は一九五六年

梅澤亜希子「室町時代の北野覚蔵坊」『仏教芸術』二九四、二〇〇七年
大田壮一郎「室町幕府の追善仏事に関する一考察」大田前掲書、初出は二〇〇二年
大田壮一郎「室町殿権力の宗教編成」（前掲）
太田直之『中世の社寺と信仰』弘文堂、二〇〇八年
大塚紀弘『中世禅律仏教論』山川出版社、二〇〇九年
大山喬平編『細川頼之と西山地蔵院文書』思文閣出版、一九八八年
岡部恒「守護大名山名氏と禅宗」『人文論究』二五―二、一九七五年
小川信『細川頼之』吉川弘文館、一九七二年
小川信『足利一門守護発展史の研究』吉川弘文館、一九八〇年（新版、二〇一九年）
川岡勉『山名宗全』吉川弘文館、二〇〇九年
川本慎自「室町期における将軍一門香火所と大徳寺養徳院」義江彰夫編『古代中世の政治と権力』吉川弘文館、二〇〇六年
高坂好『赤松円心・満祐』吉川弘文館、一九七〇年
佐伯弘次『対馬と海峡の中世史』山川出版社、二〇〇八年
瀬田勝哉「伊勢の神をめぐる病と信仰」瀬田前掲書、初出は一九八〇年
高岸輝「絵巻転写と追善供養」『室町絵巻の魔力』吉川弘文館、二〇〇八年
高浜州賀子「細川幽斎・三斎・忠利をめぐる禅宗文化（一）」『熊本県立美術館研究紀要』一号、一九八七年
田沼睦『中世後期社会と公田体制』岩田書院、二〇〇七年
西尾和美「室町中期京都における飢饉と民衆」『日本史研究』二七五、一九八五年
西山美香『武家政権と禅宗』笠間書院、二〇〇四年

新田英治「室町時代の公家領における代官請負に関する一考察」宝月圭吾先生還暦記念会編『日本社会経済史研究　中世編』吉川弘文館、一九六七年
早島大祐「乾家と法華堂領荘園」勝山清次編『南都寺院文書の世界』思文閣出版、二〇〇七年
原田正俊『日本中世の禅宗と社会』吉川弘文館、一九九八年
原田正俊「京都五山禅林の景観と機能」小野正敏・五味文彦・萩原三雄編『中世寺院　暴力と景観』高志書院、二〇〇七年
東島誠『公共圏の歴史的創造』東京大学出版会、二〇〇〇年
水野智之「室町将軍による公家衆への家門安堵」（前掲）
村井章介「徳政としての応安半済令」（前掲）
桃崎有一郎「『裏築地』に見る室町期公家社会の身分秩序」『中世京都の空間構造と礼節体系』思文閣出版、二〇一〇年、初出は二〇〇四年
百瀬今朝雄「段銭考」宝月圭吾先生還暦記念会編『日本社会経済史研究　中世編』吉川弘文館、一九六七年
山田雄司「足利義持の伊勢参宮」『怨霊・怪異・伊勢神宮』思文閣出版、二〇一四年、初出は二〇〇四年
和田有希子「鎌倉中期の臨済禅」『宗教研究』七七―三、二〇〇三年

あとがき

今年の八月一日から二泊三日の日程で、研究室の後輩たちとともに、伯耆、但馬、丹後、丹波の国をめぐる調査旅行に出かけた。目的は山名の分国をまわろうというもので、訪れたのは各国の守護所跡と、本書でいうところの国菩提寺、さらには参加者の希望をうけて国府跡にも足を伸ばす段取りとなった。かつての「国のヘソ」をめぐる旅である。去年の同じころには、やはり同じメンバーで細川の分国であった阿波国の秋月などをめぐっており、守護の菩提寺というものに関心が出て、二年目の踏査旅行になる。一連の調査旅行には平成二一年度から受給している科研費「守護創建禅院領の形成過程から見た室町期荘園制の研究」（若手研究B）の恩恵が大きく、本書もその研究成果の一部である。

去年も今年もいずれも記憶にまで焼き付くような暑さだったが、カンカン照りの太陽の下でめぐった国菩提寺は、今では地域の中心からも距離を置き、棘のある日差しとは対照的に、のどかで何ともいえない鄙びた印象を与えてくれるものであった。

今年の旅行でいえば、円通寺がその典型だった。同寺には夕暮れ時にようやくたどり着いたのだが、山名家の墓をたずねあぐねて、先祖の墓を浄めておられた地元のご婦人に尋ねてみると、はきはきとした声でその場所を教えてくださった。山名家の墓は山かげの少しわかりにくい場所にあったが、地元では歴史ブームや観光資源などとはあまり関わらないかたちでひっそりとたたずんでいるというのが室町時代の国菩提寺の現況なのである。

これはひとり国菩提寺に限ったことではない。本文でも書いたが、大山崎離宮八幡宮も今では村の鎮守のような風貌であるし、件の円通寺でも本書に掲載した写真を撮ったときにはあまりの暑さに気付かなかったのだが、お堂の前で畳が陰干しされていた。いかにも村の日常生活に溶け込んだ趣のある光景である。この伝でいえば、中世で最も高い塔だった七重大塔が、今、あとかたもないことなど、異とするにはあたらないのかもしれない。

今回、執筆の依頼をいただいた時に思い出したのは、本シリーズの初期に出された棚橋光男氏の『後白河法皇』である。一九九五年に本書が出された際、先輩の横内裕人氏や衣川仁氏からお誘いを受けて、大学近くにあった喫茶店で行われた読書会に、同期の熊谷隆之氏らとともに参加したことを思い出す。ご存じの通りのこの本の奔放な文体に、進学したてのきまじめな院生だった私は大いに閉口したのだが、今回、あらためて目を通してみると、当時、鋭角的過ぎると感じていた内容や問題意識などが意外と色あせていないことに気付かされた。先鋭ゆえに鮮度が落ちるのも早いのでは、とおぼろげながらも思っていたのだが、今、このように感じたのも、一つには棚橋氏が懸念されていた状況が、依然、現在の問題であるからかもしれない。なお件の読書会は、次に網野善彦氏の『悪党と海賊』を輪読したのち、良質な研究会の常なのか散会したように記憶している。喫茶店はそののち、数度の変転を経て自転車屋になった。

あれから一五年が経って、自分が同シリーズに執筆することになるとは正直、思ってもいなかったが、過去を振り返って同時に頭をよぎるのは、ではこれからの一五年は、ということである。けれども、この近き過去が教えてくれているように、そんな先のことはわからない。あれほど暑かった夏も過ぎ、この文章を書いている今は外気が肌寒く、本書が出るころにはコートが手放せないだろう。研究に長期的視野を持つことは当然のことながら、季節の移ろいを感じながら、家族に感謝しつつ、日々の研究をしっかりと続けていこうと思う。最後になるが、執筆をお誘いくださった山崎比呂志氏と、本書の下読みをしていただいた山田徹氏に感謝の意を表する次第である。

早島大祐

「家のヘソ」の一歳を前に
二〇一〇年十一月八日

学術文庫版あとがき

本書執筆の依頼を受けて、素直に嬉しさが湧き上がったのと同時に、自分の研究が商品としてマーケットに投下されればどこかへ消え去っていくのではないかとも想像されて緊張したことを思い出す。刊行から一二年余が経って今回文庫化されるにあたり、今しばらく忘却から踏みとどまったことに少し安堵している。

執筆にあたり、二〇〇六年に出版した学術書『首都の経済と室町幕府』(吉川弘文館)をベースにすればとの見通しがあり、それをもとに一九九〇年代から中世国家財政論を展開されていた上島享氏らの研究手法にヒントを得て、室町幕府の寺社造営を軸に構成を作るところまでは念頭にあった。しかし一方、学術書に少しアレンジを加えただけで一般書が出来上がるわけではないことも認識しており、何かを付け加える必要があると感じていた。

そうして加わったうちの一つが第四章「南北朝期の公武関係」である。一般書にこのような研究史的考察を入れることは、賛否の分かれるところであったが、二〇〇七年に研究者仲間と共同で編纂した研究史整理の本である中世後期研究会編『室町・戦国期研究を読みなおす』(思文閣出版)で手ごたえを得ていたのでこの一章を設けてみた。この章は二週間ほどで書き上げたものだが、本書に学術的な緊張感を与えてくれていると思う。

もう一つは第六章「守護創建禅院」である。ここでは本書を執筆していた頃に調査を命じられた京都大学総合博物館蔵「西山地蔵院文書」の研究成果を反映させているが、この寺院のような「守護創建禅院」を京菩提寺とし、守護分国の国菩提寺と対置して中世後期社会の展開を説明した点に本書の特色の一つがある。自分にしては珍しく上手にネーミングできたと思ったが、振り返ってみると、元木泰雄先生の京武者論からの影響もあったのだと思う。

その後、この文書群の影印と翻刻に関しては、二〇一五年に京都大学史料叢書『西山地蔵院文書』（思文閣出版）、二〇一九年には関連する論文集として『中近世武家菩提寺の研究』（小さ子社）を刊行した。また本書ではその他の論点として「古典復興」論を提示したが、それについては共著である『首都京都と室町幕府』（吉川弘文館、二〇二二年）で女性の役割も踏まえた上で議論を深めている。ご参照いただければ幸いである。

本書ではまた、室町幕府の性格変化の要因として疫病の流行を指摘しているが、ジャネット・L・アブー＝ルゴド『ヨーロッパ覇権以前（上・下）』（岩波現代文庫、二〇二二年）を読んでいたにもかかわらず、いざ疫病の大流行を眼前にしてみると、これほどまでのものとは思わなかった。歴史的想像力の不十分さに気づかされた出来事であり、今後の研究に向けての反省点として活かすことができればと思う。

さて、本書で取りあげた疫病流行後の世界は、紆余曲折を経た複雑な展開をたどることになるが、私たちのこれからはいったいどうなるのだろうか。当然ながら、現代社会と中世社会が同じ展開をたどるわけではないが、財政の柱が対外交易から土倉酒屋役へとシフトした室町幕府の姿を見ると、インバウンドから富裕層への課税へと舵を切ろうとする世界経済情勢と通底するものがあるようにも思える。その意味で疫病からの復興元年とも言うべき年に本書が再刊されたことにも意味があるのかもしれない。これからも様々な曲折があるだろうが、生存できたことに加えて、疫病流行を乗り越えた後の新時代を見ることができる私たちは幸運である。今、歴史の転換点に立ち会っているのだから。

早島大祐

二〇二三年二月二三日

マ

ハ

ナ

タ

サ

索 引

ア

KODANSHA

本書の原本は、二〇一〇年に講談社選書メチエより刊行されました。

早島大祐（はやしま　だいすけ）

1971年，京都府生まれ。京都大学大学院文学研究科博士後期課程指導認定退学。博士（文学）。京都女子大学教授などを経て，現在，関西学院大学教授。著書に『徳政令』『首都の経済と室町幕府』などがある。

講談社学術文庫

定価はカバーに表示してあります。

室町幕府論《むろまちばくふろん》

早島大祐《はやしまだいすけ》

2023年５月11日　第１刷発行

発行者　鈴木章一
発行所　株式会社講談社
東京都文京区音羽 2-12-21 〒112-8001
電話　編集（03）5395-3512
販売（03）5395-4415
業務（03）5395-3615
装　幀　蟹江征治
印　刷　株式会社広済堂ネクスト
製　本　株式会社国宝社
本文データ制作　講談社デジタル製作

ISBN978-4-06-531934-5

「講談社学術文庫」の刊行に当たって

これは、学術をポケットに入れることをモットーとして生まれた文庫である。学術は少年の心を養い、成年の心を満たす。その学術がポケットにはいる形で、万人のものになることは、生涯教育をうたう現代の理想である。

こうした考え方は、学術を巨大な城のように見る世間の常識に反するかもしれない。また、一部の人たちからは、学術の権威をおとすものと非難されるかもしれない。しかし、それはいずれも学術の新しい在り方を解しないものといわざるをえない。

学術は、まず魔術への挑戦から始まった。やがて、いわゆる常識をつぎつぎに改めていった。学術の権威は、幾百年、幾千年にわたる、苦しい戦いの成果である。こうしてきずきあげられた城が、一見して近づきがたいものにうつるのは、そのためである。しかし、学術の権威を、その形の上だけで判断してはならない。その生成のあとをかえりみれば、その根は常に人々の生活の中にあった。学術が大きな力たりうるのはそのためであって、生活をはなれた学術は、どこにもない。

開かれた社会といわれる現代にとって、これはまったく自明である。生活と学術との間に、もし距離があるとすれば、何をおいてもこれを埋めねばならない。もしこの距離が形の上の迷信からきているとすれば、その迷信をうち破らねばならぬ。

学術文庫は、内外の迷信を打破し、学術のために新しい天地をひらく意図をもって生まれた。文庫という小さい形と、学術という壮大な城とが、完全に両立するためには、なおいくらかの時を必要とするであろう。しかし、学術をポケットにした社会が、人間の生活にとってより豊かな社会であることは、たしかである。そうした社会の実現のために、文庫の世界に新しいジャンルを加えることができれば幸いである。

一九七六年六月

野間省一

日本の歴史・地理

新田一郎著
日本の歴史11
太平記の時代
後醍醐の践祚、廃位、配流、そして建武政権樹立。足利氏との角逐、分裂した皇統。武家の権能が拡大し、構造的な変化を遂げた、動乱の十四世紀。南北朝とはいかなる時代だったのか。その時代相を解析する。
1911

桜井英治著
日本の歴史12
室町人の精神
三代将軍足利義満の治世から応仁・文明の乱にかけての財政、相続、贈与、儀礼のしくみを精緻に解明し、幕府の権力構造に迫る。中世の黄昏、無為と恐怖と酔狂に彩られた混沌の時代を人々はどのように生きたのか？
1912

久留島典子著
日本の歴史13
一揆と戦国大名
室町幕府の権威失墜、荘園公領制の変質で集権的性格が薄れる中世社会。民衆はどのように自立性を強めていったのか。守護や国人はいかにして戦国大名に成長したのか。史上最も激しく社会が動いた時代を分析。
1913

大石直正／高良倉吉／高橋公明著
日本の歴史14
周縁から見た中世日本
国家の求心力が弱かった十二〜十五世紀、列島「周縁部」としての津軽・十三湊、琉球王国、南西諸島では交易を基盤とした自立的な権力が形成された。京都中心の国家の枠を越えた、もう一つの中世史を追究。
1914

池上裕子著
日本の歴史15
織豊政権と江戸幕府
一五六八年の信長の上洛から一六一五年の大坂夏の陣での豊臣氏滅亡までの半世紀。戦国時代から続いた乱世の中で民衆はどのように生き抜いたのか？　天下統一・覇権確立の過程と社会構造の変化を描きだす。
1915

横田冬彦著
日本の歴史16
天下泰平
中世末期から続いた戦乱が終わり、「徳川の平和」が実現。泰平の世はどのように確立したのか？　新しく生まれた諸制度の下、文治が始まり情報と知が大衆化した〈書物の時代〉が出現する過程を追う。
1916

《講談社学術文庫　既刊より》

日本の歴史・地理

吉田伸之著
日本の歴史17
成熟する江戸

十八世紀。豪商などが君臨する上層から、貧しい乞食僧や芸能者が身分的周縁を形作った最下層まで、さまざまな階層が溶け合う大都市・江戸。前近代の達成である成熟の諸相をミクロの視点で鮮やかに描き出す。

1917

井上勝生著
日本の歴史18
開国と幕末変革

十九世紀。一揆、打ち壊しが多発し、「開国」「尊皇」「攘夷」「倒幕」が入り乱れて時代は大きく動いた。幕府が倒壊への道を辿るなか、沸騰する民衆運動に着目し、世界史的視野と新史料で「維新前夜」を的確に描き出す。

1918

鬼頭　宏著
日本の歴史19
文明としての江戸システム

貨幣経済の発達、独自の〈物産複合〉、プロト工業化による地方の発展、人口の停滞と抑制——。環境調和的な近世社会のあり方が創出した緑の列島の持続的成長モデルに、成熟した脱近代社会へのヒントを探る。

1919

鈴木　淳著
日本の歴史20
維新の構想と展開

短期間で近代国家を作り上げた新政府は何をめざし、新たな政策・制度を伝達・徹底したか。五箇条の御誓文から帝国憲法発布までを舞台に、上からの変革と人人の自前の対応により形作られてゆく「明治」を活写。

1920

佐々木　隆著
日本の歴史21
明治人の力量

帝国憲法制定、議会政治の進展、条約改正、軍事力強化と朝鮮半島・大陸への関与など、西欧列強に伍する強国を目指した近代日本。帝国議会の攻防の日々や、調整者としての天皇など新知見を満載して実像に迫る。

1921

伊藤之雄著
日本の歴史22
政党政治と天皇

東アジアをめぐる国際環境のうねりのなか、近代日本の君主制は変容していった。その過程で庶民は何を感じ、どう行動したか。明治天皇の死から五・一五事件による政党政治の崩壊までを、斬新な視角で活写する。

1922

日本の歴史・地理

有馬　学著
日本の歴史23　帝国の昭和

窮乏する農村とモダンな帝都という二重構造のなか、指導層と大衆は何を希求したか。「満蒙権益」を正当化し、日中戦争を戦い敗戦に到った論理と野望。帝国日本と日本人にとっての〈戦争〉の意味を問い直す！

1923

河野康子著
日本の歴史24　戦後と高度成長の終焉

戦後とはどのような時代だったのか。敗戦から再出発し、平和と民主主義を旗印に復興への道を歩み経済大国へ。そして迎えたバブルの崩壊。政党政治を軸に内政・外交に激しく揺れた戦後の日本を追う。

1924

C・グラック／姜尚中／T・モーリス＝スズキ／比屋根照夫／岩崎奈緒子／T・フジタニ／H・ハルトゥーニアン著
日本の歴史25　日本はどこへ行くのか

近代日本の虚構と欺瞞を周縁部から問い直す。単一民族史観による他者排斥、アイヌ・沖縄、朝鮮半島の人人を巻き込んだ「帝国」日本の拡張。境界を超えた視点から「日本」のゆくえを論じる、シリーズ最終巻。

1925

倉本一宏訳
藤原道長「御堂関白記」(上)(中)(下)全現代語訳

摂関政治の最盛期を築いた道長。豪放磊落な筆致と独自の文体で描かれる宮廷政治と日常生活。平安貴族が活動した世界とはどのようなものだったのか。自筆本・古写本・新写本などからの初めての現代語訳。

1947〜1949

関　晃著(解説・大津　透)
帰化人　古代の政治・経済・文化を語る

日本が新しい段階に足を踏み入れ、豊かな精神世界を展開することを可能にした大陸や半島の高度な技術・知識を伝えた帰化人とは？　古代東アジア研究の傑作として、今なお変わらぬ輝きを放ち続ける古典的名著。

1953

川合　康著(解説・兵藤裕己)
源平合戦の虚像を剝ぐ　治承・寿永内乱史研究

屍を乗り越え進む坂東武者と文弱の平家公達。我々がイメージする源平の角逐は真実だったのか？「平家物語」にもとづく通説を覆し、源平合戦の実像や中世民衆の動向、鎌倉幕府の成立過程を、鮮やかに解明する。

1988

日本の歴史・地理

藤堂明保・竹田 晃・影山輝國訳注
倭国伝 中国正史に描かれた日本 全訳注

古来、日本は中国からどう見られてきたか。漢委奴国王金印受賜から遣唐使、蒙古襲来、勘合貿易、倭寇、秀吉の朝鮮出兵まで。中国歴代正史に描かれた千五百年余の日本の姿を完訳する、中国から見た日本通史。

2010

森田 悌訳
続日本後紀（上）（下）全現代語訳

『日本後紀』に続く正史「六国史」第四。仁明天皇の即位（八三三年）から崩御（八五〇年）まで、平安初期王朝社会における華やかな国風文化や摂関政治の発達を解明するための重要史料、初の現代語訳。原文も付載。

2014・2015

内藤 昌編著
城の日本史

記紀に登場する「キ」や「サシ」に城＝「都市」の淵源を遡り、中世〜近世の発達を解説。名城譜として全国二九の城の歴史的変遷、城郭の構成法、各要素の意匠と役割を、三百点以上の図版を交えて多角的に解説。

2064

石井 進著（解説・五味文彦）
中世武士団

平安末期から戦国期の終焉にかけて激動の時代を担った社会集団。「土」にねざした彼らの生活と意識、変容の過程、荘園や城下町の様子を、歴史書、文学作品、考古資料を駆使して活写する中世史研究の白眉。

2069

倉本一宏訳
藤原行成「権記」（上）（中）（下）全現代語訳

一条天皇や東三条院、藤原道長の信任を得、能吏として順調に累進し公務に精励する日々を綴った日記。宮廷の政治・儀式・秘事が細かく記され、平安中期の貴族の多忙な日常が見える第一級史料、初の現代語訳。

2084〜2086

田中健夫著（解説・村井章介）
倭寇 海の歴史

中世の東アジア海域に猛威を振るい、歴史を変革した海民集団＝倭寇。時の政治・外交に介入し、密貿易を調停し、国際社会の動向をも左右したその実像を、国境にとらわれない「海の視点」から、浮き彫りにする。

2093

《講談社学術文庫　既刊より》

次田真幸全訳注
古事記 (上)(中)(下)
本書の原典は、奈良時代初めに史書として成立した日本最古の古典である。これに現代語訳・解説等をつけ、素朴で明るい古代人の姿を平易に説き明かし、神話・伝説・文学・歴史への道案内をする。(全三巻)
207〜209

平泉《ひらいずみ》 澄《きよし》著
物語日本史 (上)(中)(下)
著者が、一代の熱血と長年の学問・研究のすべてを傾けて、若き世代に贈る好著。真実の日本歴史とは何か、正しい日本人のあり方とは何かが平易に説かれ、人物中心の記述が歴史への興味をそそる。(全三巻)
348〜350

ニコライ著/中村健之介訳
ニコライの見た幕末日本
幕末・維新時代、わが国で布教につとめたロシアの宣教師ニコライの日本人論。歴史・宗教・風習を深くさぐり、鋭く分析して、日本人の精神の特質を見事に浮き彫りにした刮目すべき書である。本邦初訳。

393

保坂弘司訳
大鏡 全現代語訳
藤原氏一門の栄華に活躍する男の生きざまを、表では讃美し裏では批判の視線を利かして人物の心理や性格を描写する。陰謀的事件を叙するにも核心を衝くなど、「鏡物」の祖たるに充分な歴史物語中の白眉。

491

下村寅太郎著
東郷平八郎
日本海海戦大勝という「世界史的驚異」を指揮した東郷平八郎とは何者か。秋山真之ら幕僚は卓抜な能力をどう発揮したか。哲学者の眼光をもって名将の本質を射抜き、日露海戦の精神史的意義を究明した刮目の名著。

563

若槻《わかつき》禮次郎《れいじろう》著(解説・伊藤 隆)
明治・大正・昭和政界秘史 古風庵回顧録
日本の議会政治隆盛期に、二度にわたり内閣総理大臣を務めた元宰相が語る回顧録。明治から昭和激動期まで中央政界にあった若槻が、親しかった政治家との交流や様々な抗争を冷徹な眼識で描く政界秘史。

619

日本の歴史・地理

和田英松著（校訂・所 功）
新訂 官職要解《かんしょくようかい》

平安時代を中心に上代から中近世に至る我が国全官職の官名・職掌を漢籍や有職書によって説明するだけでなく、当時の日記・古文書・物語・和歌を縦横に駆使してその実態を具体的に例証した不朽の名著。

621

福沢諭吉著（解説・小泉 仰）
明治十年 丁丑《ていちゅう》公論・瘠《やせ》我慢《がまん》の説

西南戦争勃発後、逆賊扱いの西郷隆盛を弁護した「丁丑公論」、及び明治維新における勝海舟、榎本武揚の挙措と出処進退を批判した「瘠我慢の説」他を収録。諭吉の抵抗と自由独立の精神を知る上に不可欠の書。

675

金達寿《キムタルス》著
日本古代史と朝鮮

地名・古墳など日本各地に現存する朝鮮遺跡や、記紀に見られる高句麗・百済・新羅系渡来人の足跡等を通して、密接な関係にあった日本と朝鮮の実像を探る。豊富な資料を駆使して描いた古代日朝関係史。

702

金達寿著
古代朝鮮と日本文化 神々のふるさと

高麗神社、百済神社、新羅神社など、日本各地に散在する神々は古代朝鮮と密接な関係があった。神社・神宮に関する文献や地名などを手がかりにその由来をたどり、古代朝鮮と日本との関わりを探る古代史への旅。

754

朝河貫一《あさかわかんいち》著（解説・由良君美）
日本の禍機《かき》

世界に孤立して国運を誤るなかれ――日露戦争後の祖国日本の動きを憂え、遠く米国からエール大学教授の朝河貫一が訴えかける。日米の迫間で日本への批判と進言を続けた朝河の熱い思いが人の心に迫る名著。

784

石村貞吉著（解説・嵐 義人）
有職故実《ゆうそくこじつ》（上）（下）

国文学、日本史学、更に文化史・風俗史研究と深い関係にある有職故実の変遷を辿った本書には官職位階・平安京及び大内裏・儀式典礼・年中行事・服飾・飲食・殿舎・調度輿車・甲冑武具・武技・遊戯等を収録。

800・801

《講談社学術文庫　既刊より》